改善力を高める
ツールブック

Solution Tool à la Carte

7つのアプローチと47の手法

今里健一郎 著

日本規格協会

Microsoft, Excel は，米マイクロソフト社の登録商標です。
本書中では，™，®マークは明記しておりません。

はじめに

改善力を高めるツールとは

「最も強いものや，最も賢いものが，生き残れるのではない。最も変化に敏感なものが生き残れる」という言葉がある。今の世の中，絶えず変化している。外部環境では，規制緩和，自由化などであり，社内環境では，終身雇用や年功序列などが崩れさり，早期退職，組織改正などが行われている。こういった社内外の環境変化に対応して生き残るためには，自らを変える必要がある時代になってきている。

今までは，決められたルールどおりの「業務」を遂行していくだけでよかったが，これからは，仕事＝業務＋改善である。自らの「改善」，「改革」が望まれる時代である。その「改善」も企業に実ある貢献が求められるようになってきている。

このような状況下で，いろいろな人たちが日々，改善を行おうとしているのだが，今，直面した問題をどう解決していけばよいのか，与えられた課題をどう達成に導けばよいのか悩みこんでしまうことも多い。こんなときに役立つよう，本書では「どのような場面で，どのような手法を活用すれば問題が解決するのか？」ということに応えられるものとして，身近な改善から経営課題への挑戦まで幅広く，改善力を高めるアプローチ方法と手法を「アラカルト」的に紹介している。

紹介している手法は，日本規格協会発行の『標準化と品質管理』誌に2002年4月より2004年3月までの2年間連載した「ソリューション・ツール・アラカルト」[1]をベースに，更に加筆し，基本的な手法から経営分析手法までを47の手法として取りそろえてみたものである。読者の皆様にとって，改善のあらゆる場でお役に立つ「ツールの辞典的存在」になれば幸いである。

本書の構成

本書は，改善力を高めるツールを2部構成で紹介している。

I部は，「改善アプローチの方法」として，企業が取り組む問題解決や課題達成のアプローチ方法のいろいろな場面を紹介している。前半1章では，身近な問題の発見と業務改善，QC的問題解決，経営課題に挑戦する課題達成の基本的な進め方を解説し，後半2章では，生産分野から間接分野に至るいろいろな分野での改善アプローチとそのアプローチに活用されている手法を，企業で取り組まれた事例に沿って解説している。

II部は，「改善に役立つ手法」として，上記の各アプローチに役立つ47の手法を紹介している。紹介する手法は，問題解決の基本的な手法から経営ツールまで幅広く取りそろえている。できる限り本書で活用できるように解説しているが，より詳細な内容を望まれる方は各手法の末尾に掲載している参考図書を一読されたい。

さらに，統計計算の手法については，Microsoft社のExcelを活用したシートと具体的な手順について解説を加えている。

謝　辞

本書の出版に際して貴重な事例をご提供いただいた株式会社NTTドコモ関西，ドコモ・エンジニアリング関西株式会社，九州電力株式会社，シャープ株式会社，並びに日産自動車株式会社の各社に対してお礼申し上げる。

さらに，本書のベースとなった「ソリューション・ツール・アラカルト」（日本規格協会発行の『標準化と品質管理』誌）への掲載にご尽力いただいた財団法人日本規格協会編集制作部・室谷誠氏に厚くお礼申し上げたい。

2004年10月

著者　今里健一郎

目　　次

はじめに

I. 改善アプローチの方法

1. 改善アプローチの基本的な進め方 ……………………………………… 10
    (1) 身近な問題の発見と業務改善 ……………………………………… 11
    (2) 基本的な QC 的問題解決 …………………………………………… 13
    (3) 経営課題に挑戦する改善 …………………………………………… 19

2. いろいろな分野における改善アプローチ ……………………………… 23
    (1) 問題の発生状況の違いによる改善アプローチ ………………… 25
        ◎不良低減の事例「Z 50 サンルーフウェルト隙の撲滅」　日産自動車(株)
    (2) プロセス改革への改善アプローチ ……………………………… 33
        ◎業務効率化の事例「出荷能力の向上」　ドコモ・エンジニアリング関西(株)
    (3) 営業・サービス分野への改善アプローチ ……………………… 40
        ◎販売促進の事例「ドコモ離れを抑えて他社からのチャーンを獲得しよう」
        　　　　　　　　　　　　　　　　　　　(株)NTT ドコモ関西
        ◎サービス向上の事例「変えよう!! お客さまとのふれあいを」　九州電力(株)
    (4) 設計・開発への改善アプローチ ………………………………… 52
        ◎商品開発の事例「CS シートによるお客様ニーズの把握」　シャープ(株)

II. 改善に役立つ手法

1. 47の手法 62

2. 改善アプローチに活用されている手法 65

    手法 1　グラフ 68
    手法 2　特性要因図 70
    手法 3　連関図法 72
    手法 4　パレート図 74
    手法 5　系統図法 78
    手法 6　マトリックス図法 80
    手法 7　ヒストグラム 82
    手法 8　工程能力指数 88
    手法 9　計量値の検定と推定 92
    手法 10　計数値の検定と推定 98
    手法 11　分割表 104
    手法 12　適合度の検定 108
    手法 13　分散分析 112
    手法 14　管理図 120
    手法 15　散布図 124
    手法 16　相関分析 126
    手法 17　回帰分析 128
    手法 18　重回帰分析 132
    手法 19　発想チェックリスト法 136
    手法 20　焦点法 138
    手法 21　組合せ発想法 140

手法22　アナロジー発想法 ……………………………………… 142

手法23　QFD（品質機能展開） …………………………………… 144

手法24　ベンチマーキング ……………………………………… 146

手法25　CRM ……………………………………………………… 148

手法26　仮説検証アプローチ …………………………………… 150

手法27　SWOT分析 ……………………………………………… 152

手法28　親和図法 ………………………………………………… 154

手法29　アンケート ……………………………………………… 156

手法30　SD法 ……………………………………………………… 160

手法31　クロス集計 ……………………………………………… 162

手法32　ポートフォリオ分析 …………………………………… 164

手法33　主成分分析 ……………………………………………… 166

手法34　VE ………………………………………………………… 168

手法35　財務会計 ………………………………………………… 172

手法36　経営分析 ………………………………………………… 174

手法37　損益分岐点分析 ………………………………………… 176

手法38　IE ………………………………………………………… 178

手法39　アローダイアグラム法 ………………………………… 180

手法40　プロセス改革 …………………………………………… 184

手法41　BPR ……………………………………………………… 188

手法42　FMEA …………………………………………………… 192

手法43　FTA ……………………………………………………… 194

手法44　PDPC法 ………………………………………………… 196

手法45　QNP法 …………………………………………………… 198

手法46　AHP ……………………………………………………… 200

手法47　PDCA-TC ……………………………………………… 204

おわりに ……………………………………………………………… 206

参考文献 ……………………………………………………………… 207

I 改善アプローチの方法

1. 改善アプローチの基本的な進め方

改善アプローチとは，企業に内在する問題や企業に課せられた課題とは何かを捜し出し，問題の解決や課題の達成を進め，成果を生み出すという一連の活動のことである．

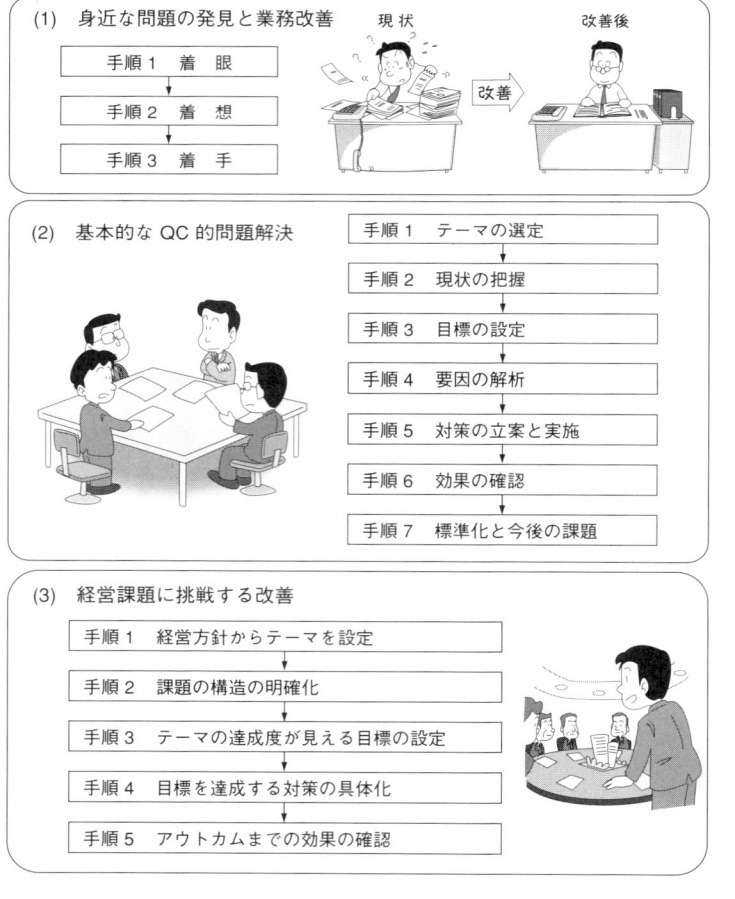

図 1.1　いろいろな改善アプローチ

この改善アプローチには，身近な問題をごく簡単な方法で改善する業務改善と，QC的考え方をもとに問題の再発防止策を講じるQC的問題解決や経営課題に挑戦する改善までいろいろな方法がある。

(1) 身近な問題の発見と業務改善

1) 業務改善とは

身近なところでは，仕事をしている身の回りで発見した問題に「おや？」と気づき，「こうすればいいのになぁ」と発想して，「やってみる」，「うまくいけばみんなに教えてやろう」と工具の改良を行い，帳票シートを変えて仕事の改善を行うことがある。こういったとき，職場の身近な問題に「着眼」し，「着想」し，「着手」するといったアプローチで職場の問題が解決される。

2) 業務改善の実施手順

手順1 着眼とは問題に気づくこと

改善のスタートは，「着眼」である。「着眼」とは職場の問題に気づくことから始まる。例えば，「おや？これはおかしいぞ」，「なんとかならないのかなぁ」，「これは本当に必要なのか」など仕事を行っていて，「おや？」，「どうして？」

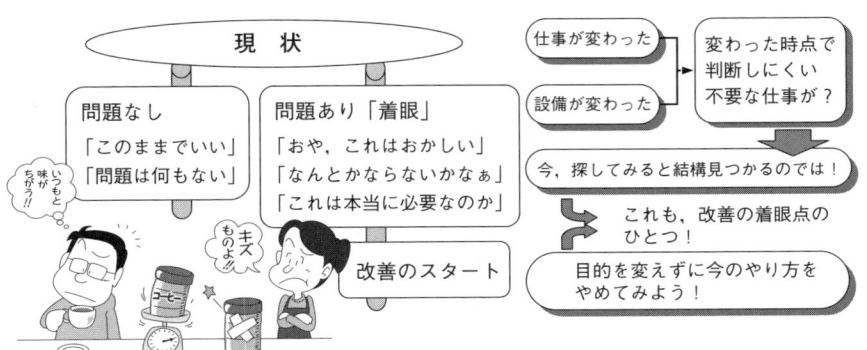

図1.2 「着眼」とは

と疑問を感じたとき，そこに問題が存在している。

　人のやり方をみて，自分の問題に気づく。例えば，苦労しているわりには成果に結びつかない人。その一方で，チャランポランなことをしているようにみえるが，押さえるべきところをきちんと押さえ，成果を出している人がいる。これは，自分の仕事の中で「必要な部分」と「不要な部分」が区分でき，不要な部分を行っていることが問題だと気づき，その「不要な部分」の仕事を手抜きする，又はやめることである。

　不要な業務をやめるとは，例えば，「領収書の発行をやめた」という例がある。支払い業務のほとんどが銀行振込になっている現在でも，月末には領収書を発行し，送付していた。取引先に問い合わせたところ，「特に必要ない」とのことだったので領収書の発送を取りやめた。おかげで領収書作成業務の手間が大幅に減って，郵送費や用紙代のコスト削減にもつながる改善となった。

手順2　着想にはひらめきが必要

　着想へのステップとして，まず「何かあるはず！何かできるはず！」と思い悩んでみよう。そして，「何か引っかかる？」，「あ！そうか」，何かのヒントからひらめいてみよう。そのひらめきを「こうすればどうか？」と絵にしてみる。

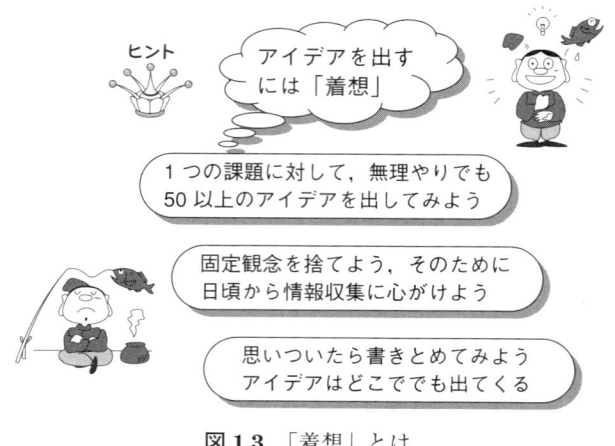

図 1.3　「着想」とは

1. 改善アプローチの基本的な進め方   13

そのためには，目標を決めて無理やり考えてみる。例えば，「最低 50 のアイデアを出せ」と強制する。そうすると，まともに考えてもアイデアが出ないため，とんでもない非現実的なことを考えざるを得なくなる。そんなとき，固定概念を捨てなければならない。そのために日頃から情報収集に貪欲になること。さらに，アイデアのヒントを得るために簡単な発想法，**発想チェックリスト法**[手法 19] を使って，「ほかに使い道は」，「応用できないか」，「拡大できないか」，「何かと何かを組み合わせられないか」など9つのチェックリストをヒントにアイデアを出してみる。アイデアを思いついたら書きとめてみる。

手順3　改善は着手することによって実現

改善は「やってみなければわからない」ということも多い。それならば，まずやってみることが大切である。実施してみて，問題が発生したらその時点で次の改善を試みればいい。「やってダメなら，また改善」，「それでもダメなら，また改善」という気楽な気持ちで，次々と挑戦し続けることがアイデア実現への道である。

(2) 基本的な QC 的問題解決

1) QC 的問題解決とは

QC 的問題解決とは，仕事の結果として発生している不具合を問題と考え，その原因を明らかにし，最も大きく影響しているものを特定する。そして，その原因に対して対策を施し，本当に効果があるかどうかを確認した上で，同じ原因による不具合が再発しないように標準化を行うといった，一連の活動をいう。

2) QC 的問題解決の実施手順

手順1　テーマの選定

仕事の様々な問題の中から，重要な問題を検討して設定する。仕事にはそれぞれ達成すべき目標がある。これに対して現状が目標に達していない状態を

「問題」という。

日頃の業務から問題を発見するポイントとして,次のようなものがある。
① 日常業務で困っていることを抽出する
② 発生している不具合やトラブルを抽出する
③ 作業で安全の観点から不安に思っていることを抽出する
④ 効率化を阻害しているものが何かを考える
⑤ お客様,協力会社,他部所から自分の職場についての声を聞く

上記のポイントから問題を抽出した結果,取り組むべき問題を整理してみる。次に,取り組むべき問題から複数のテーマ候補を書き出してみる。そして,**マトリックス図**[手法6]を用いて,「重要性」,「緊急性」,「実現性」などの評価を行い,各評価の掛け算(又は,足し算)を行い,得た「総合点」の高いテーマ候補をテーマとして抽出する(図1.4)。

その後,抽出されたテーマに関連する事実データを調べ,**グラフ**[手法1],**パレート図**[手法4]などを活用して,取り組むテーマの重要性を確認した上で,「テーマ」として決定する。

テーマ候補	重要性	緊急性	実現性	総合点
テーマ1	5	5	5	125
テーマ2	3	5	5	75
テーマ3	5	3	3	45

図1.4 テーマ候補とテーマの選定

手順2 現状の把握

テーマに対して,現状をデータにより把握し,問題を整理する。この段階では,現状のデータを**パレート図**[手法4]に表して,重点指向することが基本である。

ところが,いきなりパレート図が描けるようなデータがそろっているケースはあまり多くないのが現実である。そのような場合には,図1.5に示すように,**折れ線グラフ**[手法1]を書いて問題の時間的傾向をみたり,**棒グラフ**[手法1]を書い

て他と比べてみたり，**ヒストグラム**手法7を書いてばらつきの状態をみたりすることにより，何が問題点なのかを明確にする。

次に，現場調査により実態を把握し，**パレート図**手法4などにより，明確になった問題の中から重点的に手を打つべき対象を抽出する。

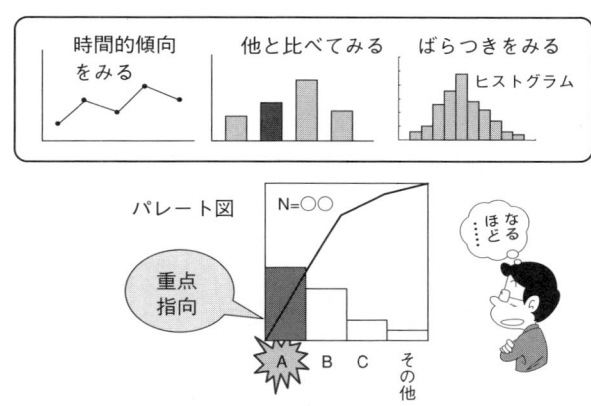

図 1.5 問題の把握

手順3 目標の設定

目標は改善活動の成果を測るものなので非常に重要である。したがって，目標は，具体的な数値で表すことが大切である。具体的には，図1.6に示す目標の3つの条件，「何を（特性値）」，「いつまでに（期限）」，「どれだけ（目標値）」を決める。このとき，**グラフ**手法1や**パレート図**手法4，**ヒストグラム**手法7が活用できる。

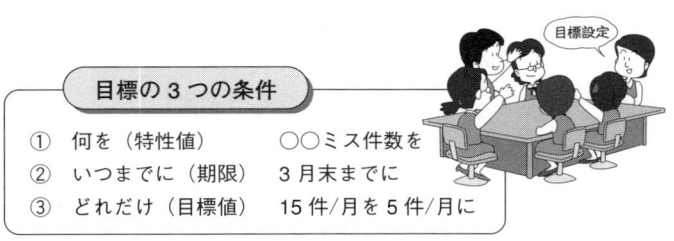

図 1.6 目標の3つの条件

手順4 要因の解析

問題が具体化したら，その「要因」を調べる。この要因を洗い出す手段として**特性要因図**^{手法2}を作成する。このとき，「なぜ」，「なぜ」を5回繰り返して徹底的に「要因」を洗い出す（図1.7）。

特性要因図を作成するとき，要因として考えられるものを大きく分類（層別という）を行って，大骨とする。すなわち，どのように層別するかが重要で，よい層別を行って大骨を決めることが真の原因をみつけるポイントとなる。層別には「4M（機械，材料，人，方法）」，「工程別」，「現象別」等がよく用いられる。

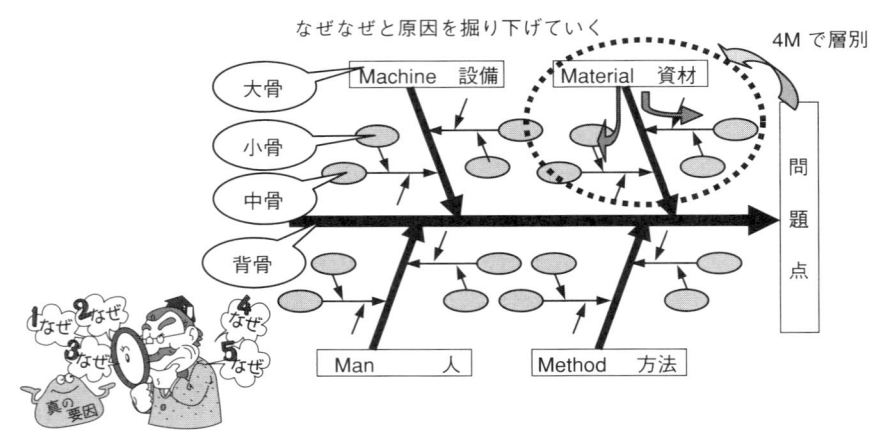

図1.7 特性要因図の概念

原因を追及するために書いた**特性要因図**^{手法2}から重要要因をメンバーの挙手で抽出することがある。しかし，この時点の重要要因は仮説の状態であり，事実でない場合もあり得る。したがって，あたりをつけた重要要因が本当の原因であるかどうかの検証は数値データで行う必要がある。

要因の検証方法にはいろいろある。例えば，次の4つの方法が考えられる。

① **散布図による検証**：図1.8の①のように，マル印をつけた要因と特性との**散布図**^{手法15}を書く。相関の強いものが原因であり，特性値，要因ともに計量値である場合に適用できる。他の手法として**相関分析**^{手法16}や**回帰**

1. 改善アプローチの基本的な進め方　　　　　　17

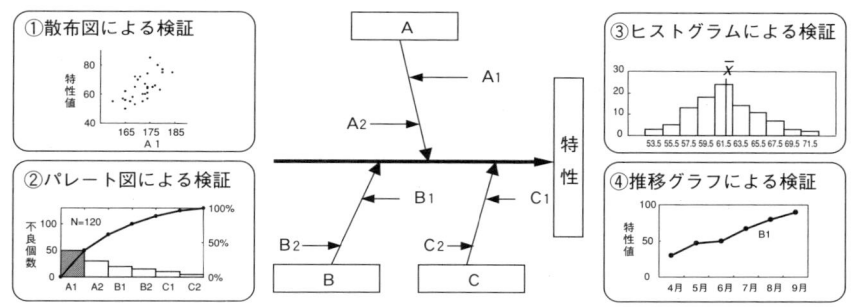

図 1.8　要因のいろいろな検証方法

分析[手法 17] が活用できる。
② **パレート図による検証**：図 1.8 の②のように，原因別の**パレート図**[手法 4]を書く。パレート図の順に影響の大きな原因がわかり，要因が層別因子で，特性が計数値の場合に適用できる。他の手法として**計数値の検定と推定**[手法 10] や**分割表**[手法 11] が活用できる。
③ **ヒストグラムによる検証**：図 1.8 の③のように，要因別の**ヒストグラム**[手法 7]を書く。特性のばらつきが大きなものほど，その要因は真の原因に近いことがわかり，要因が層別因子で特性が計量値の場合に適用できる。他の手法として**工程能力指数**[手法 8]，**計量値の検定と推定**[手法 9] や**分散分析**[手法 13] などが活用できる。
④ **推移グラフによる検証**：図 1.8 の④のように，重要と思われる要因が，どう変化してきているのか，今どういう状態にあるのか，今後どうなっていくのか，などを**推移グラフ**[手法 1] で検証する。他の手法として**管理図**[手法 14]などが活用できる。

手順 5　対策の立案と実施

対策としていろいろなアイデアを考え**系統図**[手法 5] に整理してみる。なかなかよいアイデアが出ないとき，**発想チェックリスト法**[手法 19] や**焦点法**[手法 20] などの発想法を活用して多くの対策案を考えていく。

多く出された対策案は，図 1.9 のように，問題としている特性が改善される

図 1.9 系統図による対策案の検討とマトリックス図による最適対策の抽出

程度，他の特性への影響の程度を「効果」，「実現性」，「コスト」などの評価項目にもとづいて検討し，総合評価が高くて効果の大きそうな対策に絞り込んでいく。その際，**マトリックス図**[手法6]を活用する。

対策の実施にあたっては，いろいろな事態を考慮した計画や，実施責任箇所や連携，工期を明記した実施計画を 5W1H で作成する。

手順6 効果の確認

改善を実施した結果，期待した効果が上がっているか，問題解決の目標が達成されたかを確認する。効果を確認するには，まず現状把握で把握した発生している問題や要因がどれだけ減少したのかを対策実施前後の**パレート図**[手法4]で比較して確認する。

次に，実施した対策が平均値をよくする場合には，**推移グラフ**[手法1]で確認し，平均値とばらつきをよくする場合は，**ヒストグラム**[手法7]や**管理図**[手法14]で効果を確認する（図 1.10）。

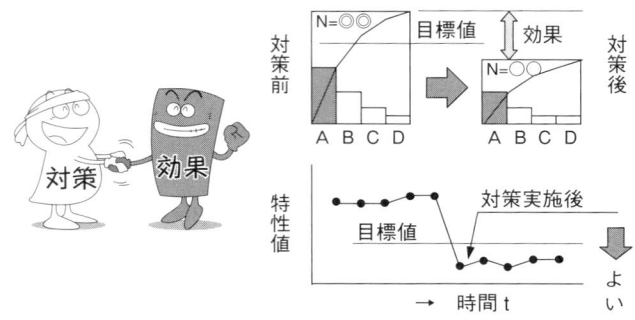

図 1.10 効果の確認方法

1. 改善アプローチの基本的な進め方

そして，目標値の達成度を確認する．さらに，波及効果や副作用の有無などいろいろな観点から効果の確認を行う．

手順7　標準化と今後の課題

改善したことが継続して実施されるよう，また他の職場にも広く行き渡るよう標準化する．また，残された問題点や今後の課題を明確にする．

(3) 経営課題に挑戦する改善

1) 経営課題改善とは

企業の部課長・スタッフが，経営方針を受けた重点課題に取り組む．あるいは，お客様の声よりお客様が満足する製品やサービスを提供するためには，もちろん経験や固有技術が必要である．しかし，その固有技術に管理技術を組み合わせることによってより効率的に成果を導くことができる．

2) 経営課題改善の実施手順[2]
手順1　経営方針からテーマを設定

経営方針や部門方針など上位方針というものは，抽象的な概念であることが多い．そこで，この抽象的な概念を目的として設定し，この目的に対するアプローチすべき内容を列挙することから始める．そのために，目的に対して関心あることを考えて，その関心事から課題を抽出する．抽出された課題をテーマ化し，取り組むテーマ候補まで**系統図**[手法5]で展開する．そして，得られたテーマ候補を重要度，緊急度，拡大性などで評価を行って取り組むべきテーマを決定する（図1.11）．

手順2　課題の構造の明確化

テーマが決まれば，まず取り上げたテーマに対する課題の構造を明らかにすることによって，真の解決をしなければならない要因を抽出する．

「課題の構造を明らかにする」とは，図1.12に示すように，まず，課題を中央に置いてみる．この課題に対して，「課題の特徴」，「背後の問題」，「相互に

関係する問題」を考えてみる。

「課題の特徴」とは，課題に関連する特性値の数値データから時間的変化やある断面での状態，ばらつきの状態などを把握することである。課題の特徴をみるには，統計的な手法を活用して考える。例えば，簡単な手法として**グラフ**[手法1]，**パレート図**[手法4]や**ヒストグラム**[手法7]などが有効であり，高度な手法として**管理図**[手法14]，**計量値の検定と推定**[手法9]や**分散分析**[手法13]などから必要な情

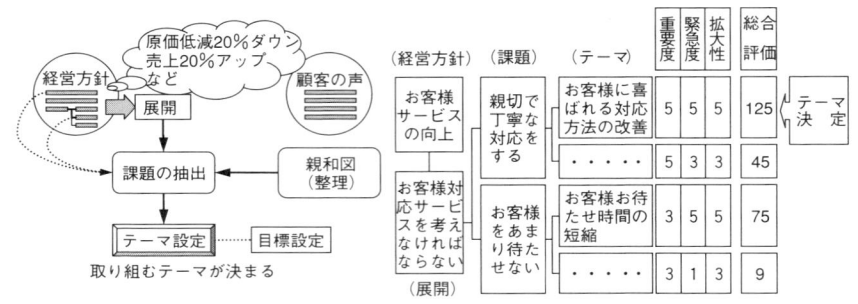

図 1.11 課題からテーマを設定するプロセス

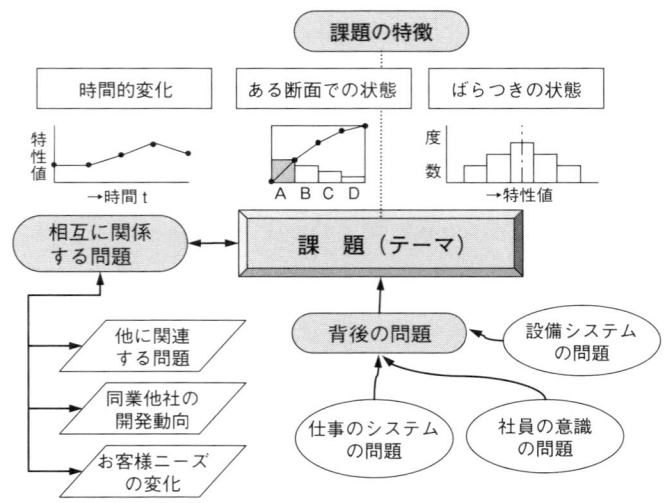

図 1.12 課題の構造を明らかにする図

報を得る。

「背後の問題」とは，表層に現れた課題には，何か背後の問題がないかと考えることである。例えば，仕事のシステムにおける機能上の重要な問題や社員の意識の問題，設備システムの問題などが挙げられ，これらを解決しなければならないということはないだろうかと考えることである。この背後の問題をいろいろと出してきた要因を**連関図**[手法3]で整理してみると重要な要因が浮き彫りになる。

「相互に関係する問題」とは，単独で現れたかに見える課題でも，何か相互に関連する別の問題はないだろうかと考えることである。相互に関係する問題の関係をみるには，2つの特性値の関係を分析する手法として，**散布図**[手法15]，**相関分析**[手法16]や**回帰分析**[手法17]などが有効である。

以上のことから，課題の構造が明らかになり現状レベルがつかめたら，現状レベルと要望レベルを明確にするために把握した内容別に比較・検討し，ギャップをつかむ。つかんだギャップの大きさとともに，自分たちの強みや弱みを認識して，改善に対する対策の実施効果が期待できる攻め所を決める。

手順3 テーマの達成度が見える目標の設定

経営方針からテーマが決まれば，目標値を設定することになる。経営方針を展開して取り組まれるテーマの目標値は，「方針」の構成から目的と目標値を検討する。

① 目　的：何のためにやるのか，どんな"優位性"をどう築いていくか
② 目標（値）：どの方向に向かって，いつまでにどこまでやるか
　　　　　　　（改善成果を評価するメジャーと達成レベル，期限）

手順4 目標を達成する対策の具体化

攻め所ごとに，目的を達成するための対策を具体的に考え，複数の対策案の中から，「期待効果」，「想定される制約条件」，「リスク又は成功の可能性」などを検討し，実施する対策（最適策）を選び出す。このとき，**マトリックス図**[手法6]を活用すればよい。

図1.13に示すように，実行する対策を実施できたと考えて，その結果，目

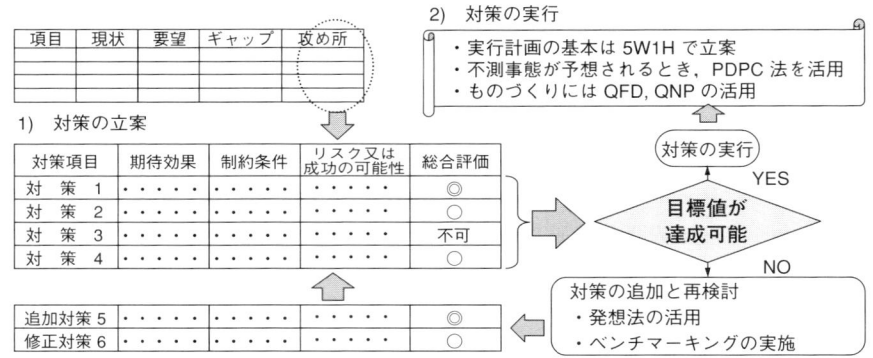

図 1.13 対策の立案と実行計画の策定

標が達成できるかどうかを予測してみる。もし，考えられた対策案で目標を達成することができないと予想される場合は，新たな対策を考えて追加しなければならない。このとき，**組合せ発想法**[手法21]，**アナロジー発想法**[手法22]や**ベンチマーキング**[手法24]を活用し，独創的なアイデアを考えてみるのも効果的である。

対策が決まれば実行するわけであるが，不測事態が予測されるようであれば，不測事態の打開策を事前に考える **PDPC 法**[手法44]で実行計画書を書いてみるのも改善活動を効率的に進める方法である。

また，顧客ニーズなどを開発する製品に織り込むときには，**QFD（品質機能展開）**[手法23]の活用が有効である（図 1.13 参照）。

手順5　アウトカムまでの効果の確認

効果の確認は，現状把握において抽出された問題がどうなったのかを確認することであり，最終的に目標値が達成できたのかどうかということを確認することである。これを「アウトプット評価」という。このときには，**グラフ**[手法1]，**パレート図**[手法4]や**ヒストグラム**[手法7]などを活用する。

さらに，対策の実施によって，他への悪影響（副作用，反対特性など）が予測される場合，悪影響に対する評価を行い，それを事前に防止する対策も考えておく。特に，コスト低減・時間短縮・業務効率化などに取り組んだ場合には，**FMEA**[手法42]などを活用して品質の低下，コストアップのチェックをかけてお

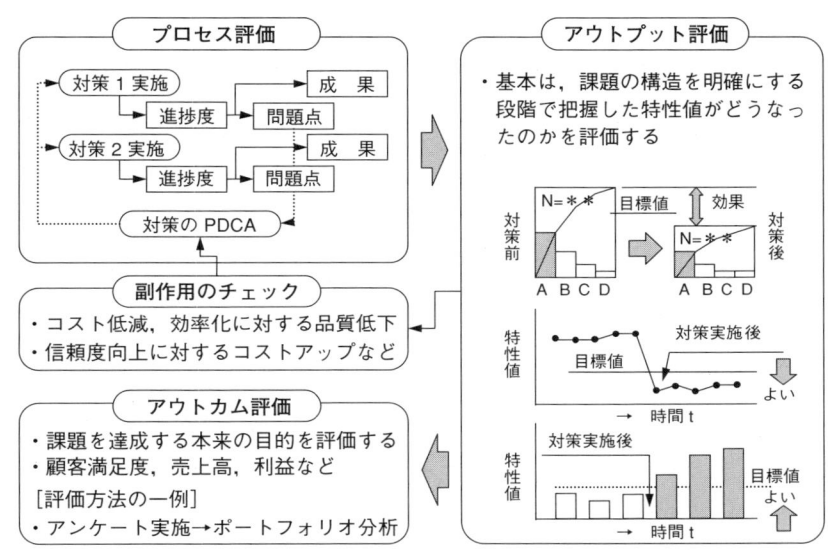

図 1.14 効果を確認するしくみ

く必要がある。

そして，課題を達成する本来の目的を経営という立場に振り返って評価しておく必要がある。経営的評価とは，例えば，顧客満足度，社員満足度，売上高，利益などであり，これらの指標を一般的に「アウトカム評価」と呼んでいる（図 1.14）。

2. いろいろな分野における改善アプローチ

一般的に言われている QC 的問題解決は，生産分野において問題解決の手段として発達してきた。しかし，問題も多様化してきており，問題の種類や内容も発生状況によって，前章で述べた改善アプローチの手順どおり実施しにくい場合が増えてきた。問題が多発している場合には，重要問題を特定して再発防止を図ればよいのだが，まれにしか発生しない問題（希頻度発生問題）や未発生の問題に対しては，潜在的要因を探り，未然防止を行う必要がある。

また，管理・間接分野では，従来のやり方（QC 的問題解決）で展開することが難しい場合もある．その場合，仕事の流れを明らかにして，仕事の各工程のミッションを考えて，ミッションが浮かばない工程があれば，その仕事をやめてみる，といった方法も有効である．

営業分野では，お客様の声や販売実績からいつもと違う点に気づけば，「おや？何かある」，「たぶんこういうことだろうか」と，仮説を立ててみる．そして，検証し，「やっぱり」ということであれば，それを取り入れて，販売戦略などを策定してみる．

また，サービス分野では，顧客の声や満足度評価から改善点を見いだし，顧客ニーズをとらえ，サービス業務へ反映していくことが必要になってくる．

開発・設計分野では，お客様のニーズをいかに設計に反映するかが改善のポイントになる．

以上のいろいろな分野の改善アプローチを図 1.15 に示している．

なお，この章で紹介している解析プロセスは，『クオリティフォーラム 2001，2002，2003 報文集』[3] などを参考にして作成したものである．

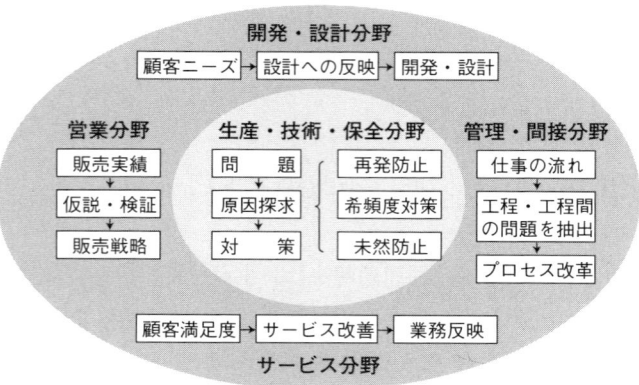

図 1.15　分野ごとのいろいろな改善アプローチ

(1) 問題の発生状況の違いによる改善アプローチ

図 1.16 に示すように，まず問題の発生状況から考えてみる。問題が多発している場合，問題を層別して重点問題の原因を**特性要因図**[手法2]などで探し出してみる。たまに問題が発生している場合，発生している対象物と同じ環境にあるが発生していない対象物と比較してみることから問題の原因をつかむ。さらに，現在は問題が発生していないが，発生すると重大な事故につながると予想される場合，机上解析手法と呼ばれる **FMEA**[手法42]や **FTA**[手法43]などによって潜在的原因を想定してみる。

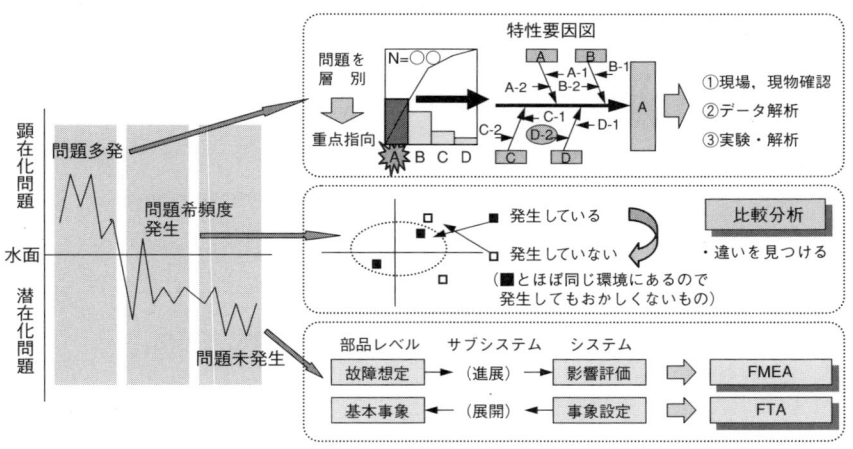

図 1.16　問題の発生状況と改善アプローチ

1) 再発防止への改善アプローチ

再発防止は，「すでに発生した品質上の問題や事故・故障ありき」から始まる。

再発防止を着実に行うには，
① 不具合事象の根底になる原因を究明し，これを特定する。
② ①で究明された根本原因に対して再発防止対策を講じる。ここで，いく

つかの対策があればコスト，難易度などによって最適なものを決定する。
③ ②で施した対策によって再発が完全に防止されたことを確認する。

原因を特定するのに技術的な根深い問題もあるため，容易に根本原因を追及できない場合もある。この場合には，最も一般的な管理技術の手法として**特性要因図**[手法2]が有効である。

図1.17では，現場で発生した問題の再発防止を図った例である。まず，機械溶接での溶接NGが全体の73%を占めていることを**パレート図**[手法4]で把握した。その問題を解決するため，溶接NGが発生する要因を**特性要因図**[手法2]で，5ME（ワーク，設備，方法，作業者，測定，環境）を大骨として原因の特定を行った。そして，原因と思われるものについて機械を観察することによって原因の確信を得て，再発防止対策に至った。

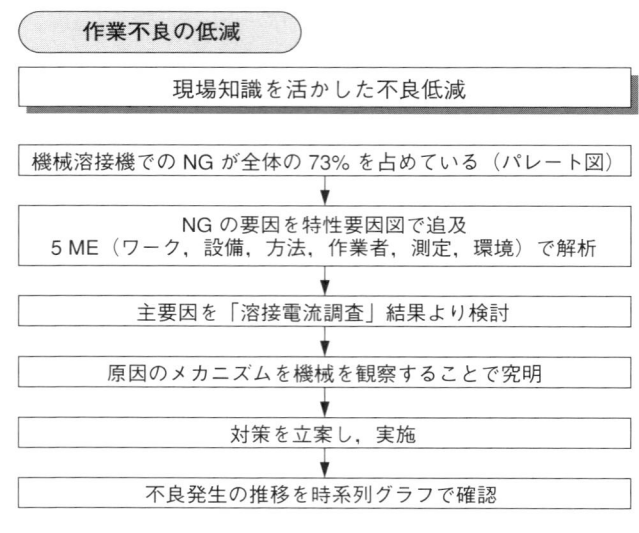

図1.17 作業不良低減の解析プロセスの一例

図1.18では，建物の外壁材料が剥げ落ちて人に当たるという災害を防止するため，製品品質の向上を図った解析プロセスの一例である。まず，外壁材料の引張強度に注目し，引張強度試験を行った。

2. いろいろな分野における改善アプローチ

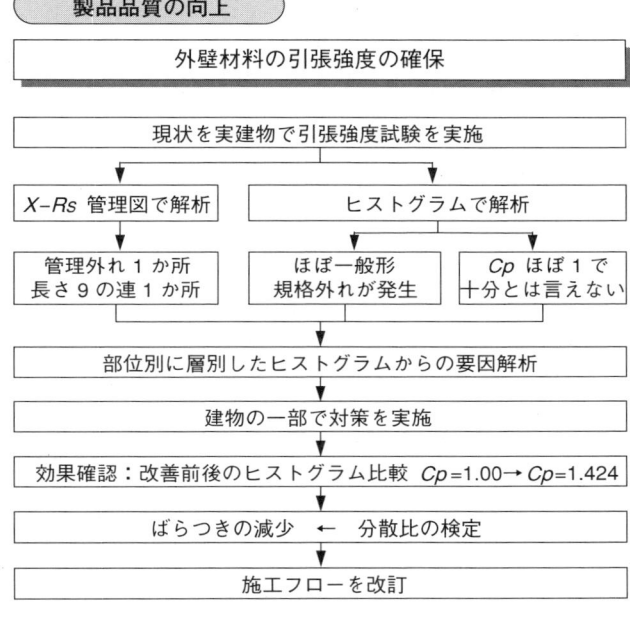

図 1.18 製品品質向上の解析プロセスの一例

結果データから **$X-R_s$ 管理図**[手法 14] で解析し，「管理外れ 1 か所」，「長さ 9 の連 1 か所」の異常があることがわかった。また，**ヒストグラム**[手法 7] から「規格外れが発生」していることをつかみ，**工程能力指数 Cp**[手法 8] を計算したところ，$Cp ≒ 1$ となり工程能力が不十分であることがわかった。

そこで，要因を解析し，対策を講じた。その結果，対策後の**工程能力指数 Cp**[手法 8] の向上を確認し，**分散比の検定**[手法 9] を行いばらつきの減少も確認した。

2) 希頻度発生問題への改善アプローチ

まれに発生する事故や故障などに対するアプローチには，まずは，事実関係を整理してみる。そのトラブルに関する事実情報は何か，「何が（What or How）」，「どこで（Where）」，「いつ（When）」，「どの程度（How much）」ご

とに抽出する。

このようなトラブルに対する原因究明は,「is/is not」の対比が決め手となる。ここでいう「is」とは「起こったこと（発生事実）」であり,「is not」とは「is」が起こるくらいなら,起きてもおかしくないのに,今は起きていない事象や設備である。この「is」と「is not」の比較から「is」の特異性を抽出し,改善のヒントを得る「比較対象」法がある。

図1.19は,ある工場の機械立ち上げ時の製品不良が,ライン安定後も発生することがたまにあった。そこで,不具合発生状況を「is」起きた事象として整理し,同じ状況下なのに不具合が起きていない別のラインを「is not」起きていない事象として情報を整理し,「is」の特異点を抽出した。そして,実証試験の後,可能性の高い原因を突き止めることができた。

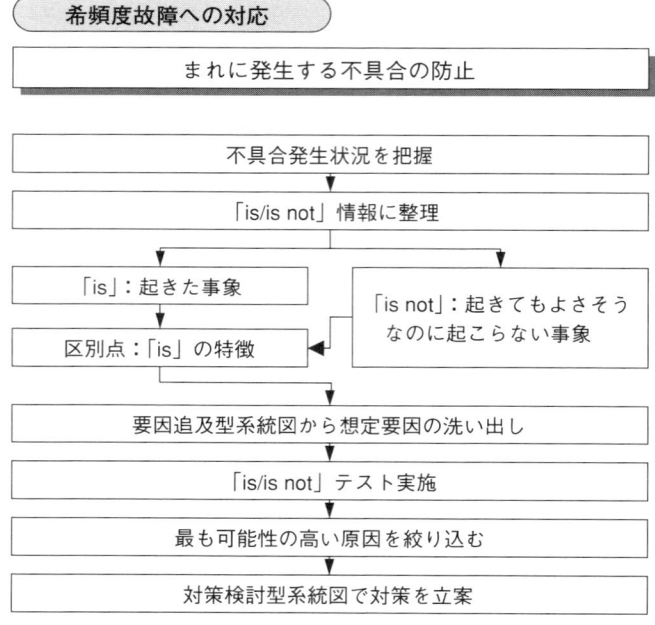

図1.19　希頻度発生問題の解析プロセスの一例

2. いろいろな分野における改善アプローチ

3) 未然防止への改善アプローチ

効果的な未然防止を実現するには，重大な不具合事象を予測・摘出して対策を講じるとともに，この事象に至る要因を技術改善，教育訓練，標準遵守，及び規制などによって抑止する体系を確立しなければならない。

未然防止を効果的に進めるには，新しい技術の周辺情報やインシデントなどに関する情報を多元的に収集し，これを科学的に分析して不具合事象を予測する。そして，未然防止の対象を **FMEA**[手法 42] や **FTA**[手法 43] などを活用して摘出し，これを重点管理することが大切である。

図 1.20 は，ある建設工事において，事前に災害を防止することから，まず，当該区間の地質状況を把握した。そして，考えられる不具合を予測し，要因別（環境，工法，機械，設備）**FMEA**[手法 42] を実施して重要不具合の特定を行った。その重要不具合を未然に防止するため，補助工法を 3 案立案し，4 つの評価項目で評価を行うために **AHP**[手法 46] を活用した。

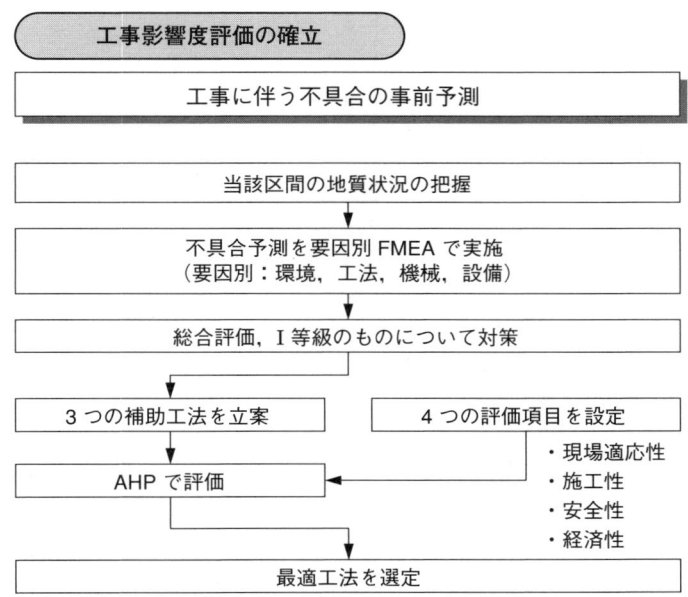

図 1.20 工事影響度評価のための解析プロセスの一例

◎不良低減の事例「Z 50 サンルーフウェルト隙の撲滅」[4]

日産自動車(株) 九州工場　第一製造部第二組立課（ラインマン）

日産自動車(株)九州工場では，「日産180九州工場アクションプラン」を推進している．お客様が直接目で見て，車の評価ができる部品を数多く取り付けているトリム3工程において，Z 50の指摘件数が目標値をオーバーしていた．特に，サンルーフウェルト隙の指摘事項が多く，悪化の傾向にあったことから，「Z 50サンルーフウェルト隙の撲滅」に取り組んだものである（図 1.21～図 1.23）．

現状把握でつかんだ問題点「ヘッドライニングがサンルーフウェルトに底づきしている」の原因を**特性要因図**[手法2]から3つの主要因を抽出した．さらに，3つの主要因の検証を行い，「ヘッドライニングのラップ寸法のばらつきで底づきが発生する」という原因を突き止めるに至った（図 1.24）．

「ばらつき吸収代を大きくするには」の対策として，「ヘッドライニングの4

図 1.21　日産自動車(株)九州工場の取組み

か所のコーナーを 1 mm カットする」を行い，サンルーフウェルト隙の撲滅に至った（図 1.25）。

図 1.22　Z 50 などの組立ライン

1．テーマ選定（テーマ選定マトリックス）

評価点：
◎＝3 点，○：2 点，△＝1 点

職場の課題	上司方針	緊急性	重要性	迷惑度	評価点	ランク
技能拡大 3・3・3 の達成	◎	○	◎	○	10	2
商品化ライン評価指数の低減	◎	◎	◎	◎	**12**	**1**
仕損品の低減	◎	○	◎	◎	11	3

車種別商品化ライン評価指数推移状況
（商品化ラインとは：お客様に最も近い，最終品質保証工程）

2．目標の設定

何　を	Z 50 サンルーフウェルトの隙指摘を
いつまでに	03年 1 月末までに
どれだけ	商品化ラインでの指摘件数を 0 件に
目　的	商品化ラインでの評価指数の目標達成

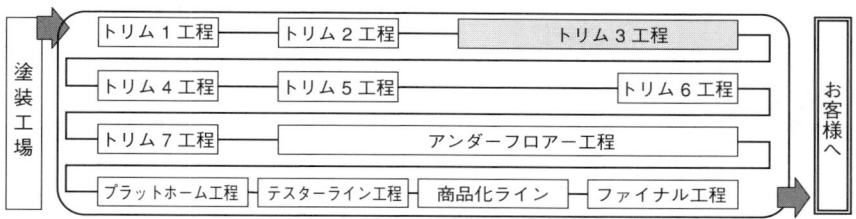

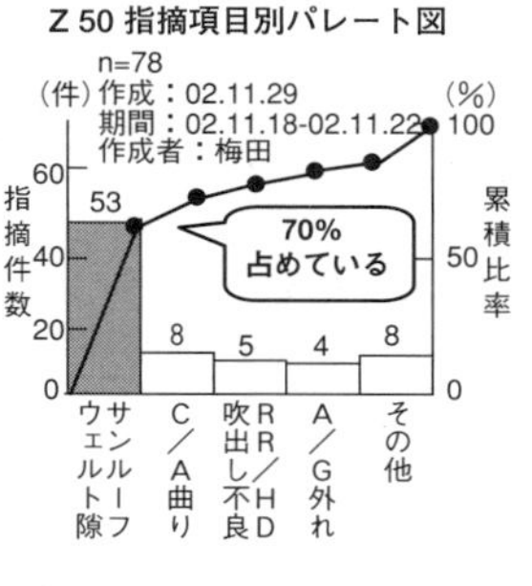

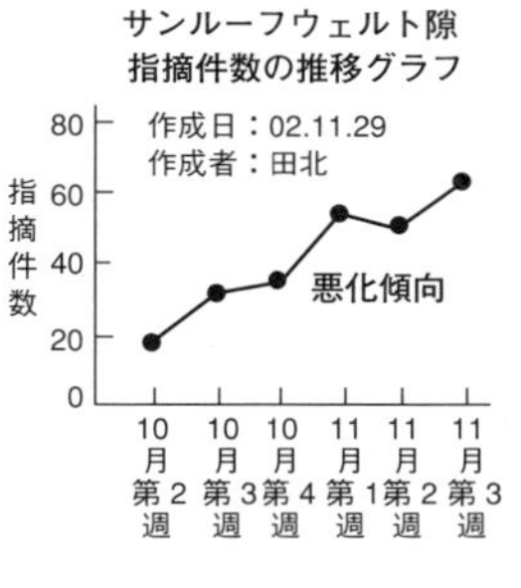

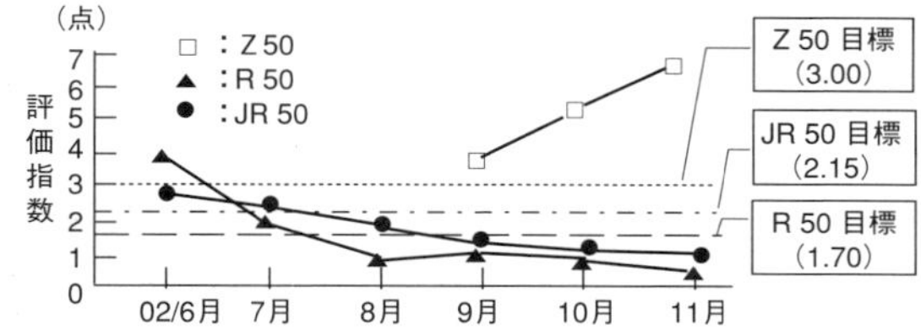

図 1.23　問題の抽出とテーマの選定

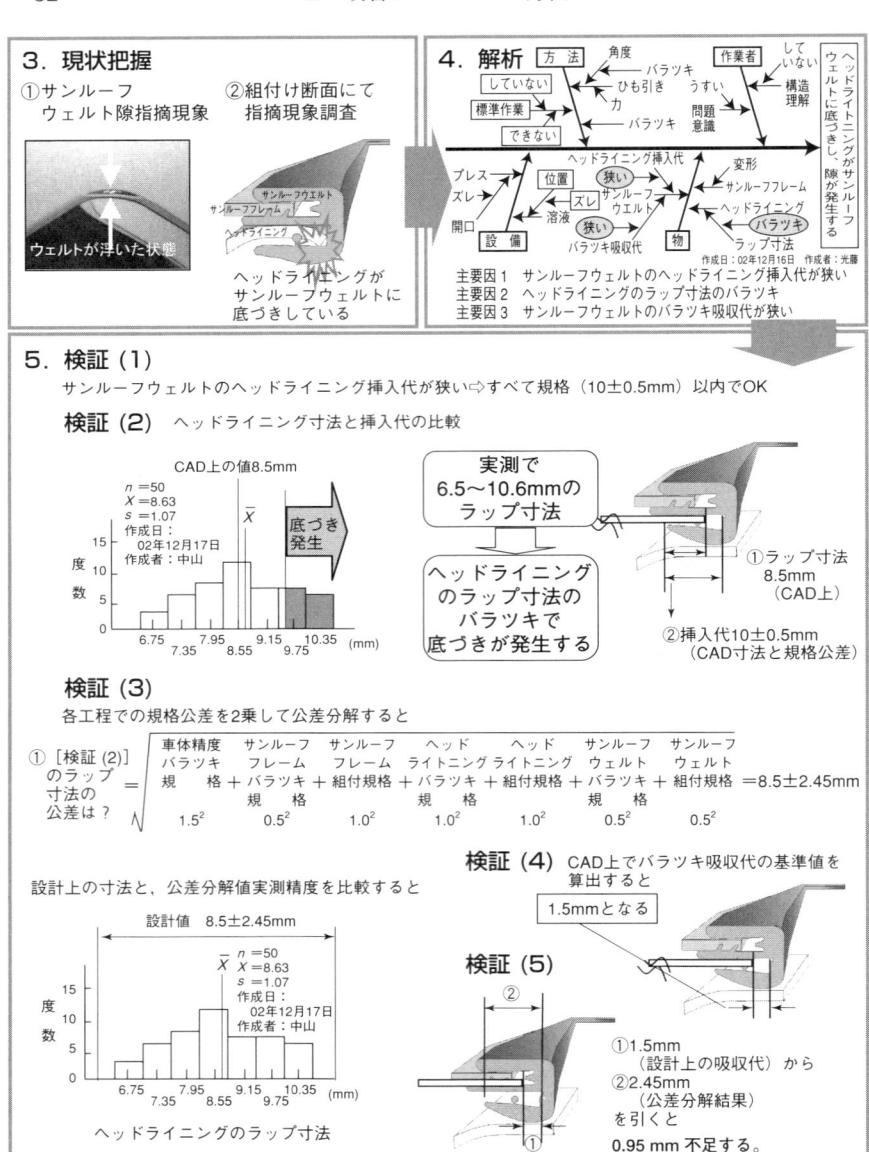

図 1.24　現状把握と要因解析

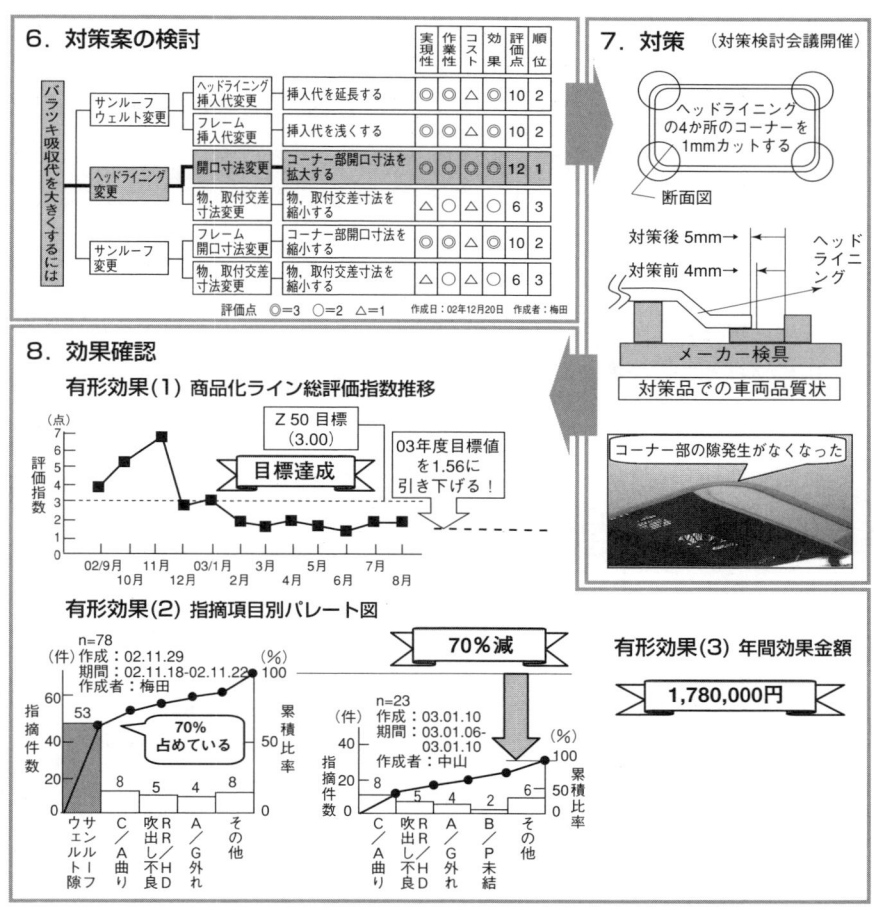

図 1.25 対策と効果確認

(2) プロセス改革への改善アプローチ

取り組むテーマが「○○業務の効率化」など仕事のしくみに問題があり，そのしくみを変えることが必要になったとき，プロセス改革を行うことになる。

仕事は，いろいろな工程によって成り立っている。そのような工程を総合し

た仕事の流れがプロセスである。プロセス改革とは，図 1.26 に示すように，まず改革を必要としている仕事の開始から終了まで書き出し（これをプロセスマッピングという），このプロセスマッピング上で問題点となるものを抽出する。

そして，改革案を検討するに至っては，単に 1 工程内を変えるだけでなく，工程間全体を見渡して，工程の並列化や統合，分離など大きな視野で取り組む。そのために**ベンチマーキング**[手法 24]や DOA といった手法の活用も望まれる。

プロセスマッピングとは，プロセス（業務の流れ）を明らかにするためにフロー図にプロセスを詳細に描くことをいう。このことにより，プロセスの問題点を視覚化することができる。

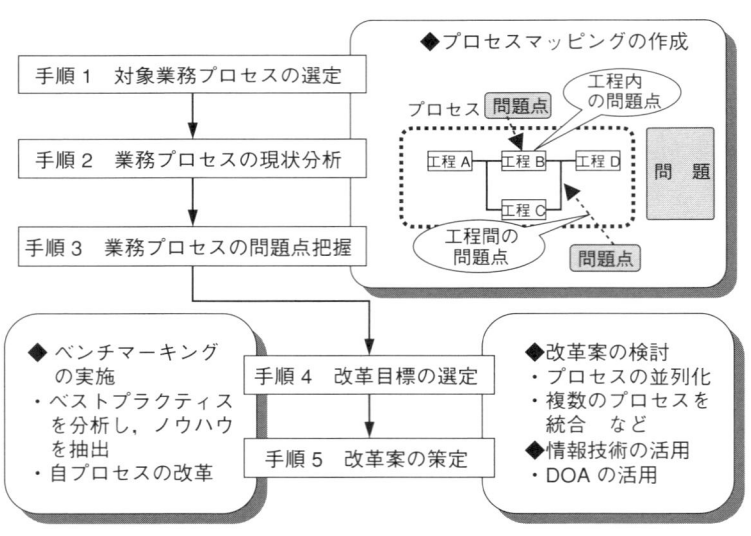

図 1.26　プロセス改革の進め方

◎業務効率化の事例「出荷能力の向上」[5)]

　ドコモ・エンジニアリング関西（株）商品流通事業部（物流最前線）
ドコモ・エンジニアリング関西（株）商品流通事業部は 3 つのセンタで構成

されており，(株)NTTドコモ関西からの受託業務を，各センタと販売店を結ぶ定期ルート配送を利用した効率的な循環型物流により実施している．主な業務内容は，①携帯電話商品及び冊子の保管と配送，②古紙の回収と細断，③お客様不要端末の回収である．そして，3センタの主軸となる野崎商品センタは，携帯電話商品を保管している物流センタであり，近畿一円のおよそ550の販売店へ商品を配送している（図1.27）．

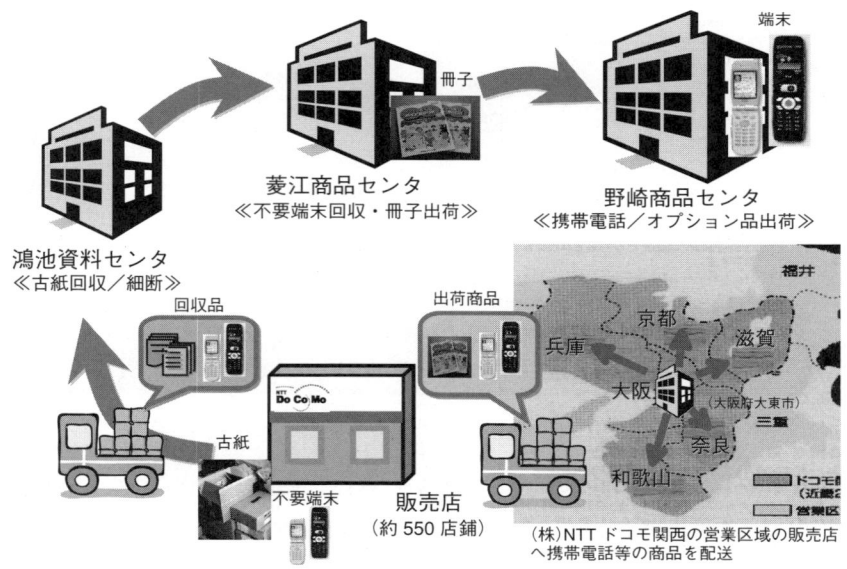

図 1.27　定期ルート配送による効率的な循環型物流

昨今の物流業界において商品の多品種少量化が避けられない傾向であるように，当センタでも第3世代携帯電話FOMAの普及に伴い取扱い機種が一気に増加したこと，また，製造メーカーからの入荷が分納されるため販売店への1回の配送数が細かくなることにより，バラ出荷数が総出荷数の50%を占めるようになった．これは前年度の同時期と比較すると10%も増加していた．

「バラ出荷」とは，メーカーから入荷した商品はケース単位で倉庫内に保管されるが，販売店からの要求がケース単位外の端数であった場合，この端数分

の出荷を指している。つまり，10個入りのケース商品を24個要求してきた場合，2ケースと4個出荷することになり，この4個が「バラ出荷」である（図1.28）。

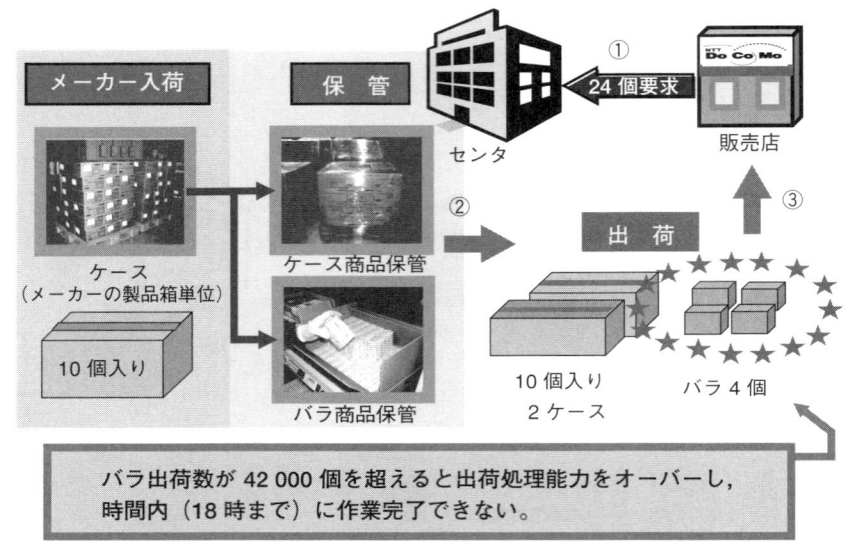

図1.28 「バラ出荷」とは

アイテム数の増加と1商品あたりの出荷数の少量化，このような環境の変化の中で，バラ出荷数はセンタの出荷能力の限界に近づきつつあった。バラ出荷数が42 000個を超えると時間内（18時まで）に作業が完了できず，恒常的に時間外が発生した。その結果，長時間労働が続くにつれ作業者にも疲労の影が見え始め，時間外作業による人件費もかさんできた。

これらの問題を解決するため，**特性要因図**[手法2]を用いて原因を追及し対策を検討した。まずは1日の作業工程の川上から川下までの流れを見直し，無駄のない作業スケジュールを立てることから始めた。そこで目に付いたのは，図1.29の上段が示すとおり，①朝の出荷作業の取り掛かりが遅い（9時半の始業から1時間も経過している）②昼休憩の間は作業が完全に停滞しているということであった。そこで，これまで出荷当日の朝に行っていた補充作業を

2. いろいろな分野における改善アプローチ

前日に繰り上げ，昼休憩の間も作業を止めずに続行するという目標の作業スケジュールが完成した（図 1.29 の下段）。

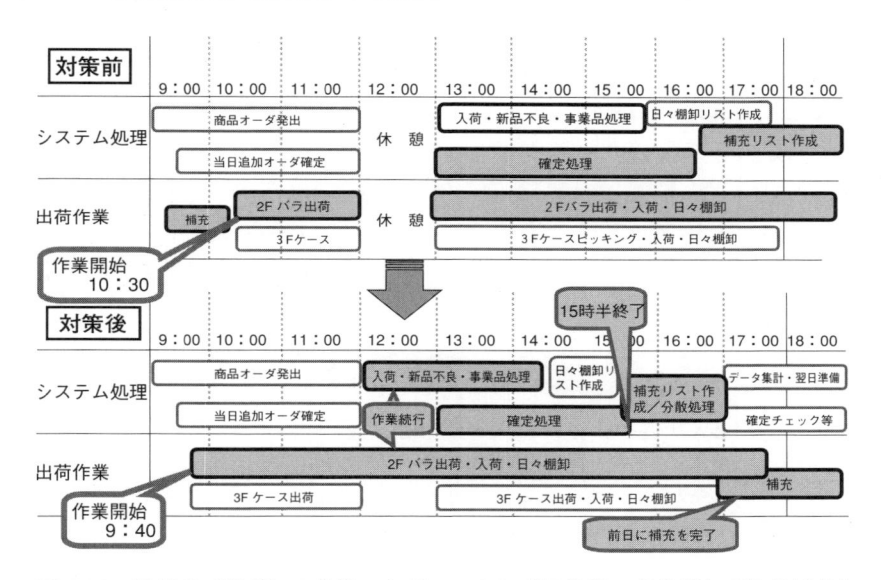

図 1.29 対策前（現状）の作業スケジュールと「昼休憩 2 交代制」，「前日補充」をふまえた対策後の作業スケジュール（目標）

「補充作業」とはバラ出荷の事前準備として，出荷予定数をケース商品保管の棚からバラ商品保管の棚へ移動させることである。この作業を出荷前日に完了させるため，それまで手で割り出していた補充数の計算をシステム化し，補充数と同時に補充リストを発行できるようにした。これにより補充リスト作成にかかる時間が短縮され，前日の作業完了が可能となった。つまり始業後すぐに出荷作業にかかれる体制が確立したのである。

次に，昼休憩中も作業を続行するにあたっては 2 交代制という方法をとった。図 1.30 はそのイメージであるが，作業人員は新たに雇うのではなく，他の担当からの応援というかたちで確保した。作業体制は作業の品質を落とさないように応援者をフォローできる作業者の配置を考慮した。これにより，1 時間あたりの生産性は落ちるものの，12 時から 14 時の 2 時間での生産性は 1.5

I. 改善アプローチの方法

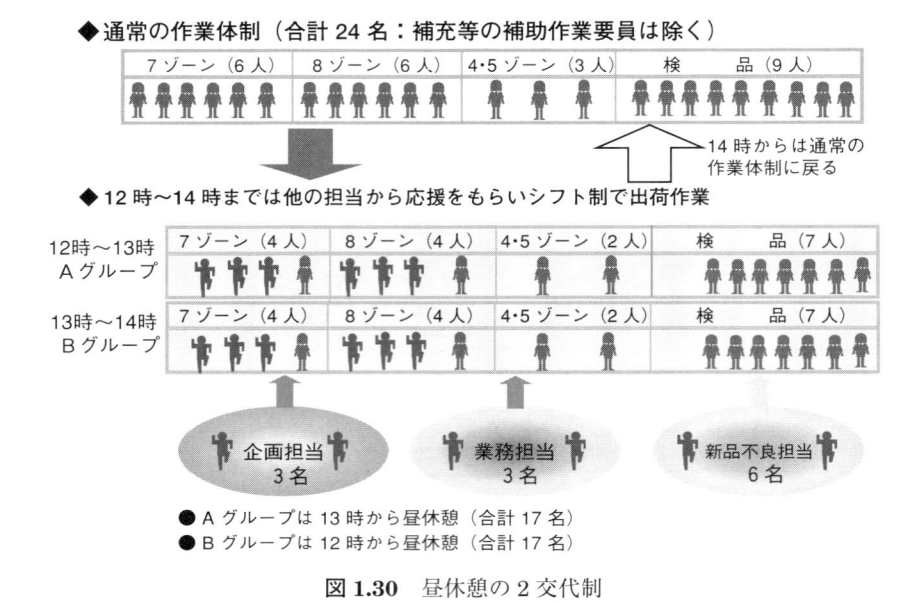

◆ 通常の作業体制（合計 24 名：補充等の補助作業要員は除く）

| 7 ゾーン（6人） | 8 ゾーン（6人） | 4・5 ゾーン（3人） | 検　　品（9人） |

14 時からは通常の作業体制に戻る

◆ 12 時～14 時までは他の担当から応援をもらいシフト制で出荷作業

12時～13時 Aグループ：7 ゾーン（4人）　8 ゾーン（4人）　4・5 ゾーン（2人）　検　　品（7人）

13時～14時 Bグループ：7 ゾーン（4人）　8 ゾーン（4人）　4・5 ゾーン（2人）　検　　品（7人）

企画担当 3名　　業務担当 3名　　新品不良担当 6名

● A グループは 13 時から昼休憩（合計 17 名）
● B グループは 12 時から昼休憩（合計 17 名）

図 1.30　昼休憩の 2 交代制

倍に向上した。

　そして，さらなるバラ出荷量の増大に対応するために分散出荷を実施した。「分散出荷」とは，野崎商品センタと同じ DPS（デジタルピッキングシステム）方式で冊子を出荷している菱江商品センタを利用し，バラ出荷の一部を菱江商品センタへ移送して冊子と一緒に出荷作業を行うというものである。出荷された荷物は，定期ルート配送の車両が野崎商品センタまで運び，荷合わせをしてから販売店へ配送されることになる。図 1.31 の分散にあたっては，菱江商品センタで時間外が発生しないこと，商品の移送コストと野崎商品センタで発生する時間外コストを比較し，移送コストの方が安くつく場合に実施するという条件で基準値を決定した。

　以上の結果，対策を実施した 3 か月の間に，時間内に野崎で処理できるバラ出荷数は 42 000 個から 55 000 個まで向上し，菱江への分散出荷を合わせれば 70 000 個まで対応が可能となった（図 1.32）。

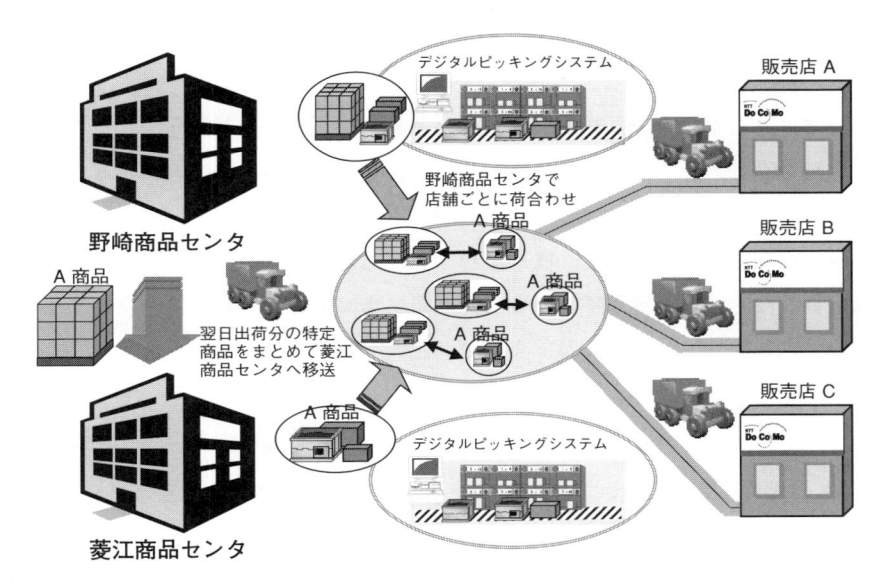

2. いろいろな分野における改善アプローチ　　　　39

図 1.31　「分散出荷」とは

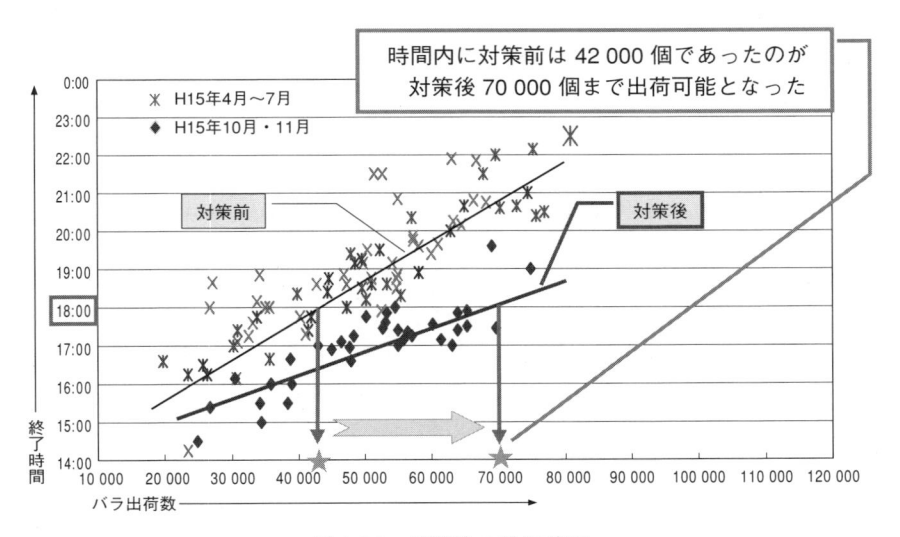

図 1.32　対策後の効果確認

(3) 営業・サービス分野への改善アプローチ

お客様はわがままで，しかも，多くの矛盾を含んでいるという。こういったお客様を満足させるための改善は，まずお客様ニーズの把握から始まる。このニーズからテーマが決まるわけであるが，実際に取り組むためには課題や問題の構造を明らかにした上で，取り組むべき方向を決定する必要がある。そして抽出された対策を実施して効果をお客様満足まで得るようにアウトカム評価を行い，改善活動を終えるものである。

以上の一連のプロセスを企業とお客様の関係を図にまとめてみたのが図1.33である。

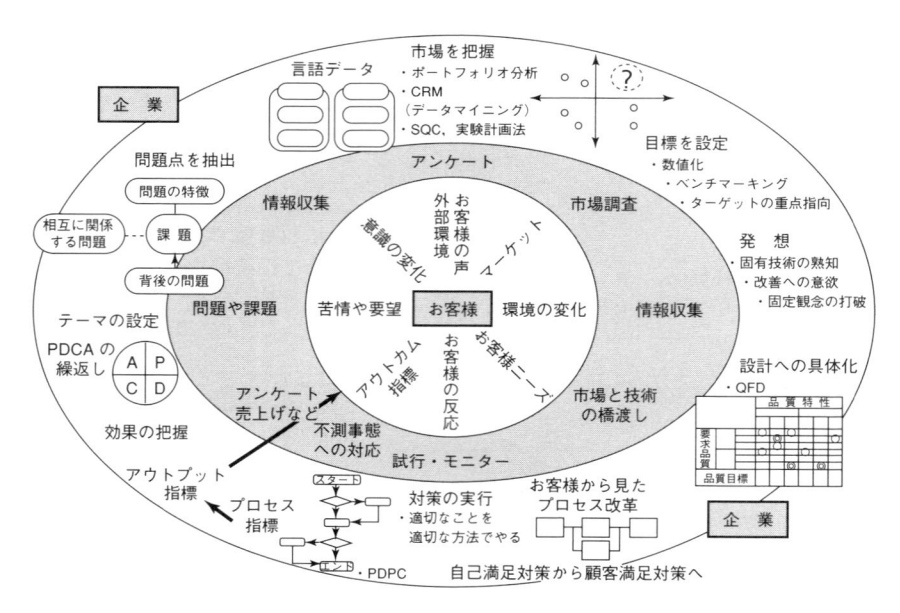

図1.33 お客様を主体に考えた改善アプローチ

◎販売促進の事例：「ドコモ離れを抑えて他社からのチャーンを獲得しよう」[6]
　（株）NTTドコモ関西　営業企画部（ノーサイン）

　携帯電話事業者(ケータイキャリア)にとって契約者数の伸び＝(新規販売)−(解約数)は，一時期の「右肩上がりの高度成長期」を過ぎ，関西市場においても成長曲線は鈍化の傾向となっている。そのような環境の中で，営業企画部門では「新規顧客の獲得＝新規販売」と「他社への流出を抑える＝解約抑止」が至上命題である。

　新規販売には「初めてケータイを持つ顧客の獲得」と「他社からの乗換え顧客＝チャーン獲得」の2パターンがあり，本事例では"他社への流出を抑え，他社からのチャーンインを獲得する"ことをテーマとして取り組むことにした。

　市場の現状分析とターゲットを絞った販売施策の検討により，結果として"異業種とのコラボレーション端末"の作成・販売を実現したが，本来の目的として重点的に取り組んだ内容は，単に話題づくりやプロモーションコストの削減ではなく，データ分析をもとにターゲットのニーズに応じた端末を企画し，より効果的にターゲット層に訴求することで，「営業部門でも売れる端末が作れる」ことを実践することができた。

1) テーマの選定と現状把握

　直近の解約率の推移を見ると，平成14年11月を境に上昇傾向にある。このことは他キャリアへのチャーンアウトが増加していることを意味することから，「ドコモ離れを抑えることと，他社からのチャーンインを獲得する」が重要課題であることがわかり，本テーマとして決定した。

　まず，どんな人がドコモを離れ，どんな人がドコモを選んでくれなくなっているのかを，性別・年代別の純解約率の推移で分析したが，ドコモ離れは男女年代問わず起こっており，ターゲットが絞れなかった。

　そこで，ドコモとしてはどの性別・年代を離れさせたくないか，図1.34のようなバブルチャートを用いて分析することとした。

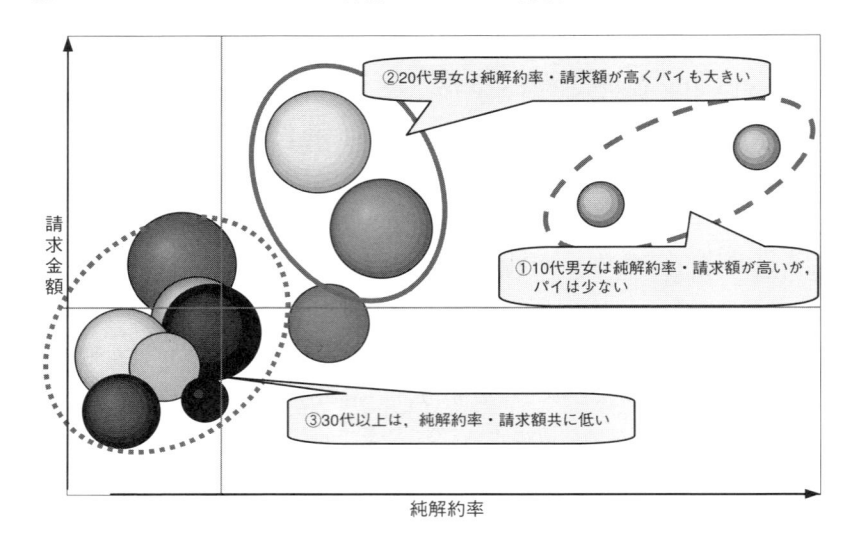

図1.34 性年代別請求金額と純解約率の関係

グラフ内の注記：
- ②20代男女は純解約率・請求額が高くパイも大きい
- ①10代男女は純解約率・請求額が高いが、パイは少ない
- ③30代以上は、純解約率・請求額共に低い

縦軸：請求金額、横軸：純解約率

　縦軸が性別・年代別の請求金額であり、横軸が純解約率、バブルの大きさが各性年代層別の契約者数、つまり市場の大きさを示している。このグラフからは20代の男女の請求金額が高く、市場規模も大きい、重要な顧客層であるにもかかわらず、純解約率が高いことがわかった。

　以上の結果から、ドコモとして一番離れさせたくないのは20代男女という結論になる。

　次にどんな人がドコモを選んでくれないのかを分析することとした。性別・年代別の購入キャリアについてのアンケート調査結果では、男性に比べて女性の選択率が低いことがわかる。つまり、男性に比べて女性がドコモを選んでくれていないといえる（図1.35の上段）。

　以上のことをまとめると、ドコモ離れを抑えて、他社からのチャーンを獲得するには「"市場が大きく、請求額も高い"が、"純解約率の高い"20代を離れさせてはならない」、「ドコモ選択率の低い女性に、もっとドコモを選んでもらわなければならない」となり、その結果としては、「まず20代女性をターゲットにドコモの魅力を向上させなくてはならない」ということになる。

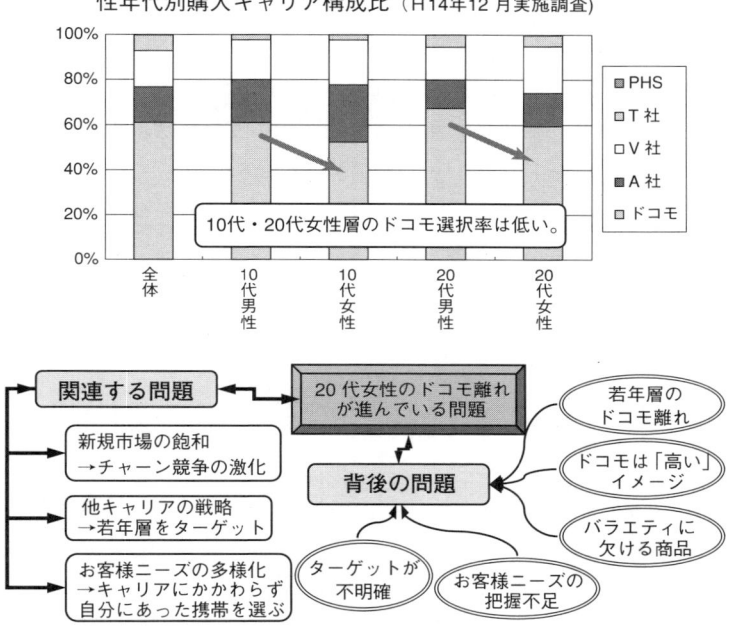

2. いろいろな分野における改善アプローチ

性年代別購入キャリア構成比（H14年12月実施調査）

10代・20代女性層のドコモ選択率は低い。

図1.35 20代女性のチャーン獲得比率の低下に関連する問題連関図

20代女性のチャーン獲得比率を確認すると，平成15年1月から4月にかけて4%も低下している。これに関連する問題としては，他キャリアが若年層を狙い撃ちする戦略を取っていること，また背後の問題としてドコモのターゲットが不明確な点などが考えられる（図1.35の下段）。

2) 目標設定と要因解析

今回の目標は平成15年4月のチャーン獲得比率を，平成15年7月までに4%アップさせることに決定した。

目標を達成できていない要因を探るため，20代女性がドコモを選ばない理由を**特性要因図**[手法2]で確認したところ，20代女性にとって，ドコモは「オシャレじゃない」，「高くても欲しいものがない」ことが要因になっていることがわ

かった。また一般的にドコモを選ぶ理由，つまりドコモの強みを**連関図法**[手法3]で分析したところ，「高機能な端末」，「万人受けするデザイン」，「コンテンツ・アプリが多い」，「前からもっている」が重要な要因であることがわかった。これらをまとめると，ドコモの強みに対して20代女性はあまり関心がなく，特に「万人受けするデザイン」は「オシャレじゃない」，「高くても欲しいものがない」とマイナスイメージになってしまっていることがわかった（図1.36）。

このことにより，20代女性がドコモを選択しない真の要因は「①商品がオシャレじゃない」，「②高くても欲しいものがない」ということになる。

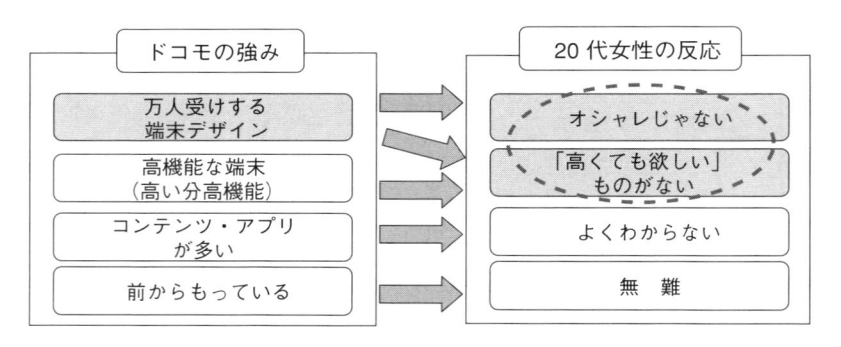

図1.36 ドコモの強みと20代女性のドコモを選ばない理由

3) 対策立案と実施

絞り込んだ真の要因について「オシャレな端末を作る」，「高くても欲しいと思わせる価値を提供する」の対策を検討した。

系統図法[手法5]で検討した結果，「色を変更する」，「異業種とコラボレーションする」，「プレミア感のあるノベルティを付ける」，「ファッション性の高い広告を行う」，「口コミやメディアとのタイアップを利用する」，「効果的な宣伝方法を取り入れる」という方向性を導きだした。さらにその方向性から対策の具体案まで展開し，「コスト」，「実現性」，「即効性」，「効果性」の観点から**マトリックス図**[手法6]で判定した結果，6項目の対策を実施することが決まった。

2. いろいろな分野における改善アプローチ

① 505iシリーズでの色変更

オリジナルカラーで作成する機種の選定については，販売開始時期や生産能力などを**マトリックス図**[手法6]で判定した結果，D 505iに決定した。

また，オリジナルカラーの選定については，メーカーから提示された対応可能色の中から「トレンド性」，「季節感」，「限定感」，「量産性」等を**マトリックス図**[手法6]で評価した結果，ブルー系の色を採用。さらに**アンケート**[手法29]結果を用いて女性層に最も人気の高い「アクアブルー」に決定した（図1.37の①）。

② コラボレーション企業の決定

コラボレーションの可能性ありと回答いただいた企業10社について「協力度」，「知名度」，「ブランドの持つプレミア感」の観点から**マトリックス図**[手法6]で判定した結果，ジュエリーメーカーの「4℃」社に決定した。

③ ノベルティグッズの決定

プレミア感を演出できるノベルティグッズを4℃と共同で作成した。グッ

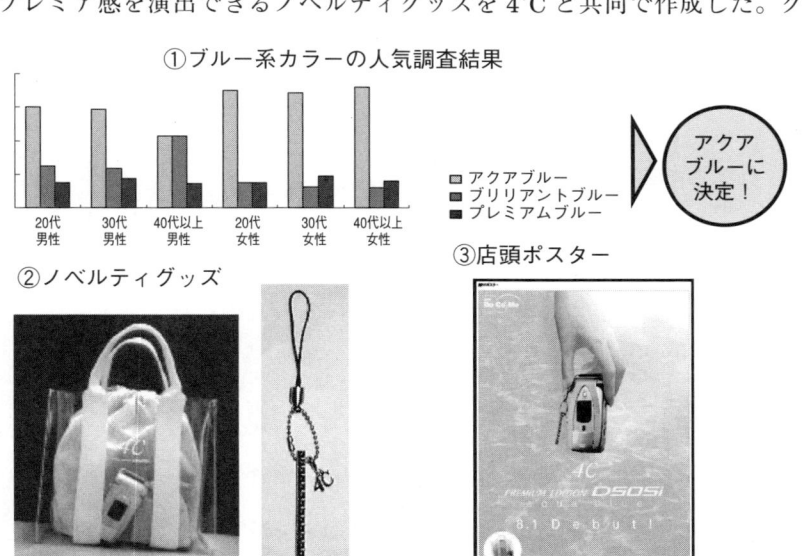

図1.37 具体的な対策

ズ内容はオリジナルトートバッグとオリジナルチャームとなった。バッグは季節感を持たせたクリアビニール素材にし，アクアブルーのイメージにマッチさせ，またチャームは，ピラミダルカットやキュービックジルコニアをあしらうなど上品で繊細なデザインとした（図1.37の②）。

④　ファッション性のある告知物の作成

20代女性を意識したポスター，リーフレットを作成した。機種の機能等は掲載せず，端末の「色」と「イメージ」を効果的にアピールできるツールにした（図1.37の③）。また20代女性が目にする拠点でのサンプリングや交通広告等を実施することとした。

⑤　限定感のPR

リーフレットの記載や店頭でのお客様応対の中で，D 505i アクアブルーが関西限定・数量限定の商品であることをPRした。

⑥　ティザー広告の実施

通常発売の2日前に行う新商品販売開始の報道発表を2週間前に実施し，発売までの間に店頭ツールの配備やサンプリング，雑誌広告を実施して期待感を醸成した。

4)　効果の確認

チャーン獲得比率は，8月までに5％アップさせることができ，目標を達成した。

また，ドコモショップスタッフへのアンケート調査の結果

①　4℃とのコラボレーションが良かった。

②　関西限定であったこと。

③　アクアブルーの色が良かった。

が好評のトップ3であった。

また，ターゲットとした20代女性の純解約率を減少させることも実現した（図1.38）。

さらに波及効果として，20代女性以外の女性層でもチャーン獲得比率が上

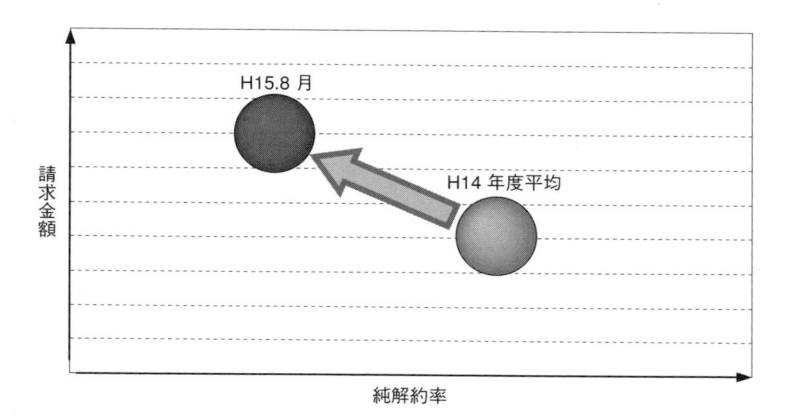

2. いろいろな分野における改善アプローチ

図 1.38 20代女性：請求金額と純解約率の関係
（平成14年平均と平成15年8月の比較）

昇して，女性全体で6％アップした。

ほかにも D 505i アクアブルーは販売開始後約1か月で企画台数をほぼ完売することができた。また，テレビ番組や新聞などのマスメディアでも取り上げられ，ドコモのイメージアップにも大きく貢献できた。

◎サービス向上の事例「変えよう！！お客さまとのふれあいを」[7]
　九州電力（株）大牟田営業所（管理職の改善活動より）

競争の時代となった現在では，斬新な発想による改善や改革を念頭におき，お客さま重視の業務運営が重要な課題である。そのため，九州電力（株）大牟田営業所では，お客さまと接する営業窓口の環境整備とともに，好感を持たれるお客さま対応，並びに，現場サービス業務におけるプラス α のサービスでお客さま満足を高めていく必要があることがわかった。このことから，「変えよう！！お客さまとのふれあい」をねらいに改善活動を行った。

1） 現状把握／課題の明確化

取り組む課題を抽出するために，営業所窓口に来社されたお客さま35名に**アンケート**[手法29]を実施した。アンケートは，機械音声，所内の整理整頓，挨

拶等15項目について聞いてみた。その結果をもとに**ポートフォリオ分析**[手法32]を行い，15項目の中で，評価点が低くお客さま満足度に影響度の高い項目を重点改善項目として抽出した。抽出した重点改善項目は，①「所内の整理整頓ができていない」，②「所内に張り紙が多い」，③「お礼の挨拶時にお客さまの名前を言っていない」の3項目であった（図1.39）。

○ アンケート結果をもとにポートフォリ分析実施
　15項目の中で，評価点が低く影響度の高い項目を抽出
(1) 所内の整理整頓ができていない。
(2) 所内に張り紙が多い。
(3) お礼の挨拶時にお客さまの名前を言っていない。

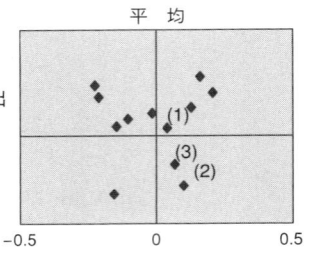

図1.39　アンケート結果からのポートフォリオ分析

2) 目標値の設定

ポートフォリオ分析[手法32]の結果，得られた重点改善項目の平均スコアが2.7〜3.5と満足する状態でないことから，目標値を4.0以上と設定した。また，現場サービス業務においては，改善項目の評価点を現状の3.0から4.0以上を目標値に設定した（図1.40）。

（営業課）

重点改善項目	平均点数	平均点数
所内に張り紙が多い	2.74	4以上
所内の整理整頓ができていない	3.57	4以上
お礼の挨拶時にお客さまの名前を言っていない	3.06	4以上

（配電運用課）

重点改善項目	総合評価	総合評価
配電盤の目視点検・清掃	3	4以上
配電盤のスイッチ操作，パンフレットの配布		
「何か電気のことでお困りのことはございませんか？」の一声運動の実施		
事故修理はテキパキと事故原因は親切丁寧に説明する		
お客さまが理解できる平易な言葉を用いる		
計器・ACLは汚れを確認し，清掃して取り付ける		

図1.40　目標値の設定

3) 現状把握／原因の追及

　営業窓口の環境，及びお客さま対応の現状を「お客さまと接する営業窓口の環境整備」及び「好感を持たれるお客さま対応」について，図1.41に示すように，問題の特徴，背後の問題，関係する問題を抽出し，取り組むべき方向性を明確にしてみた。

　また，現場サービス業務におけるプラスαのサービスとは何か，を業務に携わっている職員からの声を集め，図1.42の**親和図**[手法28]で整理することによって，「お客さまのふれあいが必要」ということと「停電減少・停電時間短縮」という2つの重要項目を抽出した。

```
                    ┌─────────────────────┐
                    │ お客さま満足度を高める │
                    └─────────────────────┘
           T1                                        T2
    ┌──────────────┐                        ┌──────────────┐
    │ お客さまと接する │                        │  好感を持たれる  │
    │ 営業窓口の環境整備 │                        │  お客さま対応   │
    └──────────────┘                        └──────────────┘
```

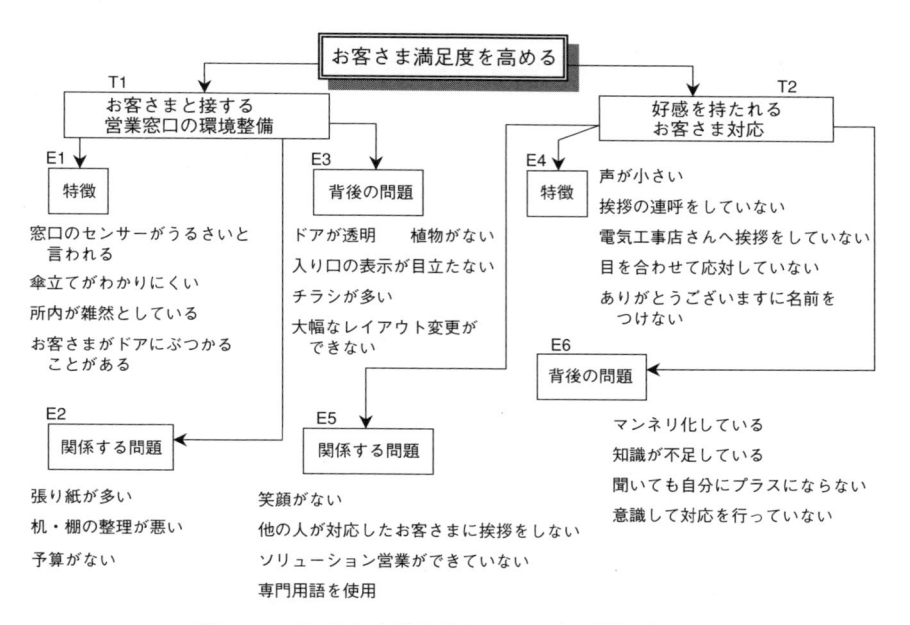

E1　特徴
　窓口のセンサーがうるさいと言われる
　傘立てがわかりにくい
　所内が雑然としている
　お客さまがドアにぶつかることがある

E3　背後の問題
　ドア が透明　　植物がない
　入り口の表示が目立たない
　チラシが多い
　大幅なレイアウト変更ができない

E4　特徴
　声が小さい
　挨拶の連呼をしていない
　電気工事店さんへ挨拶をしていない
　目を合わせて応対していない
　ありがとうございますに名前をつけない

E2　関係する問題
　張り紙が多い
　机・棚の整理が悪い
　予算がない

E5　関係する問題
　笑顔がない
　他の人が対応したお客さまに挨拶をしない
　ソリューション営業ができていない
　専門用語を使用

E6　背後の問題
　マンネリ化している
　知識が不足している
　聞いても自分にプラスにならない
　意識して対応を行っていない

図1.41　「お客さま満足度を高める」の問題連関図

I. 改善アプローチの方法

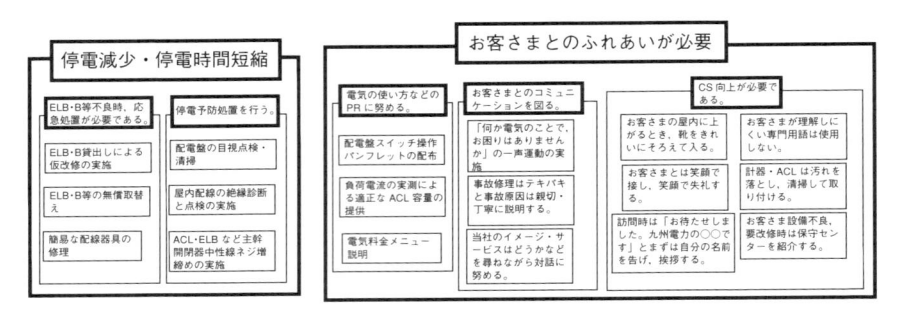

図1.42 現場サービス業務におけるプラスαのサービスの親和図

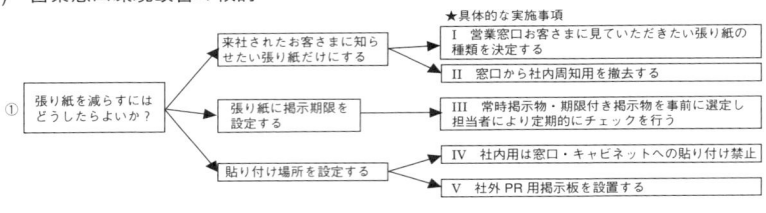

【停電減少・停電時間短縮】
- ELB・B等不良時，応急処置が必要である。
  - ELB・B貸出しによる仮改修の実施
  - ELB・B等の無償取替え
  - 簡易な配線器具の修理
- 停電予防処置を行う。
  - 配電盤の目視点検・清掃
  - 屋内配線の絶縁診断と点検の実施
  - ACL・ELBなど主幹開閉器中性線ネジ増締めの実施

【お客さまとのふれあいが必要】
- 電気の使い方などのPRに努める。
  - 配電盤スイッチ操作パンフレットの配布
  - 負荷電流の実測による適正なACL容量の提供
  - 電気料金メニュー説明
- お客さまとのコミュニケーションを図る。
  - 「何か電気のことで，お困りはありませんか」の一声運動の実施
  - 事故修理はテキパキと事故原因は親切・丁寧に説明する。
  - 当社のイメージ・サービスはどうかなどを尋ねながら対話に努める。
- CS向上が必要である。
  - お客さまの屋内に上がるとき，靴をきれいにそろえて入る。
  - お客さまと笑顔で接し，笑顔で失礼する。
  - 訪問時は「お待たせします」とまずは自分の名前を告げ，挨拶する。
  - お客さまが理解しにくい専門用語は使用しない。
  - 計器・ACLは汚れを落とし，清掃して取り付ける。
  - お客さま設備不良，要改修時は保守センターを紹介する。

(1) 営業窓口環境改善の検討

① 張り紙を減らすにはどうしたらよいか？
- 来社されたお客さまに知らせたい張り紙だけにする
  - I 営業窓口お客さまに見ていただきたい張り紙の種類を決定する
  - II 窓口から社内周知用を撤去する
- 張り紙に掲示期限を設定する
  - III 常時掲示物・期限付き掲示物を事前に選定し担当者により定期的にチェックを行う
- 貼り付け場所を設定する
  - IV 社内用は窓口・キャビネットへの貼り付け禁止
  - V 社外PR用掲示板を設置する

★具体的な実施事項

①	実現性	効果	費用	総合
I	○	○	○	○
II	○	○	○	○
III	○	○	○	○
IV	○	○	△	○

(2) 現サ業務におけるプラスαのサービス

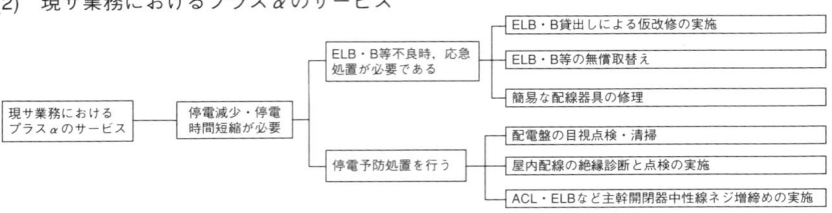

現サ業務におけるプラスαのサービス
- 停電減少・停電時間短縮が必要
  - ELB・B等不良時，応急処置が必要である
    - ELB・B貸出しによる仮改修の実施
    - ELB・B等の無償取替え
    - 簡易な配線器具の修理
  - 停電予防処置を行う
    - 配電盤の目視点検・清掃
    - 屋内配線の絶縁診断と点検の実施
    - ACL・ELBなど主幹開閉器中性線ネジ増締めの実施

	期待効果	制約条件	リスクや成功の可能性	総合評価
配電盤の目視点検・清掃	・お客さまに喜んでいただける	・点検項目・内容の検討 ・点検・清掃の機材，用具をそろえる必要がある	・時間は少しかかるが，目に見えるサービスとしてお客さまにアピールできる	◎

図1.43 対策案の検討

4) 対策案の検討・実施

営業窓口の環境改善の検討を行い，重点改善項目ごとに具体的な対策を打ち出した。一例として，図1.43の上段に「張り紙を減らすにはどうしたらいいのか」の具体的対策を示す。

また，現場サービス業務におけるプラスαのサービスの検討も行い，重点実施項目ごとに，図1.43の下段に示す「配電線の目視点検・清掃」などの対策を打ち出した。

5) 効果の確認

営業窓口の環境整備と好感を持たれるお客さま対応についての重点改善3項目については，一部未達項目があったものの，全般的にお客さま満足の向上につながった。現場サービス業務におけるプラスαのサービスについても，目標値以上の成果となり，お客さまの信頼と満足を高めることができた（図1.44）。

今回の活動においてお客さまの信頼と満足を向上させることができたが，一

（営業課）

重点改善項目	実施後の平均点数
所内に張り紙が多い	4.3
所内の整理整頓ができていない	4.5
お礼の挨拶時にお客さまの名前を言っていない	3.93

（配電運用課）

重点改善項目	実施後の総合評価
配電盤の目視点検・清掃	
配電盤のスイッチ操作，パンフレットの配布	
「何か電気のことでお困りのことはございませんか？」の一声運動の実施	4.2
事故修理はテキパキと事故原因は親切丁寧に説明する	
お客さまが理解できる平易な言葉を用いる	
計器・ACLは汚れを確認し，清掃して取り付ける	

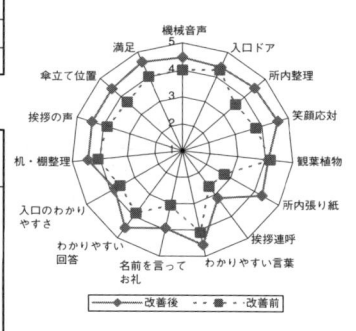

図1.44 効果の確認

部目標未達項目もあり，今後重点的に取り組んでいくことが必要である．また，電力小売の自由化拡大に向け，さらに「お客さま重視」の業務運営の徹底を図り，社員の意識改革と諸対策の継続的な取組みを行っている．

(4) 設計・開発への改善アプローチ

設計・開発分野での取組みには，いろいろな場面が想定される．新商品や新工法の開発や既存商品の改良，定量化評価の確立などが考えられる．いずれにおいても，改善のスタートはお客様ニーズの掘り起こしから始めるわけであることから，聞取り調査や**アンケート**[手法29]などから情報を得ようとするがなかなかうまくいかないことが多い．そこで新商品の開発でうまくいった解析プロセスの一例を紹介する．

図 1.45 の事例では，まず CS 調査シートから多変量解析（**重回帰分析**[手法18]，

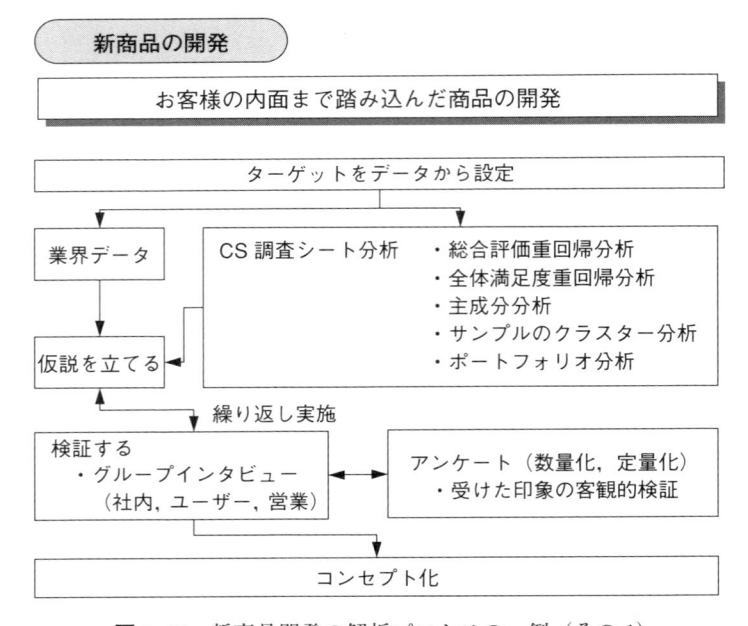

図 1.45 新商品開発の解析プロセスの一例（その 1）

2. いろいろな分野における改善アプローチ

主成分分析[手法33]）や**ポートフォリオ分析**[手法32] を行い，その結果と業界データから仮説を立ててみた。その仮説を社内外とのインタビューやアンケートの結果から検証を行い，開発する商品のコンセプトを作り上げている。

図 1.46 の例は，お客様ニーズを踏まえた商品の低コスト化開発を目的に，インタビュー調査による顧客ニーズの把握とコミュニケーションダイヤル情報を**親和図**[手法28] でまとめ，総合満足度に影響の強い項目を**重回帰分析**[手法18] を活用して 20 項目より抽出し，工具の改良点を見つけた。その後，**アナロジー発想法**[手法22] で独創的な改善案を引き出すに至っている。

図 1.47 は，機器の音質評価手法の開発をするために，「快・不快」というあいまいな評価を定量的に評価できる手法を開発した事例である。その方法は，

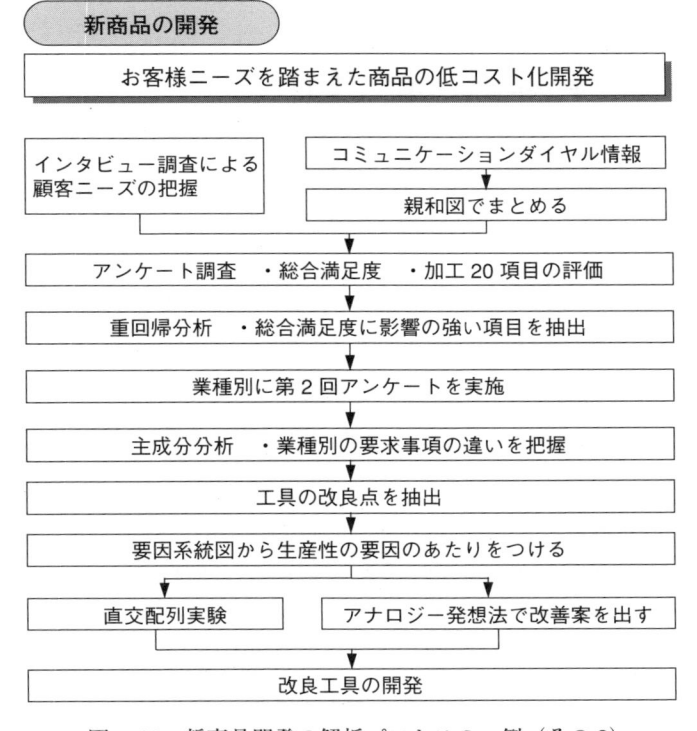

図 1.46 新商品開発の解析プロセスの一例（その 2）

定量化評価の確立

機器の音質評価手法の開発

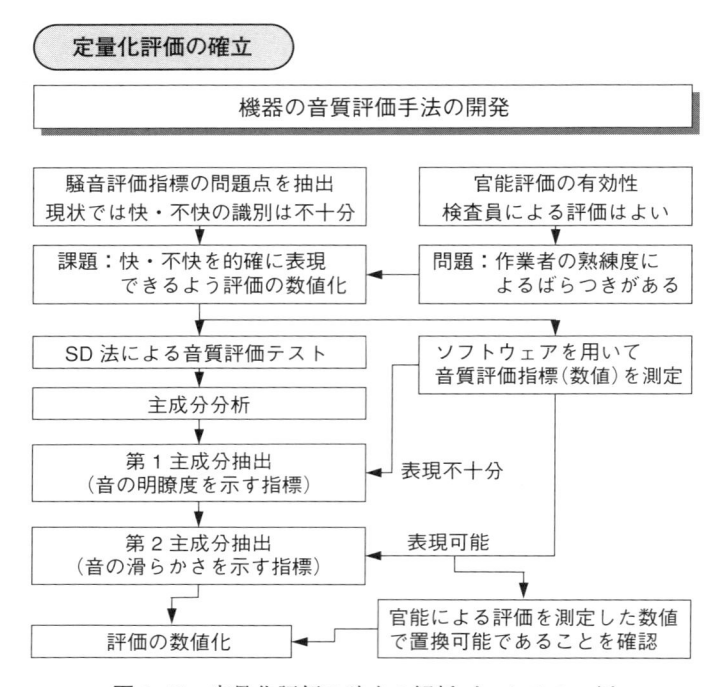

- 騒音評価指標の問題点を抽出　現状では快・不快の識別は不十分
- 課題：快・不快を的確に表現できるよう評価の数値化
- 官能評価の有効性　検査員による評価はよい
- 問題：作業者の熟練度によるばらつきがある
- SD法による音質評価テスト
- 主成分分析
- 第1主成分抽出（音の明瞭度を示す指標）
- 第2主成分抽出（音の滑らかさを示す指標）
- ソフトウェアを用いて音質評価指標（数値）を測定
- 表現不十分
- 表現可能
- 官能による評価を測定した数値で置換可能であることを確認
- 評価の数値化

図1.47　定量化評価の確立の解析プロセスの一例

まず、**SD法**[手法30]による音質評価テスト行い、その結果を**主成分分析**[手法33]した。抽出された第1主成分、第2主成分とソフトウェアを用いた音質評価指標（数値）との関連度合いから、第2主成分である音の滑らかさを示す指標が数値の表現力が可能であること突き止めた。この結果、「快・不快」を表す評価を数値化することができ、新手法の開発に至った。

◎商品開発の事例「CSシートによるお客様ニーズの把握」[8]

シャープ(株)

液晶テレビ「アクオス」、除菌イオン効果の「空気清浄機」などのヒット商品を次々と送り出すシャープは、消費者のニーズをみつけ出すための独自の発想法を持っている。それが「CS調査」である。

2. いろいろな分野における改善アプローチ　　55

　従来から新製品についてお客様の声をお聞きする手段として，はがき形式の「愛用者カード」があるが，これは"購入直後"のマーケティング（購入動機等）情報が主体となっている。

　これに対して「CS調査」は，お客様が十分使った後（使用1～3か月後）の"実際に使ってどうだったか"という評価に重点をおいて実施している。

　そして，お客様の実体験にもとづき，「どこに感動し，その感動や満足度のレベルはどの程度か」など，サービス窓口やお客様の生の声を系統的・統計的に収集分析するツールとして活用されている。

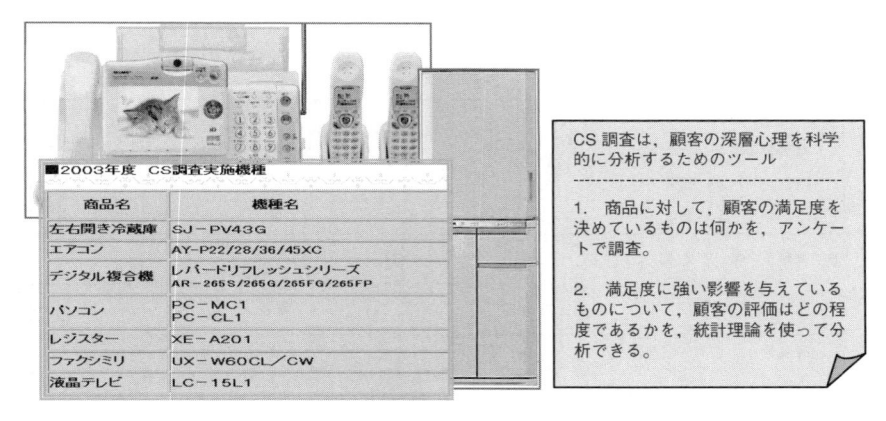

図1.48　CS調査の概念とCS調査実施機種

1) アンケートの作成

　調査対象商品が決まったらアンケート用紙を作成する。アンケートは商品企画担当者と商品信頼性本部CS・品質戦略室の共同作業である。**アンケート**[手法29]の具体的な流れは，

① 製品の購入状況
② 使用状況
③ 個々の機能に関する満足度（図1.49参照）
④ 総合的な満足度（図1.50参照）

I. 改善アプローチの方法

V. それでは，当機の個別の機能についての評価をお伺いします

問73. 当機の特長について。（○はそれぞれ1つずつ）

	非常に満足	満足	やや満足	普通	やや不満	不満	非常に不満
a) 左右開き扉	1	2	3	4	5	6	7
b) 庫内のプラズマクラスター（除菌）イオン運転	1	2	3	4	5	6	7
c) 庫外（キッチン）のプラズマクラスター（除菌）イオン運転（クリーンモード運転）	1	2	3	4	5	6	7
d) 庫外（キッチン）のプラズマクラスター（除菌）イオン運転（イオンコントロールモード運転）	1	2	3	4	5	6	7
e) 温度帯別の野菜収納	1	2	3	4	5	6	7
f) 野菜のタテ置き収納設計	1	2	3	4	5	6	7

問74. 冷蔵室について。

A) 冷蔵室の収納容量については。（○はそれぞれ1つずつ）

	非常に満足	満足	やや満足	普通	やや不満	不満	非常に不満
a) トータル容量	1	2	3	4	5	6	7
b) 棚部分の容量	1	2	3	4	5	6	7
c) チルドルームの容量	1	2	3	4	5	6	7
d) ドアポケットの容量	1	2	3	4	5	6	7

B) 冷蔵室の使いやすさについては。（○はそれぞれ1つずつ）

	非常に満足	満足	やや満足	普通	やや不満	不満	非常に不満
e) 棚部分	1	2	3	4	5	6	7
f) ドアポケット	1	2	3	4	5	6	7
g) チルドルーム	1	2	3	4	5	6	7
h) 小物（ユーティリティールーム）	1	2	3	4	5	6	7
i) ドア開閉時の重さ	1	2	3	4	5	6	7
j) ドアの開けやすさ	1	2	3	4	5	6	7
k) ドアの閉めやすさ	1	2	3	4	5	6	7

問75. 野菜室について。

A) 野菜室の使いやすさについては。（○はそれぞれ1つずつ）

	非常に満足	満足	やや満足	普通	やや不満	不満	非常に不満
e) 引き出し部分	1	2	3	4	5	6	7
f) 野菜タテ置き用ドアポケット	1	2	3	4	5	6	7

図1.49 アンケート用紙の一例（冷凍冷蔵庫の個別満足度評価）

2. いろいろな分野における改善アプローチ

VI. それでは, 当機の総合的な評価をお伺いします

問81. いろいろとお伺いいたしましたが, 総合的に見て, 当機にご満足いただけましたか。(○は1つだけ)

非常に満足	満足	やや満足	普通	やや不満	不満	非常に不満
1	2	3	4	5	6	7

問82. では, ご購入金額に対しては, ご満足いただける商品ですか。(○は1つだけ)

非常に満足	満足	やや満足	普通	やや不満	不満	非常に不満
1	2	3	4	5	6	7

問83. あなたは, ご友人や知人の方に, 当機を勧めたいと思われますか。(○は1つだけ)

非常に満足	満足	やや満足	普通	やや不満	不満	非常に不満
1	2	3	4	5	6	7

問84. 当機全体に対するご感想, ご意見, ご要望など具体的にお教えください。

問85. 食品の冷蔵・冷凍保存に関して困っていること, 悩んでいることがありましたらお教えください。

問86. 将来, どういった冷凍冷蔵庫が開発・発売されると良いと思いますか。期待されることをどのようなことでも結構ですのでご自由にお書きください。

図 1.50　アンケート用紙の一例（冷凍冷蔵庫の総合満足度評価）

を聞くといった手順で行う。

どんな要素が総合満足度に影響するのか，重要と思われる因子を16個程度盛り込む。基本性能の因子，特徴の因子，使い勝手の因子，デザインの因子，取扱説明書の因子の5分野から，2,3個ずつ質問を盛り込んでいく。個々の機能（因子）の満足度がそれぞれどの程度，総合満足度に影響しているかを分析するため，この質問項目作りが重要である。

CS調査アンケート作成のポイントは，次のとおりである。
① 前モデルとの比較調査を行う（質問を共通化し，改善成果指標にする）。
② 特徴機能，性能，使い勝手から取扱説明書まで商品の全体像を幅広く質問する（質問項目は全体で100～150）。
③ 特徴や機能などは丹念に使用満足度を尋ね，その使用頻度も聞く（多機能商品の過剰品質を抑制できる）。
④ 用途の多様性を顧客から知る（使用シーンの発掘）。
⑤ フリーアンサーを設けて生の声を聞く。
⑥ 次期開発モデルのユーザー動向や企画ニーズを探る（例，ファクシミリ購入者のパソコン所有率）。
⑦ 最後に必ず総合満足度と友人・知人への推奨度を尋ねる。
⑧ 年齢，性別等は最後に尋ねる。
⑨ 使用後2～3か月ほどたってから評価を聞く（実際に使って満足かどうかを聞く）。
⑩ 回答期日を設ける。

2) データ解析

アンケートの集計は，パソコンを使う。内容は，
① 従来のアンケート調査のように単純集計や**クロス集計**[手法31]を行う。
② どの個別要素が，総合満足度にどのように影響しているかを視覚化するための多変量解析を行う。

の2つに大別される。

2. いろいろな分野における改善アプローチ

シャープでは，総合満足度に対する個別機能の満足度の影響度合いを「期待度」と名付け，「多変量解析・専門版」で計算する。概念的には，総合満足度を y，個別満足度を $x_1, x_2, \ldots\ldots$ としたときに

$$y = a_1 x_1 + a_2 x_2 + \ldots\ldots$$

と方程式を作り，偏相関係数の $a_1, a_2, \ldots\ldots$ を数量化I類という統計手法で計算する。この $a_1, a_2, \ldots\ldots$ が期待度となり，0〜1 までの数値で表される。計算結果から，縦軸に個別満足度（実現度），横軸に期待度（偏相関係数）をとり，グラフ化する。

グラフにプロットをとり，期待度が高いのに，満足度が低い項目（図1.51，グラフの右下エリア）が，最重点課題というわけである。

3) 改　善

ポートフォリオ分析[手法32] から得られた改善項目を，優先度（期待度が高いにもかかわらず，満足度が低いものから）に従って，次モデルにすぐに反映させている。冷蔵庫のモデルではタマゴケースや野菜の出し入れのしやすさを改善。さらに，商品の特徴である左右開きの扉についても，さらに改良を加えている。

I. 改善アプローチの方法

●個別満足度要素と総合満足度の相関位置

	期待度 小さい → 大きい
実現度 高い（満足）↑ 個別満足度要素の評価（平均スコア） ↓ 低い（不満）	現状維持項目 ［良さをキープする］ ／ 優等項目 ［重点キープ］ 要注意項目 ［特に低いものは要改善］ ／ 問題項目 ［重点（至急）改善］

← 総合満足度との関連度（偏相関係数）→

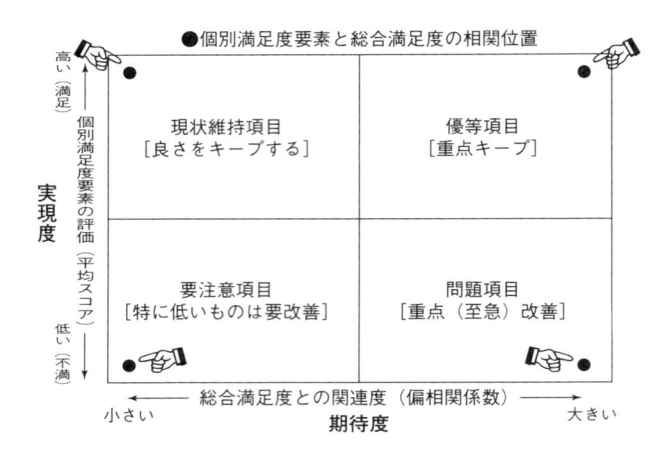

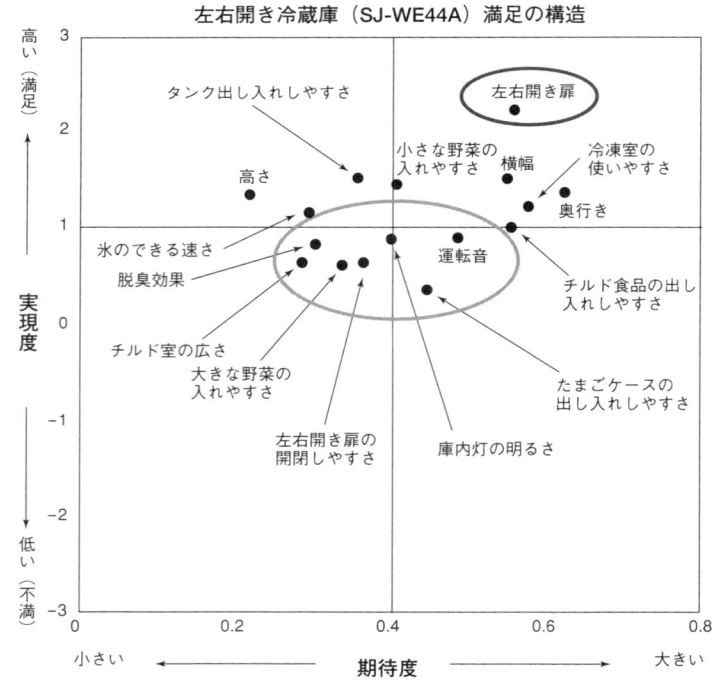

左右開き冷蔵庫（SJ-WE44A）満足の構造

（散布図：縦軸 実現度 −3〜3、横軸 期待度 0〜0.8）

プロット項目：
- 左右開き扉（右上、丸囲み）
- タンク出し入れしやすさ
- 高さ
- 小さな野菜の入れやすさ
- 横幅
- 冷凍室の使いやすさ
- 奥行き
- 氷のできる速さ
- 脱臭効果
- 運転音
- チルド食品の出し入れしやすさ
- チルド室の広さ
- 大きな野菜の入れやすさ
- たまごケースの出し入れしやすさ
- 左右開き扉の開閉しやすさ
- 庫内灯の明るさ

図 1.51 「冷蔵庫」の期待度と実現度のポートフォリオ分析

II

改善に役立つ
手　法

1. 47の手法

問題や課題に取り組もうとするとき，データという事実から必要な情報を得ることが必要になってくる。この問題の構造はどうなっているのだろう，その原因は何だろう。例えば，「この苦情，最近増えてきているのか？」，1月から12月までの苦情件数を調べてみて，折れ線グラフを書いてみると苦情の発生傾向が見えてくる。データをそのまま眺めるのではなく，グラフに書いてみる。つまりデータを加工して視覚から情報を取ってみる。その情報から次のステップに進むことができる。このとき，加工する道具が手法である。

手法は，料理に例えると鍋，釜，……，何でも手鍋ひとつで料理した独身時代，決してうまい料理にめぐり会えているとは思えない。ご飯を炊飯器で炊いて，魚はアミで焼いた方がいい。食べたいものに合わせた道具を使う方がおいしいものができあがる。

問題を解決するとき，あるいは課題を達成するときに，目的に適した手法を活用することで必要な情報を効果的に得ることができる。したがって，いろいろなツールを知っておくことによって改善活動を効率的に進めることができる。ここで紹介する手法は47手法であるが，まだまだ多くの手法が存在する。したがって，読者である皆様方は，さらに多くの手法を自分のものにし，直面した問題や課題に挑戦することを期待するものである。

◎紹介する47手法

手法1	グラフ	☞ データの構造が一目でわかる手法
手法2	特性要因図	☞ 問題の原因が整理できる手法
手法3	連関図法	☞ 問題と原因の構造を探る手法
手法4	パレート図	☞ 重要問題がみられる手法
手法5	系統図法	☞ 目的達成に有効な方策を求める手法
手法6	マトリックス図法	☞ 抜け落ちなく要素間の対応をみる手法

1. 47の手法

手法 7　ヒストグラム　　　☞ データのばらつきがみられる手法
手法 8　工程能力指数　　　☞ 工程の状態がみられる手法
手法 9　計量値の検定と推定
　　　　　☞ 計量値で規定値と母集団や2つの母集団を比較する手法
手法 10　計数値の検定と推定
　　　　　☞ 計数値で規定値と母集団や2つの母集団を比較する手法
手法 11　分割表　　　　　☞ 品質の違いの出方から母集団を比較する手法
手法 12　適合度の検定　　☞ 食い違いの程度を検定する手法
手法 13　分散分析　　　　☞ ばらつきから3つ以上の母集団を比較する手法
手法 14　管理図
　　　　　☞ 偶然のばらつきと異常原因のばらつきから工程を管理する手法
手法 15　散布図　　　　　☞ 2つの対になったデータの関係から予測する手法
手法 16　相関分析　　　　☞ 2つの特性の関連性をみる手法
手法 17　回帰分析　　　　☞ 結果を生み出す要因の関連度合いをみる手法
手法 18　重回帰分析
　　　　　☞ 結果に影響する2つ以上の変数の関係度合いをみる手法
手法 19　発想チェックリスト法　☞ アイデア発想を誘発する手法
手法 20　焦点法　　　　　☞ 強烈な関係付けでアイデアを生む手法
手法 21　組合せ発想法　　☞ お客様の使用ニーズから改良点をみつける手法
手法 22　アナロジー発想法　☞ 新たな発想を常識の逆設定からみつける手法
手法 23　QFD（品質機能展開）
　　　　　☞ お客様の言葉を技術者の言葉に直すための手法
手法 24　ベンチマーキング　☞ 改善のポイントを他所から学ぶ手法
手法 25　CRM　　　　　　☞ データマイニングから販売戦略を立てる手法
手法 26　仮説検証アプローチ
　　　　　☞ 日々の販売データから新たな市場をみつける手法
手法 27　SWOT分析　　　☞ 企業の強み弱みを明らかにする手法
手法 28　親和図法　　　　☞ お客様や前工程の意見をまとめる手法

II. 改善に役立つ手法

手法 29　アンケート　　　☞ ニーズを検証する手法
手法 30　SD法　　　　　　☞ イメージを計数化評価して情報を得る手法
手法 31　クロス集計
　　　　　☞ 多数の評価データを項目別マトリックスにまとめる手法
手法 32　ポートフォリオ分析
　　　　　☞ 散布図を描きゾーンごとに方向性を検討する手法
手法 33　主成分分析
　　　　　☞ 多数の評価データから少数の結果にまとめる手法
手法 34　VE
　　　　　☞ 物を機能面からコスト分析を行い最適コストを求める手法
手法 35　財務会計　　　☞ 企業の経営状態をみる手法
手法 36　経営分析　　　☞ 企業の経営状態を分析する手法
手法 37　損益分岐点分析　☞ 企業の売上と費用の関係から利益を検討する手法
手法 38　IE　　　　　☞ 仕事の流れを調査する手法
手法 39　アローダイアグラム法　☞ 最適な日程計画と管理に役立つ手法
手法 40　プロセス改革　☞ 部門を越えて仕事のしくみを改革する手法
手法 41　BPR
　　　　　☞ ビジネス・プロセスを組み直して価値あるものにする手法
手法 42　FMEA
　　　　　☞ 部品の故障モードからシステム影響度を評価する手法
手法 43　FTA　　　　☞ トップ事象に対する故障の原因を追及する手法
手法 44　PDPC法　☞ 先を深く読むための手法
手法 45　QNP法
　　　　　☞ 技術開発の過程で発生するネック技術を解決する手法
手法 46　AHP　　　　☞ 複数の評価項目から階層的に意思決定する手法
手法 47　PDCA-TC　☞ PDCAサイクルを管理する手法

2. 改善アプローチに活用されている手法

　実際の改善活動で活用されている手法と活用が望まれる手法について，改善の目的に合わせて整理してみたのが，表 2.1 と表 2.2 である。

　表 2.1 は，QC サークル活動で活用すれば有効な手法を網掛けで表示し，実際の QC サークル活動で活用されている手法を○で表示している。さらに，頻繁に活用されている手法については，◎で表示している。表 2.2 は，部課長・スタッフなどが改善活動に取り組むときに有効な手法を網掛けで表示し，実際の改善アプローチで活用されている手法を◎で表示している。

　いずれの場合もこれらの手法を使わなくてはならない，という考えではなく，こういう目的に対し，こういう手法が使える可能性があるという気持ちで参考にしていただきたい。

　なお，上記の実際の改善活動で活用されている手法については，『第 4600 回 QC サークル全国大会（沖縄）体験事例要旨集』[9]，『クオリティフォーラム 2001, 2002, 2003 報文集』[3] などを参考にして作成したものである。

II. 改善に役立つ手法

表 2.1　QCサークル活動で有効な手法

活用有効な手法		製品不良の低減	製品品質の向上	製品精度の向上	運用保全品質の向上	設備トラブル故障の低減	設備停止の防止	商品の生産性向上	作業時間の短縮	作業工数の低減	業務のやり方の効率化	仕事のやり方の構築	設備システムの開発	工具・器具の開発	コストの低減	資源のリサイクル	顧客満足度の向上	サービスの向上	職場環境の整備	やる気意識の高揚	不安全行為の防止
手法1	グラフ	◎	◎	◎	◎	◎	◎	◎	◎	◎	◎	◎	◎	◎	◎	◎	◎	◎	◎	◎	◎
手法2	特性要因図	◎	◎	◎		O		◎	◎	◎	◎	◎	◎		◎		◎	O			
手法3	連関法	O			O	◎											O				
手法4	パレート図	◎	◎	◎		O		◎	◎	◎	◎	◎			◎		◎	◎			
手法5	系統図法	◎				O		◎			◎	◎	◎	◎	◎		◎	◎			
手法6	マトリックス図法	◎				O					◎	◎	◎	◎	◎		◎	◎			
手法7	ヒストグラム	O	O														O				
手法8	工程能力指数	O																			
手法9	計量値の検定と推定	O	O								O										
手法10	計数値の検定と推定																				
手法11	分割表																				
手法12	適合度の検定																				
手法13	分散分析																				
手法14	管理図	O	O		O		O				O										
手法15	散布図	O	O				O	O												O	
手法16	相関分析	O	O																		
手法17	回帰分析																				
手法18	重回帰分析																				
手法19	発想チェックリスト法																				
手法20	焦点法																				
手法21	組合せ発想法																				
手法22	アナロジー発想法																				
手法23	QFD（品質機能展開）												O	O							
手法24	ベンチマーキング																				
手法25	CRM																				
手法26	仮説検証アプローチ																				
手法27	SWOT分析																				
手法28	親和図法										O										
手法29	アンケート								O		O	O			O		O		O	O	
手法30	SD法																			O	
手法31	クロス集計																				
手法32	ポートフォリオ分析																				
手法33	主成分分析																				
手法34	VE																				
手法35	財務会計																				
手法36	経営分析																				
手法37	損益分岐点分析																				
手法38	IE	O			O	O	O	◎	O	O	O				O						O
手法39	アロー・ダイヤグラム法						O		O												
手法40	プロセス改革						O				O										
手法41	BPR																				
手法42	FMEA																		O		
手法43	FTA																				
手法44	PDPC法	O									O		O		O		O				O
手法45	QNP法																				
手法46	AHP																				
手法47	PDCA-TC																				

　　　▨　：活用すれば有効な手法
　　　O　：QCサークル活動で活用されている手法
　　　◎　：QCサークル活動で頻繁に活用されている手法

2. 改善アプローチに活用されている手法

表 2.2 部課長・スタッフの改善活動で有効な手法

活用有効な手法	新商品の開発	新工法の設計開発	提案型営業の展開	顧客サービスの向上	製品不良の低減	作業不良の低減	事務不具合の減少	ヒューマンエラー防止	技術レベルの向上	製品品質の向上	仕上精度の向上	作業のしくみ構築	業務システムの構築	施工品質の向上	稀頻度評価への対応	工事影響度評価の確立	事故の未然防止	業務の時間短縮	作業の時間短縮	作業効率の向上	在庫の低減	開発工数の低減	施工コストの低減	定量化評価の確立	最適条件の選定
手法1　グラフ	◎	◎	◎	◎	◎	◎	◎		◎	◎		◎		◎	◎		◎	◎	◎	◎	◎	◎	◎	◎	◎
手法2　特性要因図		◎			◎	◎				◎															
手法3　連関図法									◎		◎														
手法4　パレート図				◎				◎																	
手法5　系統図法	◎		◎	◎	◎					◎		◎		◎							◎				◎
手法6　マトリックス図法	◎	◎	◎	◎	◎					◎			◎										◎		
手法7　ヒストグラム					◎				◎	◎															
手法8　工程能力指数										◎															
手法9　計量値の検定と推定										◎															
手法10　計数値の検定と推定																									
手法11　分割表																									
手法12　適合度の検定																									
手法13　分散分析	◎	◎								◎				◎											◎
手法14　管理図										◎				◎											
手法15　散布図			◎		◎					◎															
手法16　相関分析			◎																						◎
手法17　回帰分析				◎																					
手法18　重回帰分析	◎	◎		◎						◎					◎					◎					◎
手法19　発想チェックリスト法																									
手法20　焦点法																									
手法21　組合せ発想法																									
手法22　アナロジー発想法	◎																								
手法23　QFD（品質機能展開）																									
手法24　ベンチマーキング																									
手法25　CRM																									
手法26　仮説検証アプローチ				◎																					
手法27　SWOT分析				◎																					
手法28　親和図法			◎																						
手法29　アンケート	◎			◎																					
手法30　SD法																								◎	
手法31　クロス集計																									
手法32　ポートフォリオ分析	◎									◎													◎		
手法33　主成分分析	◎																							◎	
手法34　VE																									
手法35　財務会計																									
手法36　経営分析																									
手法37　損益分岐点分析																									
手法38　IE						◎	◎	◎										◎	◎	◎		◎			
手法39　アロー・ダイヤグラム法																									
手法40　プロセス改革																		◎							
手法41　BPR																									
手法42　FMEA					◎	◎											◎								
手法43　FTA																	◎								
手法44　PDPC法																									
手法45　QNP法																									
手法46　AHP			◎								◎						◎							◎	
手法47　PDCA-TC																									

▨：活用すれば有効な手法
◎：部課長・スタッフ改善活動で活用されている手法

手法1　グラフ

☛ データの構造が一目でわかる手法

(1) グラフとは

グラフとは，互いに関連する2つ以上のデータの相対的関係を表す図であり，全体の姿から情報を得る簡単な手法である。

(2) グラフの有効活用方法

グラフは，物事をいろいろな角度からみることができる。例えば，レーダーチャートを書けばお互いのバランスがみえ，強み弱みが発見できる。また，横軸に時間をとった折れ線グラフを書くことによって過去からの変化や将来の予測ができる。さらに，棒グラフで他所と比較すれば，自分のポジションを確認することができる。

こうした，グラフから得られる情報をコメントとして記入しておけば有効な情報として残すことができる。

1) バランスをみるレーダーチャート　＜強み・弱みの発見＞

レーダーチャートを書くときのポイントは，「何を比較したいのか」を明確にし，項目（軸）の順序をよく検討して作成する（図2.1）。

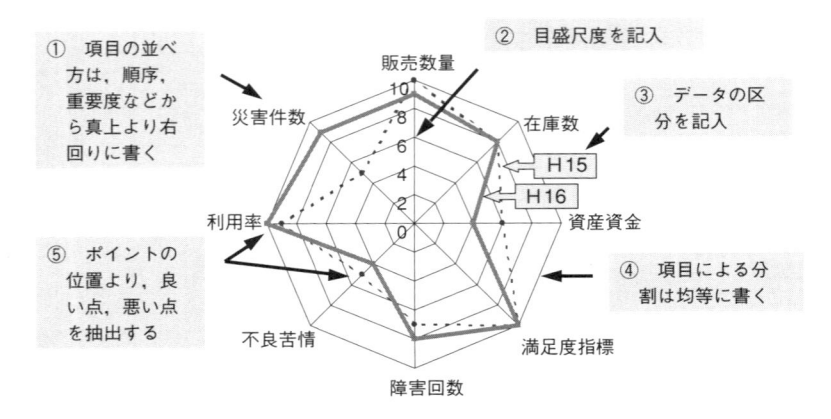

図2.1　レーダーチャートの書き方

手法1 グラフ

2) トレンドをみる時系列グラフ　＜過去・現在・未来＞

時系列グラフ（折れ線グラフ）を書いてトレンドをみるとき，過去から現在までのデータを活用して，将来予測を推測した方がよい（図2.2）。

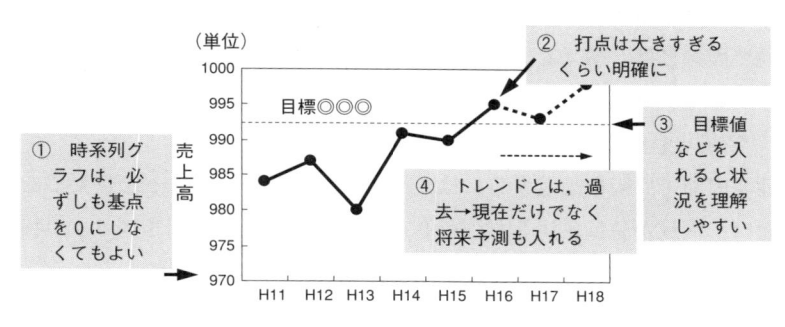

図2.2　時系列グラフの書き方

① 時系列グラフは，必ずしも基点を0にしなくてもよい
② 打点は大きすぎるくらい明確に
③ 目標値などを入れると状況を理解しやすい
④ トレンドとは，過去→現在だけでなく将来予測も入れる

3) ポジションをみる比較グラフ　＜他所との比較＞

比較グラフ（棒グラフ）を書いてポジションをみるとき，数値データは比較できるベースを整える必要がある。つまり，絶対数値で比較できる場合はそのままのデータで比較する。そうでない場合は，率に置き換えて比較する（図2.3）。

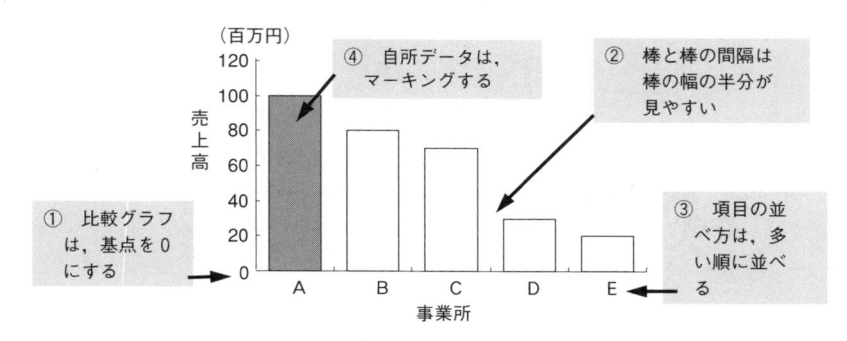

図2.3　比較グラフの書き方

① 比較グラフは，基点を0にする
② 棒と棒の間隔は棒の幅の半分が見やすい
③ 項目の並べ方は，多い順に並べる
④ 自所データは，マーキングする

◎参考図書　・新版QC入門講座5『データのまとめ方と活用I』大滝厚他著　日本規格協会
　　　　　・『品質管理入門テキスト 改訂版』奥村士郎著　日本規格協会

手法2　特性要因図

☞ 問題の原因が整理できる手法

(1) 特性要因図とは

特性要因図とは，結果と原因との関係を表した図である。それぞれの関係の整理に役立ち，重要と思われる原因を追及するために用いる手法である。

(2) 特性要因図の有効活用方法

特性要因図で原因を追及するには，もう一段掘り下げることが重要である。

例えば，機械が急に停止して作動しなくなった。その原因を図2.4の特性要因図で掘り下げると，一次原因の対策であるヒューズを交換するという一時しのぎの対策で間に合わせるのではなく，5次原因である「連結コードの接続コンセントの位置が低すぎる」まで掘り下げることによって，接続コンセントの位置を高くするという根本的根絶対策で再発防止ができるものである。

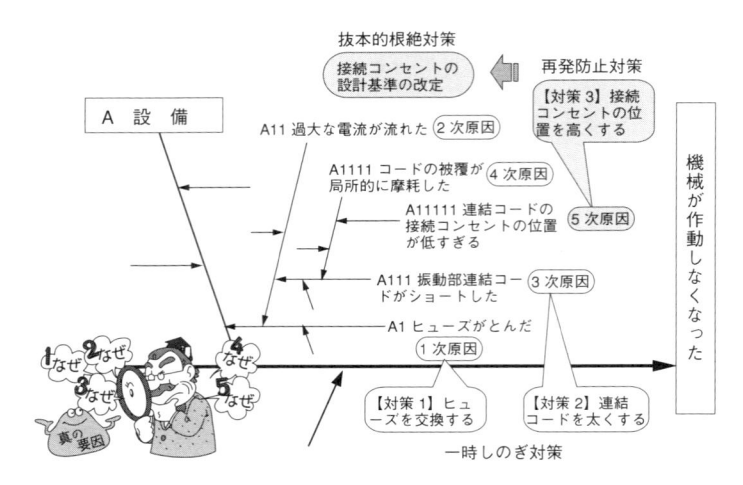

図2.4　原因の掘り下げと対策

(3) 特性要因図の作成ポイント

手順1　問題点の明確化と大骨の設定

まず問題点を明らかにし，特性に書く。問題点とは，現状把握で明らかにな

った実績と目標との差やパレート図から取り上げられた重要問題である。

次に，問題点を層別し，大骨を決める。大骨とは，一般的には 4M（Machine 機械・設備，Material 材料・原料，Man 人，Method 方法）で層別する。他に工程別や部門別などで層別することもある。大骨は単語で書く。

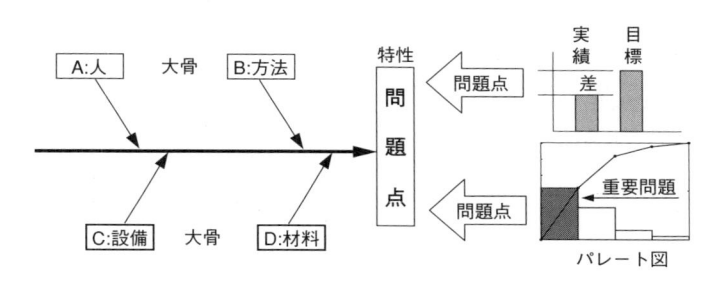

図 2.5　問題点と大骨の設定

手順 2　要因の探索と重要要因の抽出

要因を探すときは，なぜなぜ問答で「○○である」などと短文で書く。そして，重要要因をマーキングする。重要要因は 2 ～ 3 程度抽出する。

手順 3　真の原因の探索

重要要因はさらに 2 段～ 3 段要因を掘り下げる。そのために，

- 現場を見る，現物を確認する，現実を認識する（3 現主義）。
- データを収集して重要要因の検証を行う。
- 問題点に関連する作業のプロに聞く。

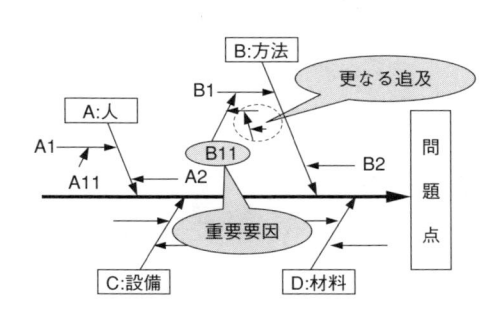

図 2.6　原因の探索

◎参考図書　・新版 QC 入門講座 5『データのまとめ方と活用 I』大滝厚他著　日本規格協会
　　　　　　・『これから始める人のための品質管理の手法』三浦新編　日本規格協会

手法3　連関図法

☛ 問題と原因の構造を探る手法

(1) 連関図法とは

連関図法とは，結果と原因の関係を論理的に展開することによって，問題と原因の構造を探る手法である。

(2) 連関図の有効活用方法

問題発生の根を絶つためには，単に見えている問題（発生した事故や苦情）に対処するだけでなく，見えない潜在的な問題までも取り除かなければならない。

この見えない問題を探すためには，連関図を活用して，見えている問題から背後の問題を探っていくことが効果的である。

図 2.7 では，「コピー枚数が多い」という見えている問題から，仕事のシステム，IT システムや会議体のしくみなど，コピーを発生させている見えない問題を探るために連関図を活用した例である。

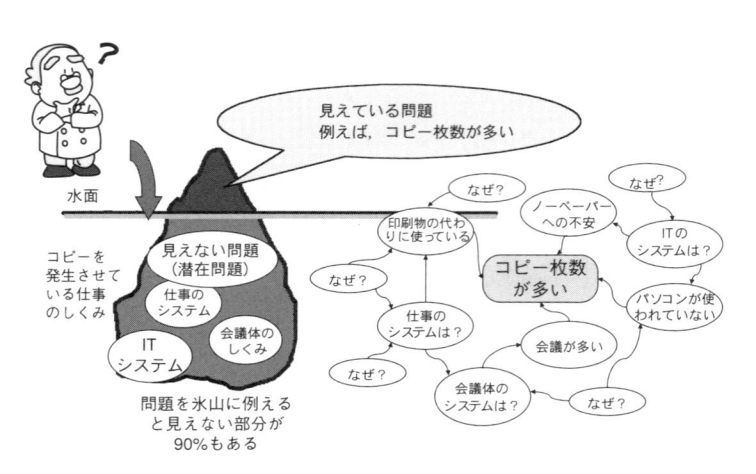

図 2.7　「コピー枚数が多い」の潜在的要因を探った連関図

手法3　連関図法　　　　　　　　　　73

(3) 連関図の作成ポイント

図 2.8 では，「図書室が利用しにくい」という問題を取り上げて考えてみる。

この問題に対して1次要因を抽出すると，「図書室がしばしば会議に使われる」，「貸出方法がわからない」など4つの現象が浮かび上がった。1次要因とは，問題の発生している現象を書き出してみる（ポイント①）。

次に，1次要因（事象）を発生している原因を，「なぜ？なぜ？」を繰り返して2次要因「会議が多すぎる」，「図書の一覧表がそろっていない」など，3次要因を探索する（ポイント②）。

さらに要因「図書室に管理責任者がいない」を追加した。この要因から，「図書室がしばしば会議に使われる」と「利用者がルールを守らない」という要因につながることがわかり，結局「図書室に管理責任者がいない」要因が重要な要因であることを突き止めた（ポイント③）。

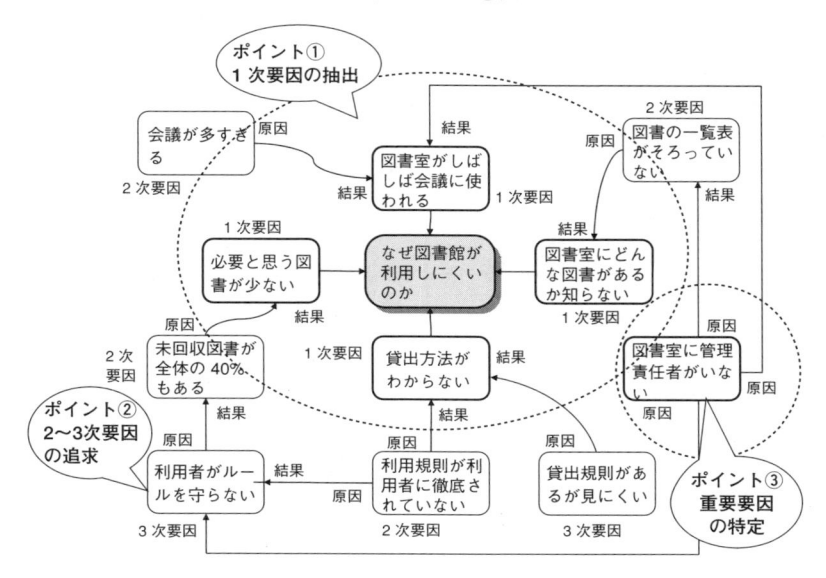

図 2.8　「なぜ図書室が利用しにくい」の連関図

◎参考図書　・『おはなし新 QC 七つ道具』納谷嘉信編　日本規格協会
　　　　　　・新版 QC 入門講座 6『データのまとめ方と活用 II』大滝厚他著　日本規格協会

手法4　パレート図

☛ 重要問題がみられる手法

(1) パレート図とは

パレート図とは，問題となっている不良や欠点，クレームなどを，その現象別に分類してデータをとり，不良個数などの多い順に並べて，重要問題を抽出する手法である。

(2) パレート図の有効活用方法

パレート図は，層別によって，問題が発生している主要な層をとらえ，問題の状況を把握することができる。把握された問題の状況を踏まえて，重点指向によって，問題の大きなところから問題解決に取り組み，効率的な問題解決を図ることができる。したがって，層別したデータをパレート図に書くことによって，重要な問題を浮かび上がらせることができる。

例えば図 2.9 では，コピーの不良が多いという問題を，作業者別，不良項目

コピーの不良件数調査表（6/15～6/19）

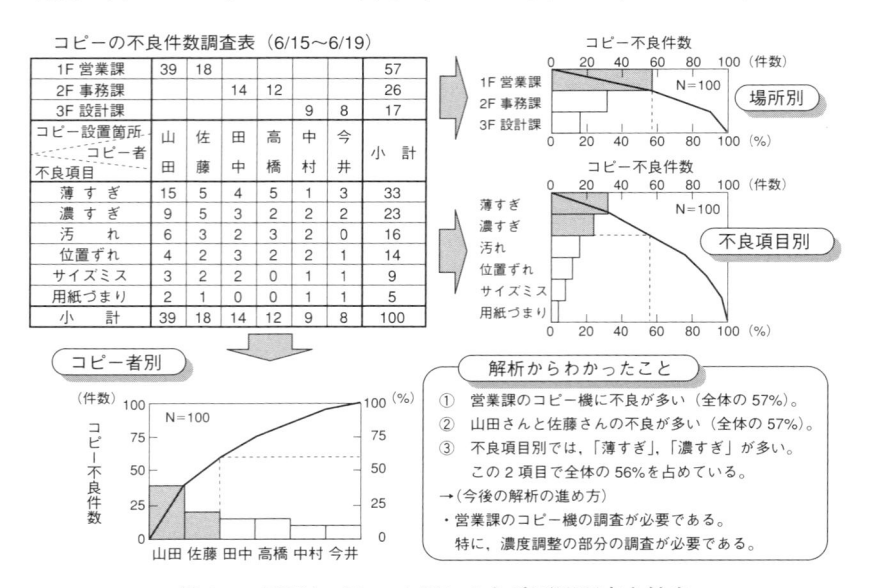

コピー設置箇所／コピー者／不良項目	山田	佐藤	田中	高橋	中村	今井	小計
1F 営業課	39	18					57
2F 事務課			14	12			26
3F 設計課					9	8	17
薄すぎ	15	5	4	5	1	3	33
濃すぎ	9	5	3	2	2	2	23
汚れ	6	3	2	3	2	0	16
位置ずれ	4	2	3	2	2	1	14
サイズミス	3	2	2	0	1	1	9
用紙づまり	2	1	0	0	1	1	5
小計	39	18	14	12	9	8	100

場所別（1F 営業課、2F 事務課、3F 設計課）N=100

不良項目別（薄すぎ、濃すぎ、汚れ、位置ずれ、サイズミス、用紙づまり）N=100

コピー者別（山田、佐藤、田中、高橋、中村、今井）N=100

解析からわかったこと
① 営業課のコピー機に不良が多い（全体の 57%）。
② 山田さんと佐藤さんの不良が多い（全体の 57%）。
③ 不良項目別では，「薄すぎ」，「濃すぎ」が多い。
　この2項目で全体の 56%を占めている。
→（今後の解析の進め方）
・営業課のコピー機の調査が必要である。
　特に，濃度調整の部分の調査が必要である。

図 2.9　層別とパレート図により重要問題点を抽出

手法 4 パレート図

別,設置場所別に層別して,情報を取った結果,営業課のコピー機の濃度調整機能に真の問題がありそうであることをみつけ出すことができた。

(3) パレート図の作図ポイント

パレート図を書くには,まず,収集したデータを層別して,データ数の大きなものから順に並べる。表2.3では,塗装工事の不良項目別に並べたデータ表であり,件数から累積件数と累積比率を求めている。

パレート図の作図ポイントは次のとおりである。

表 2.3 塗装工事の不良件数

No.	項目	件数	累積件数	累積比率(%)
1	ホコリ	51	51	38.1
2	ナガレ	36	87	64.9
3	ブツ	15	102	76.1
4	ヌリウス	10	112	83.6
6	ツヤボケ	10	122	91.0
7	サンダ目	5	127	94.8
8	その他	7	134	100.0
合計		134	—	

① グラフを正方形にとる。
② 左のスケールは不良件数であり,最大を不良件数の合計値とする。
③ 横軸は全体を項目数で分割する。
④ 不良件数の大きなものから順に,棒グラフを左詰めに書く(棒グラフの隙間は空けない)。
⑤ 右のスケールは累積比率であり,最大を100%とする。

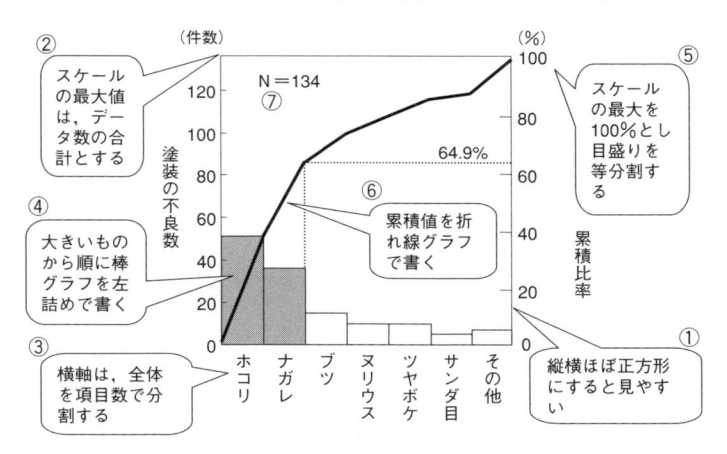

図 2.10 パレート図の作図ポイント

⑥　累積比率を折れ線グラフで書く。
⑦　合計値$N=134$を記入する。

(4) Excel によるパレート図の作図

Excel のグラフウィザード「ユーザー設定：2軸上の折れ線と縦棒」を活用すると容易にパレート図を作図することができる。

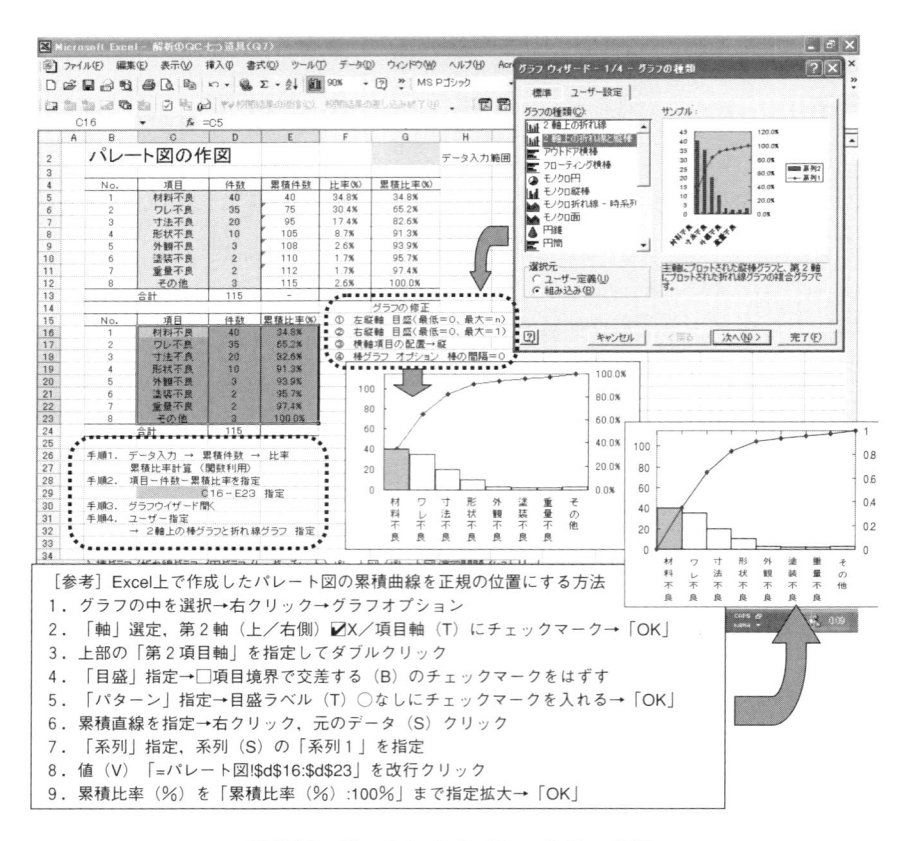

図 2.11 Excel によるパレート図の作図

(5) 多段パレート図の誤用

パレート図を使って重点指向することは必要である。しかし，パレート図を展開しすぎると，図 2.12 のように全体の問題から考えてみれば，取り上げる

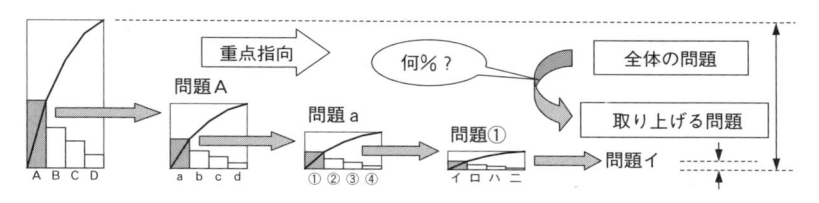

図 2.12　多段パレート図の誤用

問題が非常に小さくなることがある。常に，取り上げる問題が全体の問題のうち，占める割合がいくらであるかということを考えておく必要がある。

(6) 層別の再検討

パレート図で「その他」が半分以上占める場合，他の項目で層別を見直す必要がある。

不適合項目などを横軸にとって不具合件数の大きな順に並べたとき，件数が少ない項目をまとめて「その他の項目」として表す。しかし，「その他の項目」の件数が多すぎると改善対策が立てにくくなるので，「その他の項目」の件数が多くならないように作ることが必要である。少なくとも「その他の項目」の件数が一番上位の項目以上になったら図 2.13 のように層別の見直しが必要となる。

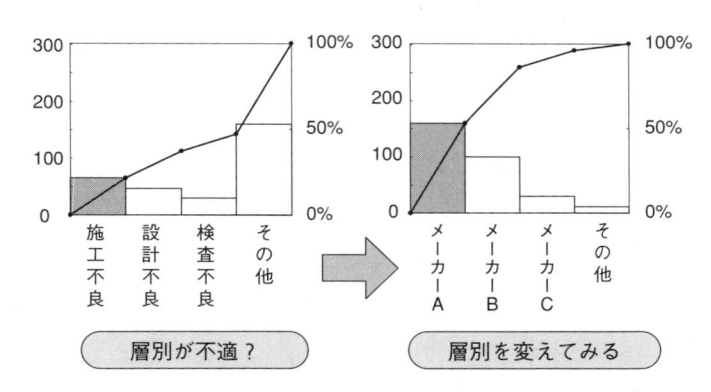

図 2.13　層別の検討

◎参考図書　・新版 QC 入門講座 5『データのまとめ方と活用 I』大滝厚他著　日本規格協会
　　　　　・『これから始める人のための品質管理の手法』三浦新編　日本規格協会

手法5　系統図法

☞ 目的達成に有効な方策を求める手法

(1) 系統図法とは

系統図法とは，達成すべき目標に対する方策を多段階に展開することで，具体的な対策の打てる方策を得るための手法である。

(2) 系統図の有効活用方法

目的を達成するための方策を考える場合，ものごとの全体を上からとらえる視点が大切であり，いきなり細かいところへ落とさないことが重要である。このとき系統図が役に立つ。系統図をブレークダウンする際，基本的には2つから3つに枝分かれさせていく。目的が3～5段階までブレークダウンされると，最後の項目は限りなく具体的な施策項目になっているはずである。

しかし，目的―手段の展開で1目的に対して2以上の方策が出ているところと1目的に対して1方策しか出ていないところもある。1方策しか出なかっ

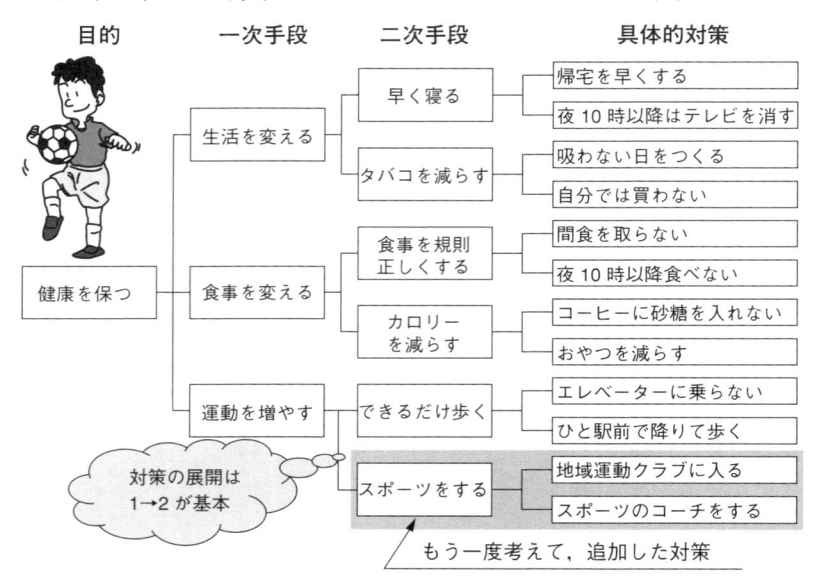

図 2.14　系統図は1目的から2～3手段で展開

た部分に焦点を当てて，もう一度考えてみる。後から出てきた，無理やり考えたアイデアは今までにないすばらしいアイデアであることが多い。

(3) 系統図の活用によるテーマの選定

経営方針から取り組むべきテーマを探し出すときも系統図を活用できる。

経営方針など上位方針というものは，抽象的な概念であることが多い。そこで，この抽象的な概念を目的として設定し，この目的に対する課題を列挙することから始める。

その課題から取り組むテーマ候補まで，系統図を活用してブレークダウンする。そして，得られたテーマ候補を重要度，緊急度，拡大性などで評価を行い，取り組むべきテーマを決定する。

以上の展開を図2.15に示す。

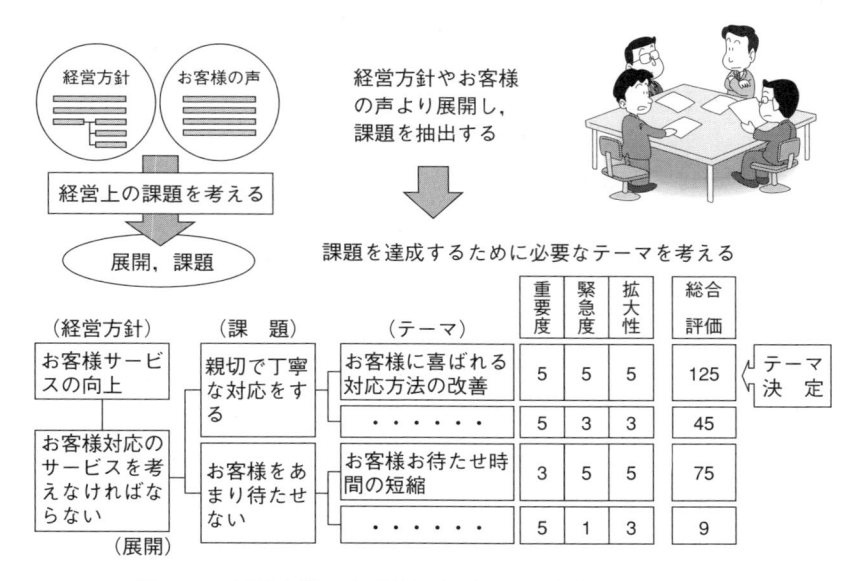

（経営方針）	（課題）	（テーマ）	重要度	緊急度	拡大性	総合評価	
お客様サービスの向上	親切で丁寧な対応をする	お客様に喜ばれる対応方法の改善	5	5	5	125	テーマ決定
		・・・・・	5	3	3	45	
お客様対応のサービスを考えなければならない	お客様をあまり待たせない	お客様お待たせ時間の短縮	3	5	5	75	
		・・・・・	5	1	3	9	

図2.15 経営方針から系統図を活用して改善テーマを決定

◎参考図書　・『おはなし新QC七つ道具』納谷嘉信編　日本規格協会
　　　　　　・新版QC入門講座6『データのまとめ方と活用II』大滝厚他著　日本規格協会

手法6　マトリックス図法

☛ 抜け落ちなく要素間の対応をみる手法

(1) マトリックス図法とは

マトリックス図法とは，現象と原因，原因と対策などの対として考察すべきものがあるときに，事象1と事象2の関係する交点の情報を記号化することによって，必要な情報を得る手法である。

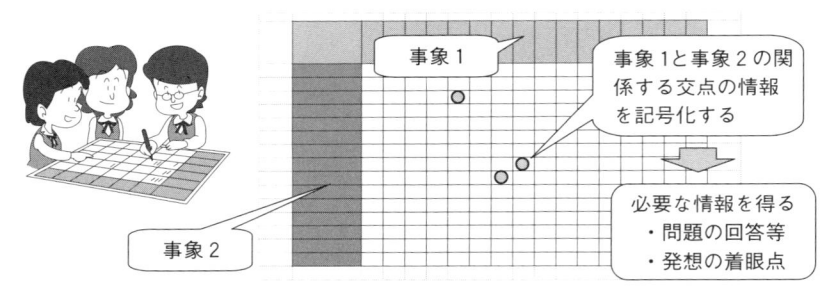

図 2.16 マトリックス図の概念

(2) マトリックス図の種類

マトリックス図には，原因―対策といった2層の組合せを行と列に直交させたL型マトリックス図や，L型マトリックス図を2つ組合せ，3層の組合せ（例：現象―原因，原因―対策）からなるT型マトリックス図，4層（例：現象―原因，原因―対策―方針）を組み合わせたX型マトリックス図等がよく使われている。

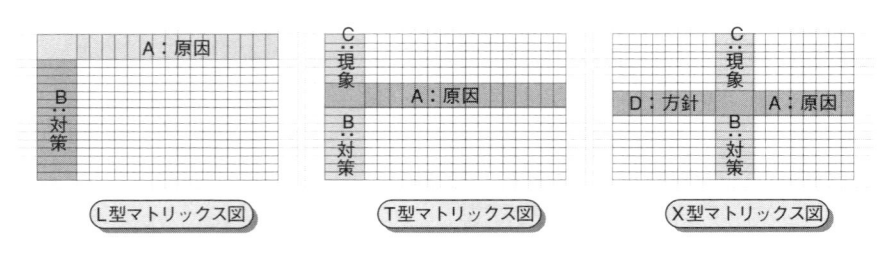

図 2.17 マトリックス図の種類

手法6 マトリックス図法

(3) 対策系統図（系統図とマトリックス図の合成）による評価

メンバーで考えたアイデアについて，「効果」，「実現性」，「コスト」などの評価項目にもとづいて検討し，総合評価が高くて効果の大きそうな方策に絞り込んでいく。その際マトリックス図により最適策を選定する方法を対策系統図という。

① 効　果：目標値の達成度合いを評価
② 実現性：現有技術，納期的に見て実施可能かどうかを評価
③ コスト：その方策を実施するのにどれくらい費用がかかるのかを評価

この対策系統図で有効な対策を選ぶ場合，効果優先で選ぶ必要がある。つまり，効果・実現性・コストなどで評価する場合，単に3つの評価を掛算して総合点から選ぶのではなく，まず，効果で評価し，次に実現性・コストと評価する。効果のよい対策はぜがひともやり遂げる努力をする（図2.18参照）。

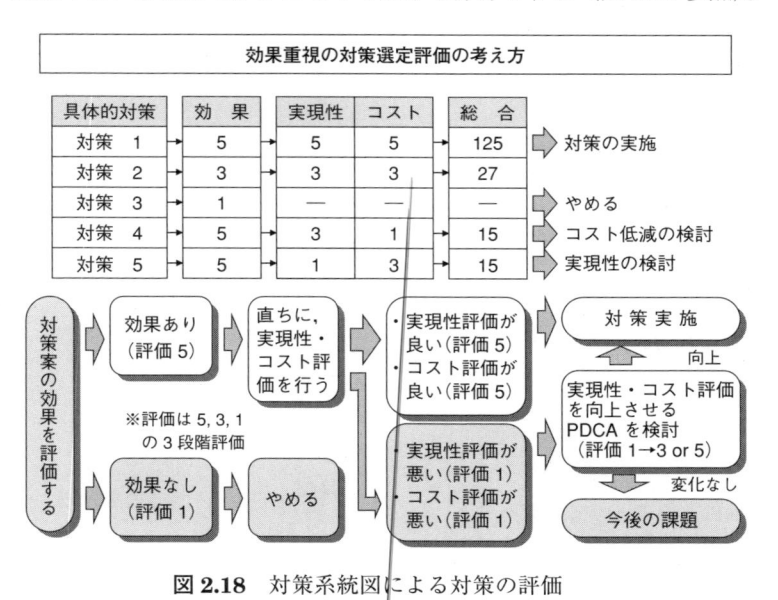

効果重視の対策選定評価の考え方

具体的対策	効　果	実現性	コスト	総　合	
対策　1	5	5	5	125	対策の実施
対策　2	3	3	3	27	
対策　3	1	—	—	—	やめる
対策　4	5	3	1	15	コスト低減の検討
対策　5	5	1	3	15	実現性の検討

対策案の効果を評価する
- 効果あり（評価5） → 直ちに，実現性・コスト評価を行う → ・実現性評価が良い（評価5） ・コスト評価が良い（評価5） → 対策実施　向上
- ※評価は5, 3, 1の3段階評価
- 効果なし（評価1） → やめる
- 実現性評価が悪い（評価1） コスト評価が悪い（評価1） → 実現性・コスト評価を向上させるPDCAを検討（評価1→3 or 5） → 変化なし → 今後の課題

図2.18 対策系統図による対策の評価

◎参考図書　・『おはなし新QC七つ道具』納谷嘉信編　日本規格協会
　　　　　　・新版QC入門講座6『データのまとめ方と活用Ⅱ』大滝厚他著　日本規格協会

手法7 ヒストグラム

☛ データのばらつきがみられる手法

(1) ヒストグラムとは

ヒストグラムとは，測定値の存在する範囲をいくつかの区間に分け，その区間に属する測定値の出現度数に比例する面積をもつ柱（長方形）を並べた図で，①分布の姿をつかむ，②工程能力をつかむ，③工程解析や管理を行うことができる手法である。

(2) 平均とばらつきを考慮した問題の抽出

作業時間が平均12分から18分に変わったとすると作業効率が悪くなり問題があることがわかる。しかし，作業時間が平均15分である2つ（A，B）の事業所であっても，ばらつきの違いがある場合がある。

A事業所では早くできる人は12分，遅い人でも18分で作業を終えている。ところが，B事業所では9分でできる人もいるかわりに，21分もかかる人がいる。

この状態を視覚でみていくときにヒストグラムが有効であり，ばらつきの状態をみる指標として標準偏差がある。B事業所の作業時間の標準偏差は6分とA事業所の3分に比べて2倍の値を示しており，B事業所のばらつきを小さくする改善活動に取り組む必要があることをヒストグラムからみつけることができるものである。

● 標準偏差とは，各データと平均値との差の平均値であり，データのばらつきの大きさをみる値である。ばらつきが大きいほど問題が潜んでいる。

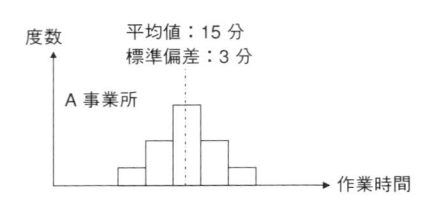

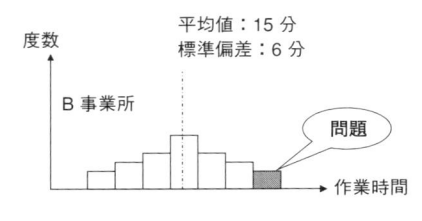

図 2.19 ばらつきの変化

(3) ヒストグラムの作成手順

手順1　データを収集する

今，ここに70人の身長の測定データがある（表2.4）。

データ数　$n=70$

手順2　データの最大値と最小値を求める

最大値 = 186 cm

最小値 = 160 cm

手順3　区間の数を決める

区間の数は，$\sqrt{（データ数）}$を計算し，整数値になるよう四捨五入する。

表2.4　身長のデータ表

単位：cm

No.	身長	No.	身長	No.	身長	No.	身長	No.	身長
1	178	16	179	31	161	46	175	61	175
2	177	17	165	32	166	47	176	62	176
3	172	18	168	33	168	48	176	63	177
4	164	19	184	34	170	49	179	64	176
5	169	20	171	35	170	50	182	65	186
6	174	21	175	36	172	51	162	66	185
7	174	22	167	37	172	52	164	67	178
8	160	23	169	38	171	53	167	68	181
9	174	24	174	39	171	54	170	69	182
10	174	25	172	40	169	55	167	70	183
11	167	26	176	41	172	56	168		
12	169	27	180	42	174	57	173		
13	170	28	165	43	175	58	178		
14	165	29	173	44	175	59	178		
15	178	30	180	45	172	60	182		

区間の数 = $\sqrt{70}$ = 8.36　→ 8

手順4　区間の幅を決める

計算値

$$区間の幅 = \frac{最大値-最小値}{区間の数}$$

$$= \frac{186-160}{8} = \frac{26}{8} = 3.25$$

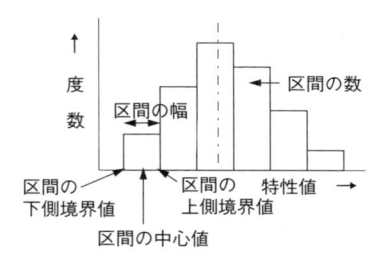

図2.20　ヒストグラムの名称

実際の幅は，測定単位の整数倍を採用する。測定単位とは，測定値の最小単位のことで，この場合は「1」となる。

これに近い値は，1×3=3　したがって，**区間の幅** = 3

手順5　区間の境界値を決める

第1区間の境界は，測定単位の1/2のところにくるように決める。

$$第1区間の下側境界値 = 最小値 - \frac{1}{2} \times 測定単位 = 160 - \frac{1}{2} \times 1 = 159.5$$

$$第1区間の上側境界値 = 第1区間の下側境界値 + 区間の幅$$
$$= 159.5 + 3 = 162.5$$

II. 改善に役立つ手法

以下，順に「区間の幅」を加えて，第2，第3……の区間を求め，最大値を含む区間まで計算する。

手順6 度数表を作成する

データ表から各区間に入るデータを数え，度数マークを付けて，度数を計算する（表2.5）。

表2.5 度数表

No.	区　間	中心値	度数マーク	度数 f
1	159.5～162.5	161.0	///	3
2	162.5～165.5	164.0	正	5
3	165.5～168.5	167.0	正 ///	8
4	168.5～171.5	170.0	正 正 /	11
5	171.5～174.5	173.0	正 正 ////	14
6	174.5～177.5	176.0	正 正 //	12
7	177.5～180.5	179.0	正 ////	9
8	180.5～183.5	182.0	正	5
9	183.5～186.5	185.0	///	3
合　計				70

手順7 ヒストグラムを作成する

作成したヒストグラムから情報を得る（図2.21）。

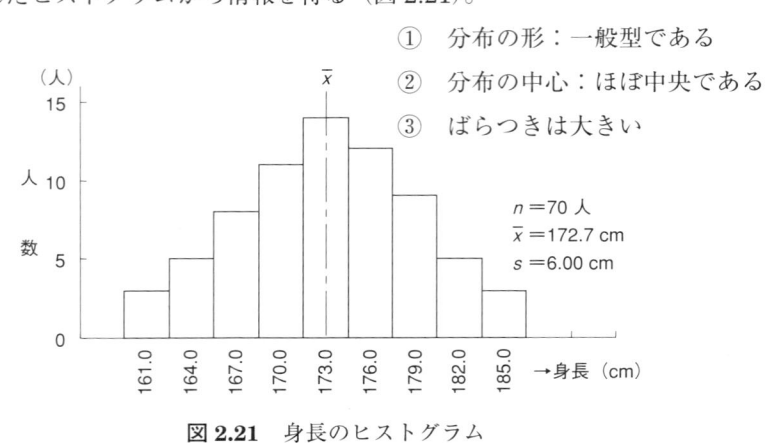

① 分布の形：一般型である
② 分布の中心：ほぼ中央である
③ ばらつきは大きい

$n = 70$ 人
$\bar{x} = 172.7$ cm
$s = 6.00$ cm

図2.21　身長のヒストグラム

注）平均値と標準偏差の計算は，「手法8 工程能力指数」で紹介している。

(4) Excel によるヒストグラムの作図

Excel の分析ツールによってヒストグラムを作成すると，短時間で層別されたヒストグラムを作成することができる．作図の詳細手順は，次のとおりである（図 2.22）．

- 手順1　データ入力（①データ入力，②データ区間を設定：測定単位の整数倍）
- 手順2　分析ツールの起動（「ツール」→「分析ツール」→「ヒストグラム」の順にクリック）
- 手順3　データ範囲の指定［入力範囲（I）に必要データ範囲を入力する］
- 手順4　区間幅の指定［データ区間（B）に計算された区間を入力する］
- 手順5　グラフ作成の指定［□グラフ作成（C）にチェックマーク✓を入れる］
- 手順6　出力セルの指定（出力できる余白のある左上のセルを指定する）
- 手順7　「OK」をクリック
- 手順8　棒グラフの幅0指定（棒グラフ上をダブルクリック→「オプション」→「グラフの区間」を0にする）

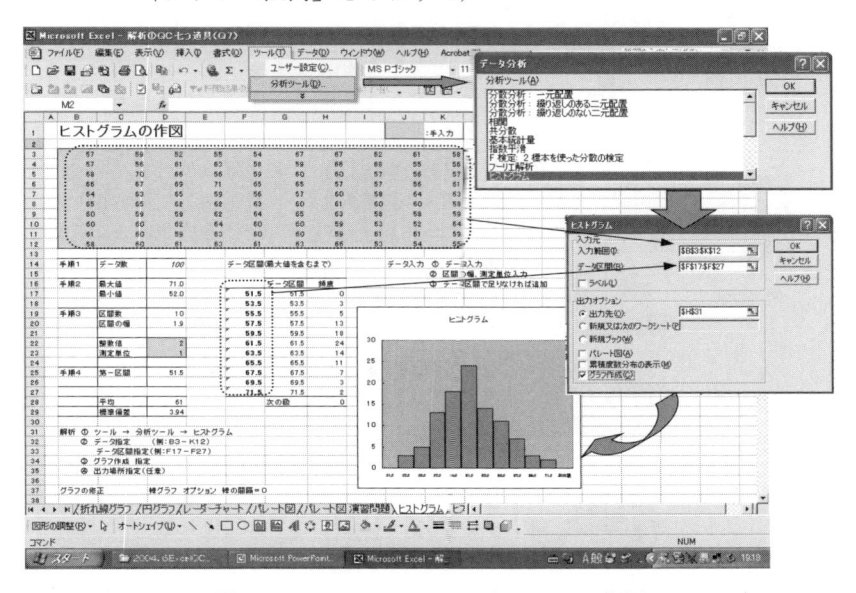

図 2.22　Excel によるヒストグラムの作図

(5) 分布によるヒストグラムの見方

ヒストグラムの見方としては，

① 分布の中心位置はどこか
② データのばらつきはどうか
③ 分布の形はどうか

をみる（表 2.6）。

また，ヒストグラムの形は，大きく分けると2つに分かれる。

① 一般形：工程が安定した状態にあるとき一般的に現れる形
② 異常な形：工程が不安定な状態かデータの取り方の不具合などによって現れる形

表 2.6 分布によるヒストグラムの見方

名　称	分布の形状	説　明	見　方
一般型 （釣鐘型）		度数は中心付近が最も高く，左右対称に近い形である。	工程が安定状態にあるときに，一般的に現れる。
右裾引型 （左裾引型）		平均値が分布の中心より左寄りにあり，左右が非対称である。	データが規格等で下限側が制限されているときに現れる。
左絶壁型 （右絶壁型）		片側が絶壁のようになっている状態をいう。	規格以外のものを全数選別して取り除いたときに現れる。
高原型		各区間に含まれる度数があまり変わらず高原上になる。	平均値が異なるいくつかの分布が入り混じったときに現れる。
ふた山形		分布の中心付近の度数が少なく，左右に山がある。	平均値の異なる2つの分布が交じっているときに現れる。
離れ小島型		分布の右端(左端)に離れた小島状のデータがある。	異常データが一部混入したりしているときに現れる。

(6) 規格値との比較によるヒストグラムの見方

ヒストグラムと規格値を比較することによって，工程能力が技術的な要求を満足しているかどうかを知ることができる。具体的にはヒストグラムに規格又は目標値を記入することによって，規格や目標に対して平均値やばらつきの大きさはどうか，規格外れはないかなどを検討することができる（表2.7）。

その結果，工程や製品が規格や目標に対してどの程度の状態にあるかなどの問題点を把握することができる。

表2.7 規格と分布の関係

規格と分布の関係	説　　明
良好型	製品のばらつきは規格に十分収まっており，平均値も規格の中心と一致している。
片側に余裕がない場合	製品のばらつきは規格に収まっているが，平均値が規格の片側に偏り，わずかな工程の変化に対しても規格外れの恐れがある。
両側に余裕がない場合	製品のばらつきが規格とちょうど一致していて，余裕がないので安心できない。わずかな工程の変化に対しても規格外れが出るので，ばらつきを小さくする必要がある。

◎参考図書　・新版QC入門講座5『データのまとめ方と活用I』大滝厚他著　日本規格協会
　　　　　　・『これから始める人のための品質管理の手法』三浦新編　日本規格協会

手法8　工程能力指数

☞ 工程の状態がみられる手法

(1) 工程能力指数とは

工程能力指数 C_p（Process Capability Index）とは，工程の平均値，標準偏差と規格値とを比較し，工程が規格に対して十分な能力を有するかどうかを評価する手法である。

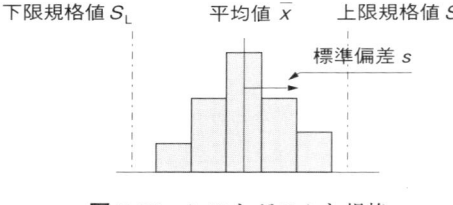

図 2.23　ヒストグラムと規格

(2) 工程能力指数の計算

下限規格値を S_L，上限規格値を S_U とすると，

　$C_p = (S_U - S_L)/6s$　となる。

この値が，1.33以上であれば十分と言われている。

さらなる品質向上を目指して，これを2.00以上にしようというシックスシグマ（6σ）と呼ばれている品質管理手法が GE 社，IBM 社などで採用されている。この場合，不良率は，統計学上の確率に特殊な数学的処理を施して，100万分の3～4という極小の値になる。

規格と工程の状態によるいろいろな工程能力指数 C_p は次のとおりである。

① 両側規格の場合の工程能力指数　　$C_p = \dfrac{S_U - S_L}{6s}$

② 片側規格の場合の工程能力指数　　$C_p = \dfrac{|S_U - \bar{x}|}{3s}$　又は，$C_p = \dfrac{|\bar{x} - S_L|}{3s}$

③ 両側規格の場合でかつ規格中心と分布の平均が一致しない場合

　　$C_{pk} = (1-K)C_p \qquad K = \dfrac{|(S_U + S_L) - 2\bar{x}|}{S_U - S_L}$

(3) 工程能力指数の判断基準

計算された工程能力指数 C_p は，その値によって工程の状態を判断することができる。おおよその判断基準は，表 2.8 の工程能力指数 C_p の判断基準を目安にするとよい。

表 2.8 工程能力指数 C_p の判断基準

	工程能力指数 C_p	工程の状態と処置	製品のばらつきと規格の幅
1	$C_p \geqq 1.67$ 工程能力は非常にある	製品の標準偏差が若干大きくなっても，不良品は発生しない。	
2	$1.67 > C_p \geqq 1.33$ 工程能力は十分である	規格に対して適正な状態なので，維持する。	
3	$1.33 > C_p \geqq 1.00$ 工程能力は十分といえないが，まずまずである	注意を要する。不良品発生の恐れがあるので，必要に応じて工程能力を上げる処置をとる。	
4	$1.00 > C_p$ 工程能力は不足している	この状態では不良品が発生する。作業方法の改善などを行い，工程能力を向上させる必要がある。	

(4) 平均値の計算

平均値は，データの中心的傾向を表すひとつの尺度であり，データの総和をデータの数で割ったものである。

データの数を n，データを $x_1, \cdots, x_n$ とすると，平均値 $\bar{x}$ は次の式で表される。

$$\bar{x} = (x_1 + x_2 + \cdots + x_i + \cdots + x_n)/n = \sum_{i=1}^{n} \frac{x_i}{n}$$

例えば，5 つのデータ，$x_1=1, x_2=2, x_3=3, x_4=4, x_5=5$ の平均値を求めると，
$$\bar{x} = (1+2+3+4+5)/5 = 15/5 = 3$$

となる。

(5) 標準偏差の計算

標準偏差を求めるには，まず，平方和を求めることから始める。

平方和は，各々のデータと平均値との差の2乗の和である。平方和 S は次の式で表される。前述の5つのデータの平方和を求めると次のようになる。

$$S = (x_1 - \bar{x})^2 + (x_2 - \bar{x})^2 + \cdots + (x_n - \bar{x})^2 = \sum (x_i - \bar{x})^2$$

$$= (1-3)^2 + (2-3)^2 + (3-3)^2 + (4-3)^2 + (5-3)^2 = 10$$

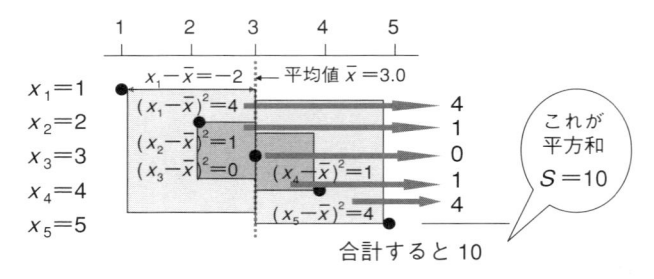

図 2.24 平方和のイメージ

データ数が多くなると，平方和 S が大きくなる。データの数とは関係しないばらつきの一尺度として，分散が用いられる。分散 V は次の式で表される。

$$V = \frac{S}{n-1} = \frac{10}{5-1} = 2.50$$

標準偏差 s は次の式で表される。

$$s = \sqrt{V} = \sqrt{\frac{S}{n-1}} = \sqrt{2.50} = 1.581$$

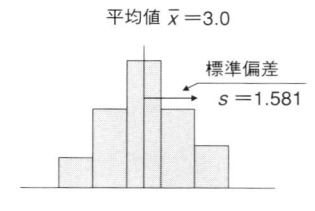

図 2.25 平均値と標準偏差

(6) Excelによる統計量の計算

Excelで平均値$\bar{x}$，平方和S，分散V，標準偏差sを計算するには，「f_x関数（F）」を利用する。

手順1　「挿入」→「f_x関数（F）」をクリックする

手順2　「関数の分類（C）」のなかの「統計」を選択する

手順3　統計計算する種類を選択する

　　　　① データ数の場合，「COUNT」を選択する
　　　　② 平均値の場合，　「AVERAGE」を選択する
　　　　③ 平方和の場合，　「DEVSQ」を選択する
　　　　④ 分散の場合，　　「VAR」を選択する
　　　　⑤ 標準偏差の場合，「STDEV」を選択する

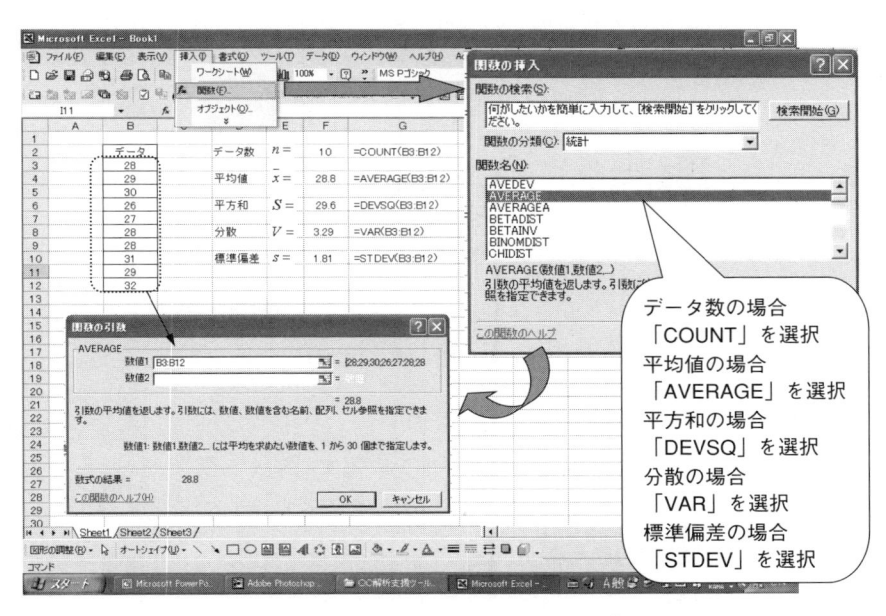

図 2.26　Excelによる統計量の計算

◎参考図書　・新版QC入門講座6『データのまとめ方と活用Ⅱ』大滝厚他著　日本規格協会
　　　　　　・『品質管理入門テキスト 改訂版』奥村士郎著　日本規格協会

手法9　計量値の検定と推定
☛ 計量値で規定値と母集団や2つの母集団を比較する手法

(1) 計量値の検定と推定とは
検定とは判断であり，確率の尺度により，どちらが正しいか判断する手法である。
- 改善により効果があったかどうか
- 2つのラインからできる製品の強度に差があるかどうか

推定とは幅であり，確率の尺度により，どのくらいの幅があるかを判断する手法である。
- 改善によりどのくらいの差があるか
- 2つのラインからできる製品の強度に差がどの程度あるか

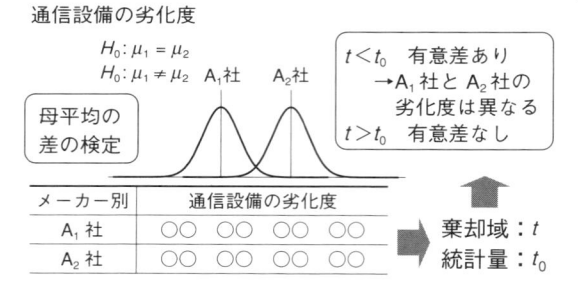

図2.27　2つの母集団の差の検定イメージ

(2) 計量値の検定手順
手順1　帰無仮説，対立仮説，有意水準を設定する

・帰無仮説（捨てること，否定することを期待して設定する）

$H_0 : \mu = \mu_0$ 又は $\mu_1 = \mu_2$

・対立仮説（帰無仮説が捨てられるとき受け入れられる仮説）

$H_1 : \mu \neq \mu_0$ 又は $\mu_1 \neq \mu_2$

$H_1 : \mu > \mu_0$ 又は $\mu_1 > \mu_2$

$H_1 : \mu < \mu_0$ 又は $\mu_1 < \mu_2$

・有意水準（一般的に5%もしくは1%を設定）
手順2　データを抽出する
手順3　データの平均値，標準偏差を計算する
手順4　検定統計量（T）の値を計算する
　　　　・検定統計量は，検定する種類によって異なる。

母平均の検定
$$t_0 = \frac{\bar{x} - \mu_0}{\sqrt{\dfrac{V}{n}}}$$

母分散の検定
$$\chi_0^2 = \frac{S}{\sigma_0^2}$$

母平均の差の検定
$$t_0 = \frac{\bar{x}_1 - \bar{x}_2}{\sqrt{V\left(\dfrac{1}{n_1} + \dfrac{1}{n_2}\right)}}$$

母分散の比の検定
$$F_0 = \frac{V_1}{V_2}$$

手順5　有意水準から導かれる棄却域の値と（T）値を比較する
手順6　帰無仮説が棄却できるかどうかを判断し，結論を導く
　　　　・帰無仮説で考えて確率の議論とかみ合わなくなるとき，「有意である」と言われ，帰無仮説を棄却する。このとき，対立仮説を採用する。
　　　　・あまり差がみられないときは「有意でない」といい，帰無仮説は棄却できない。

(3) 計量値の推定手順

推定とは，一部の標本から全体の集団（母集団）の平均値や分散を，確率を利用して予想する方法である。推定には，点推定と区間推定がある。

・点推定　　１つの値を推定値にする。　　**点推定＝データの平均値**
・区間推定　母集団の平均（又は分散）を標本の値から適当な幅をもたせて推定しようというのが，区間推定である。一般に推定の精度を $100(1-\alpha)\%$ で表し，これを信頼率という。
　　　　　　このときの区間幅を信頼限界という。

$$\text{信頼限界} = \text{平均値} \pm k\sqrt{\frac{\text{分散}}{\text{データ数}}}$$

k の値は，t 分布表などによる。

(4) 母平均の検定と推定（母分散未知）

ある事業所で，実験的に時間外労働時間の削減の対策をした結果，表2.9の結果を得た。従来，その事業所の対象となる社員の時間外労働時間の平均値は19時間であった。

表 2.9 改善後の時間外労働時間

単位：時間

	A	B	C	D	E	F	G	H	I	J	K	L
時間外労働時間	18.0	19.0	19.8	20.0	22.0	17.5	15.6	16.0	14.3	10.2	9.8	7.8

この結果から，時間外労働時間の母平均は，19時間より減少したかどうかを有意水準5%で検定してみる。また，改善後の時間外労働時間がどれくらいになったのか，信頼率95%で推定してみる。

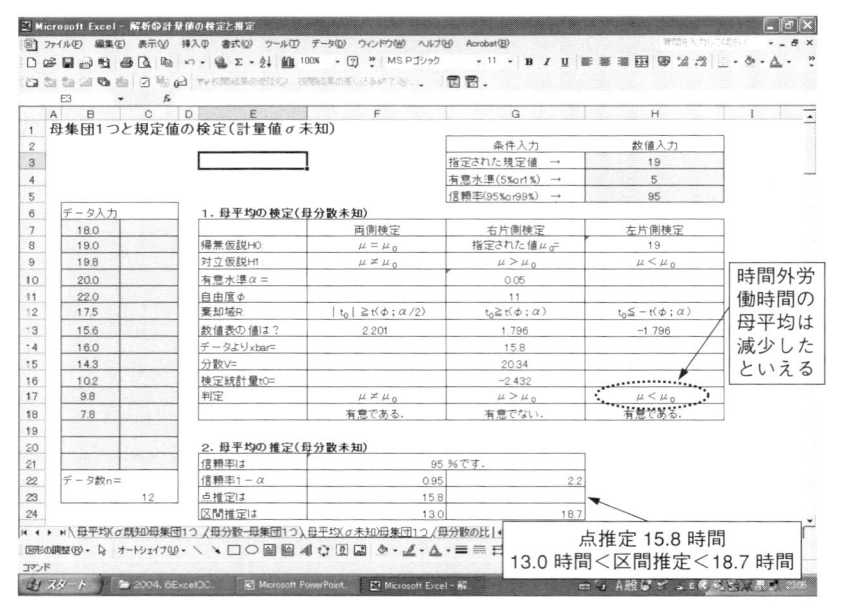

図 2.28 Excelによる母平均の検定と推定（母分散未知）

検定の結果，時間外労働時間の母平均は，19時間より減少したといえる。また，対策後の時間外労働時間は，点推定で15.8時間，信頼率95%での区間

推定は 13.0 時間〜 18.7 時間であった．

(5) 2つの母平均の差の検定と推定（母分散未知）

A社とB社から購入した同じ部品の外径寸法は，表2.10のようであった．

この結果から，A社とB社の部品の外形寸法に差があるといえるか有意水準5%で検定してみる．また，差があるとしたらどのくらいあるといえるか信頼率95%で推定してみる．

検定の結果，有意であり，A社とB社には外形寸法に差があるといえる．また，その差は，点推定で 0.229 mm であり，信頼率95%での区間推定は 0.025 〜 0.433 mm であった．

表 2.10 外形寸法
単位：mm

A社	B社
12.4	11.9
12.3	12.0
11.8	11.8
12.1	11.8
12.2	12.0
12.1	12.3
11.9	11.7
12.5	12.2
12.4	11.9
	12.0

図 2.29 Excel による2つの母平均の差の検定と推定（母分散未知）

(6) 母分散の検定と推定

ある薬品工業では,錠剤の B 成分の含量のばらつきが多く,工程の改善を実施した。B 成分の含量のばらつきが母分散で 4^2 よりも小さいとわかれば採用したい。そこで,改善後の錠剤の B 成分の含量について,確認実験を行った。結果を表 2.11 に示す。

表 2.11　改善後の B 成分の含量

単位:省略

	1	2	3	4	5	6	7	8	9	10	11	12
B 成分の含有	11.0	13.0	15.0	12.0	11.0	10.0	12.0	11.0	13.0	8.0	16.0	13.0

この結果から,B 成分の含量の母分散は,目標値より小さくなったかを有意水準 5% で検定してみる。さらに,改善後の B 成分の含量の母分散を信頼率 95% で推定してみる。

図 2.30　Excel による母分散の検定と推定

検定の結果,有意であり,B 成分の母分散は減少したといえる。推定は,点推定で 2.15^2 であり,信頼率 95% での区間推定は $1.52^2 \sim 3.65^2$ となった。

(7) 母分散の比の検定と推定

新型ブラケットの材料の材質Aと材質Bの強度を測定した結果，表2.12のようになった。

この結果から，材質Aと材質Bでは，強度のばらつきに違いがあるといえるか有意水準5％で検定してみる。差があるとしたらどのくらいあるといえるか信頼率95％で推定してみる。

表2.12 強度
単位：kg

材質A	材質B
42.0	43.0
44.4	41.8
41.8	40.5
43.2	42.2
41.7	42.6
42.5	40.8
43.0	41.3
41.1	43.1
40.9	41.4

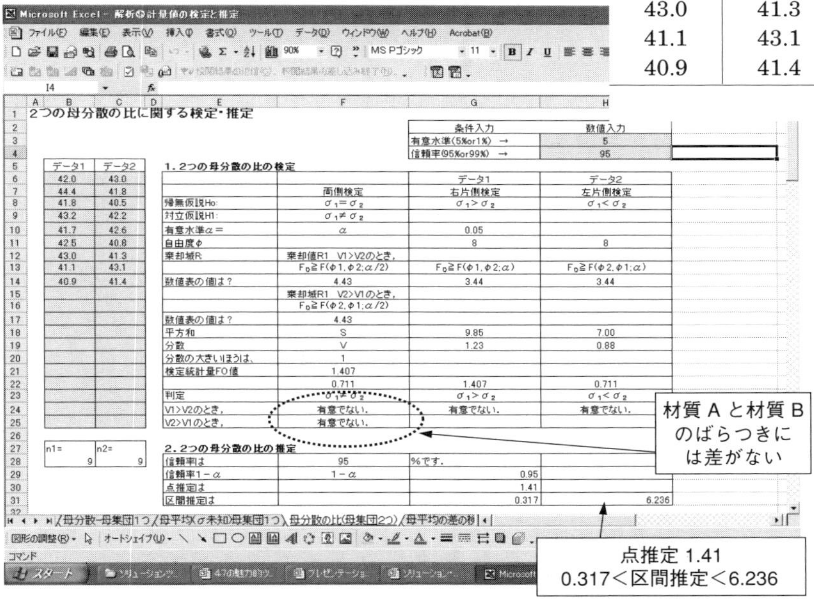

図2.31 Excelによる母分散の比の検定と推定

検定の結果，有意でなく，材質Aと材質Bのばらつきに差があるとはいえない。推定は，点推定で1.41であり，信頼率95％での区間推定は0.317〜6.236となった。

◎参考図書　・新版QC入門講座8『統計的検定・推定』谷津進著　日本規格協会
　　　　　　・『入門統計解析法』永田靖著　日科技連出版社

手法 10　計数値の検定と推定

☛ 計数値で規定値と母集団や 2 つの母集団を比較する手法

(1)　計数値の検定と推定とは

計数値のデータが従う分布の最も代表的なものとして二項分布とポアソン分布がある。二項分布は不良率や不良個数に関する分布であり，母数として母不良率 P をもつ。ポアソン分布は欠点数に関する分布であり，母数として母欠点数 λ をもつ。

① 母集団が 1 つの場合，検定では P とある基準値 P_0（又は，λ とある基準値 λ_0）との関係を表現した仮説が成り立つかどうかを検証し，推定では P（又は λ）の値を点推定及び区間推定する。

② 母集団が 2 つの場合は，2 つの母不良率の差の検定や推定，2 つの母欠点数の差の検定や推定を行う。

これらの分布は，正規分布とは見かけ上全く異なった分布であるが，正規分布近似可能な条件の下では，計量値の検定と推定で述べた様々な手法と同じ形式の手法を適用できる。

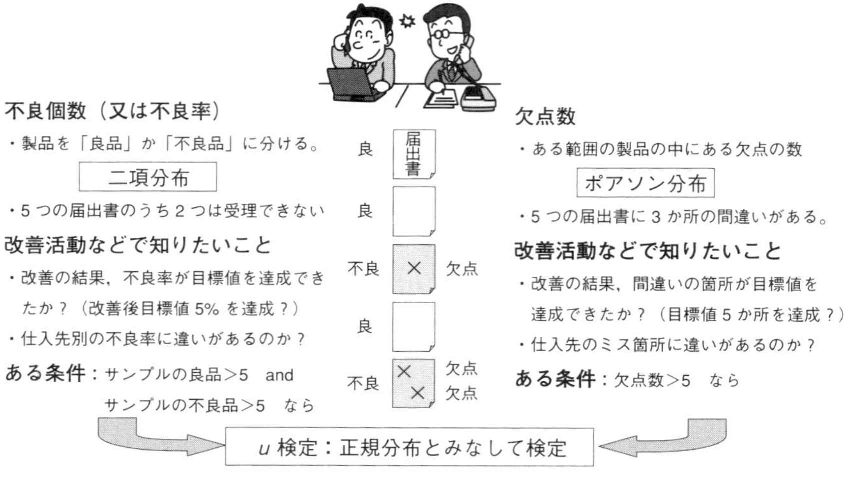

不良個数（又は不良率）
・製品を「良品」か「不良品」に分ける。
二項分布
・5 つの届出書のうち 2 つは受理できない
改善活動などで知りたいこと
・改善の結果，不良率が目標値を達成できたか？（改善後目標値 5% を達成？）
・仕入先別の不良率に違いがあるのか？
ある条件：サンプルの良品>5　and
サンプルの不良品>5　なら
良
届出書
良
不良
欠点
良
不良
欠点
欠点
欠点数
・ある範囲の製品の中にある欠点の数
ポアソン分布
・5 つの届出書に 3 か所の間違いがある。
改善活動などで知りたいこと
・改善の結果，間違いの箇所が目標値を達成できたか？（目標値 5 か所を達成？）
・仕入先のミス箇所に違いがあるのか？
ある条件：欠点数>5　なら
u 検定：正規分布とみなして検定

図 2.32　計数値データの種類と検定の方法

(2) 計数値の検定手順

手順1 帰無仮説,対立仮説,有意水準を設定する

・帰無仮説（捨てること,否定することを期待して設定する）

$H_0: P=P_0$ 又は $P_1=P_2$ 　　$H_0: \lambda=\lambda_0$ 又は $\lambda_1=\lambda_2$

・対立仮説（帰無仮説が捨てられるとき受け入れられる仮説）

$H_1: P \neq P_0$ 又は $P_1 \neq P_2$ 　　$H_1: \lambda \neq \lambda_0$ 又は $\lambda_1 \neq \lambda_2$

$H_1: P > P_0$ 又は $P_1 > P_2$ 　　$H_1: \lambda > \lambda_0$ 又は $\lambda_1 > \lambda_2$

$H_1: P < P_0$ 又は $P_1 < P_2$ 　　$H_1: \lambda < \lambda_0$ 又は $\lambda_1 < \lambda_2$

・有意水準（一般的に5%もしくは1%を設定）

手順2 データを抽出する

手順3 データの平均値,標準偏差を計算する

手順4 検定統計量（T）の値を計算する

・検定統計量は,検定する種類によって異なる。

母不良率の検定	母不良率の差の検定	母欠点数の検定	母欠点数の差の検定
$u_0 = \dfrac{P - P_0}{\sqrt{\dfrac{P_0(1-P_0)}{n}}}$	$u_0 = \dfrac{p_1 - p_2}{\sqrt{\bar{P}(1-\bar{P})\left(\dfrac{1}{n_1}+\dfrac{1}{n_2}\right)}}$	$u_0 = \dfrac{\hat{\lambda} - \lambda_0}{\sqrt{\dfrac{\lambda_0}{n}}}$	$u_0 = \dfrac{\hat{\lambda}_1 - \hat{\lambda}_2}{\sqrt{\hat{\lambda}\left(\dfrac{1}{n_1}+\dfrac{1}{n_2}\right)}}$

手順5 有意水準から導かれる棄却域の値と（T）値を比較する

手順6 帰無仮説が棄却できるかどうかを判断し,結論を導く

・帰無仮説で考えて確率の議論とかみ合わなくなるとき,「有意である」といわれ,帰無仮説を棄却する。このとき,対立仮説を採用する。

・あまり差がみられないときは「有意でない」といい,帰無仮説は棄却できない。

> 図2.32の条件が満たせないとき,
> ●不良率の場合→サンプル数 n を増やす
> ●欠点数の場合→単位を大きくする
> その後, u 検定を行う。
> ただし,現状のデータで二項確率紙を活用する方法がある。また,母集団1つの場合は,部分和を計算して検定を行う方法もある。

(3) 母不良率の検定と推定

A工場では，故障品の修理期間を30日以内として日常管理しているが，全数を30日以内に処理するのは難しい実態にある。そこで，当面20%は，30日を超過してもやむを得ないとして管理水準を決めた。

今月の実績では，420件を処理して，そのうち66件が30日を超過していた。30日を超過する割合（母不良率と考える）は20%よりも少ないと言えるか有意水準5%で検定してみる。また，信頼率95%で母不良率の推定をしてみる。

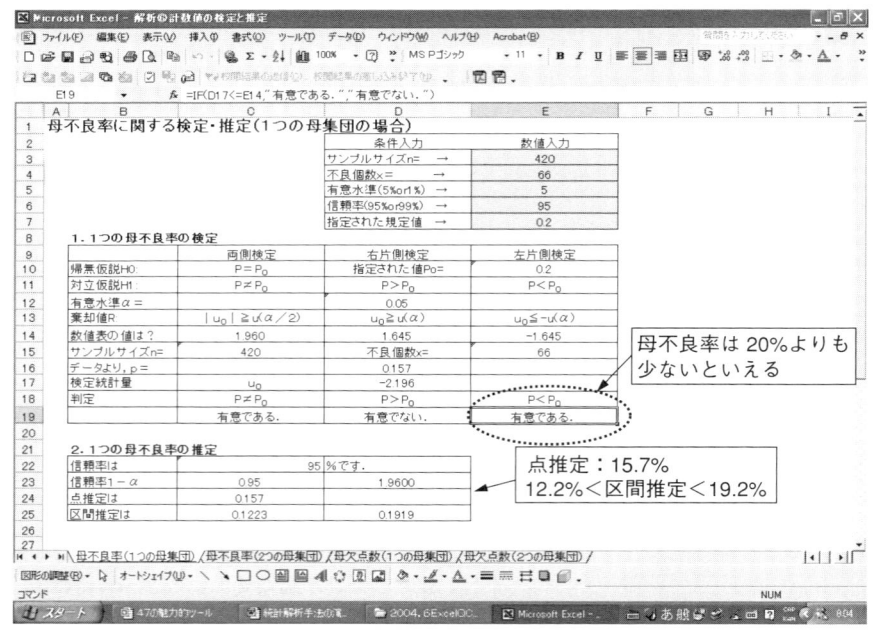

図 2.33 Excelによる母不良率の検定と推定

検定の結果，有意であり，母不良率は20%よりも少ないといえる。推定は，点推定で15.7%であり，信頼率95%での区間推定は12.2～19.2%となった。

(4) 母不良率の差の検定と推定

B事業所では，故障品の修理期間を30日以内として日常管理している。前月の実績では，420件を処理して，そのうち66件が30日を超過していた。

そこである対策を考え実施した。その結果，368件処理して，そのうち38件が30日を超過していた。対策の効果が上がり，30日を超過する割合（母不良率と考える）が減少したといえるか有意水準5%で検定してみる。また，信頼率95%で母不良率の差の推定をしてみる。

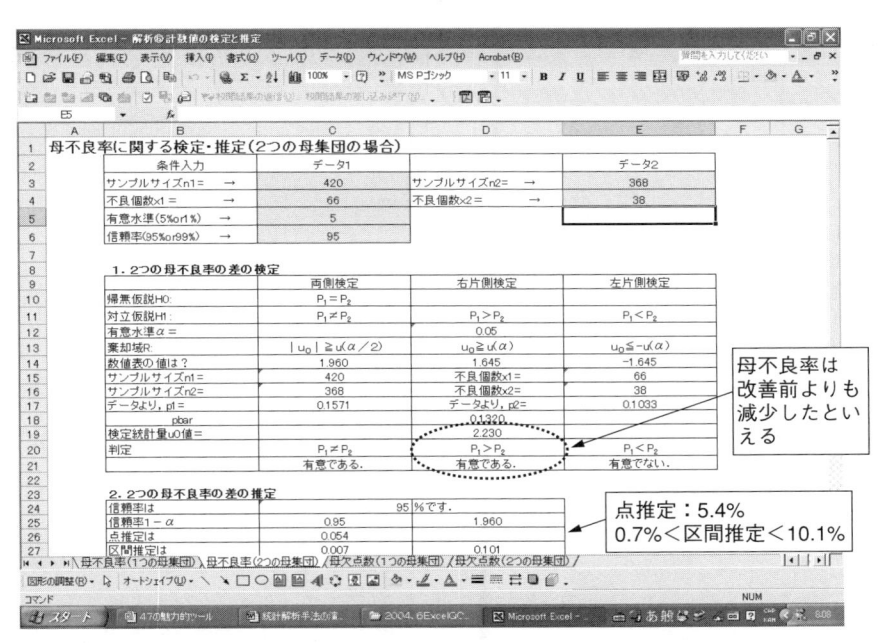

図2.34 Excelによる母不良率の差の検定と推定

検定の結果，有意であり，母不良率は改善前よりも減少したといえる。推定は，点推定で5.4%であり，信頼率95%での区間推定は0.7～10.1%となった。

(5) 母欠点数の検定と推定

機能不良による製品返品の実績を調べると，多少の変動はあるものの，ここ1年間では5件の月，また22件の月もあり，1か月平均にすると10（件/月）発生していた。

これに対し，前月1か月では16件の製品返品が起こっている。前月の製品返品は平均月並み（過去1年平均）といえるか，有意水準5%で検定してみる。また，信頼率95%で母欠点数の推定をしてみる。

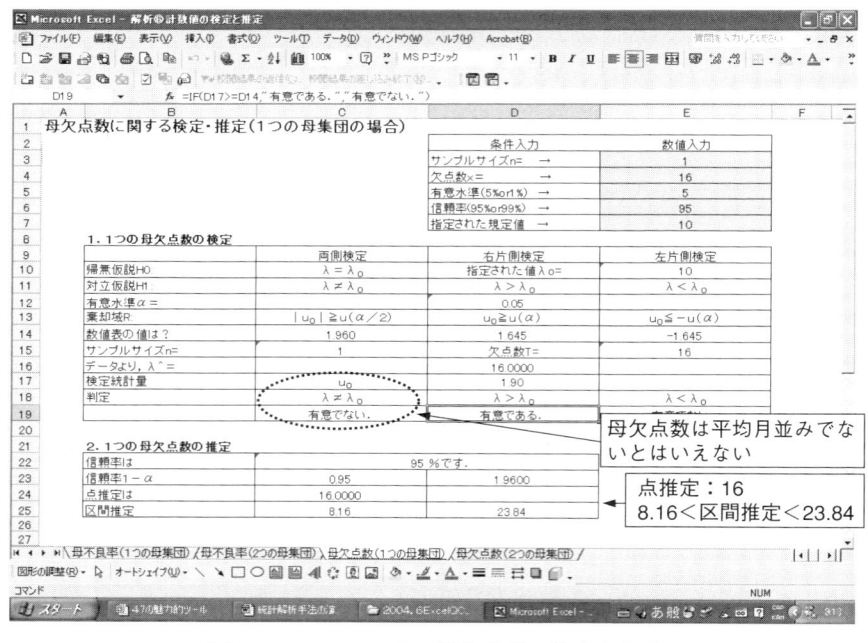

図2.35 Excelによる母欠点数の検定と推定

検定の結果，有意でなく，母欠点数は平均月並みでないとはいえない。推定は，点推定で16.0であり，信頼率95%での区間推定は8.16〜23.84となった。

(6) 母欠点数の差の検定と推定

ある会社では，お客様から受け付けた書類を処理している。AショップとBショップでは，不注意による処理ミス件数が多く，問題になっている。

Aショップでは，最近5か月の不注意による処理ミス件数は，1か月ごとの集計で8, 5, 6, 10, 8件であった。また，Bショップでは，最近4か月の不注意による処理ミス件数は1か月ごとの集計で5, 4, 7, 7件であった。両ショップで，処理ミス件数に違いがあると言えるだろうか。ここでは，1か月を1単位とする。また，信頼率95%で母欠点数の差の推定をしてみる。

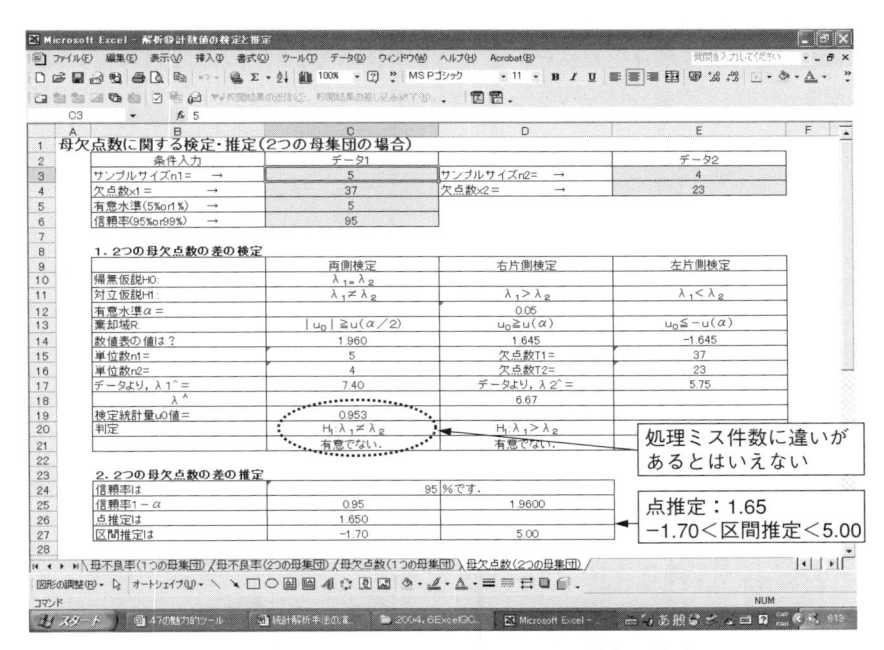

図2.36 Excelによる母欠点数の差の検定と推定

検定の結果，有意でなく，処理ミス件数に違いがあるとはいえない。推定は，点推定で1.65であり，信頼率95%での区間推定は $-1.70 \sim 5.00$ となった。

◎参考図書 ・新版QC入門講座8『統計的検定・推定』谷津進著 日本規格協会
・『入門統計解析法』永田靖著 日科技連出版社

手法11　分割表
☛ 品質の違いの出方から母集団を比較する手法

(1) 分割表による検定とは

製品を適合品と不適合品の2クラスに分けて、いくつかの母集団で不適合品率の違いを比較したり、あるいは製品やロットを1, 2, 3級品と3クラス以上に分けることができる場合に、各クラスの出現割合をいくつかの母集団で比較するのに分割表を用いて検定を行うことができる。

(2) 分割表の検定手順

ある書類の作成業務において、チェック方法を改善した結果と改善前の調査を行ったところ、適合書類と不適合書類が表2.13のようであった。この結果を分割表を活用して改善の効果があったかどうか検定してみる。

表2.13　実測データ

	改善前	改善後	計
適合書類	132	280	412
不適合書類	18	20	38
計	150	300	450

⬇ 実測データから期待値を求める

改善前の不適合書類の出現度数は、
150×(38/450)＝12.7
となり、これが改善前の不適合書類の期待度数になる。

● 改善前後で不良率に差がないと仮定すると両者とも不適合書類の率は38/450に近いと考えられる。

表2.14　期待度数

	改善前	改善後	計
適合書類	137.3	274.7	412
不適合書類	12.7	25.3	38
計	150	300	450

手法11　分割表

実測度数と期待度数の差を求める

●改善前後で不適合書類の発生率に差がなければ，表 2.14 のように期待度数に近いデータが得られるはずであるから，これらの差を求めると表 2.15 のようになる。

表2.15　実測度数―期待度数

	改善後	改善後	計
適合書類	−5.3	5.3	0
不適合書類	5.3	−5.3	0
計	0	0	0

> 改善前の不適合書類の実測度数と期待度数の差は，
> 　18−12.7=5.3
> となる

検定統計量を求める

●表 2.14 と表 2.15 より χ_0^2 を次のように求める。

$$\chi_0^2 = \frac{(-5.3)^2}{137.3} + \frac{(5.3)^2}{12.7} + \frac{(5.3)^2}{274.7} + \frac{(-5.3)^2}{25.3} = 3.63$$

判定する

●自由度 1 の χ^2 表の値と比較すると $3.63 < \chi_{0.95}^2(1) = 3.84$ より，改善により不適合書類の発生率は変化したといえないということになった。

(3) 分割表による品質能力の違いの検定

ある会社では，3つの工場で同じ製品を製造している。そこで，工場ごとの品質能力を比較するため，3つの工場で製造された製品からそれぞれ50個ずつランダムに選び，1級品・2級品・3級品に分類すると表2.16のような結果が得られた。

表 2.16 データ表

データ	1級品	2級品	3級品	合計
A工場	26	18	6	50
B工場	27	9	14	50
C工場	30	16	4	50
合 計	83	43	24	150

この結果から，工場によって1級品・2級品・3級品の出方に違いがあるかどうか「分割表」で検定を行ってみる。

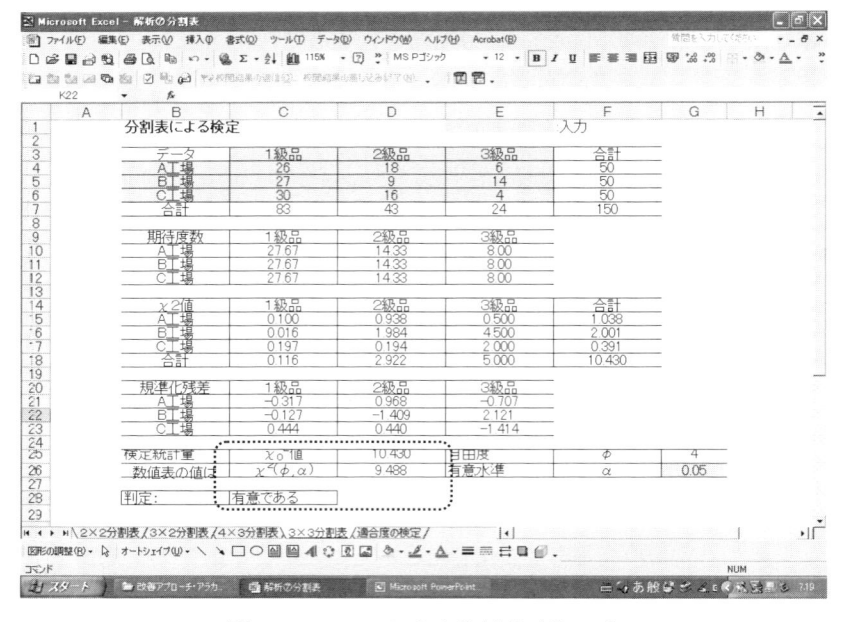

図 2.37 Excel による分割表（その1）

検定の結果，$\chi_0^2 = 10.430 > \chi^2(\varphi, \alpha) = 9.488$ なので，有意である。つまり，工場ごとに品質能力に差があるといえる。

(4) 分割表による事務処理能力の違いの検定

ある会社では,事務処理のミスが目立って増えてきた。そこで4つある営業店によってミスの発生パターンが異なるかどうかを検討してみることになった。4つの営業店の事務処理ミスを内容別に調査した結果は表2.17のようになった。

この結果から,営業店によって事務処理ミスのパターンに違いがあるかどうか「分割表」で検定を行ってみる。

表2.17 データ表

データ	記入ミス	計算間違い	期限切れ	合 計
A営業店	12	29	26	67
B営業店	9	16	13	38
C営業店	27	32	37	96
D営業店	13	17	13	43
合 計	61	94	89	244

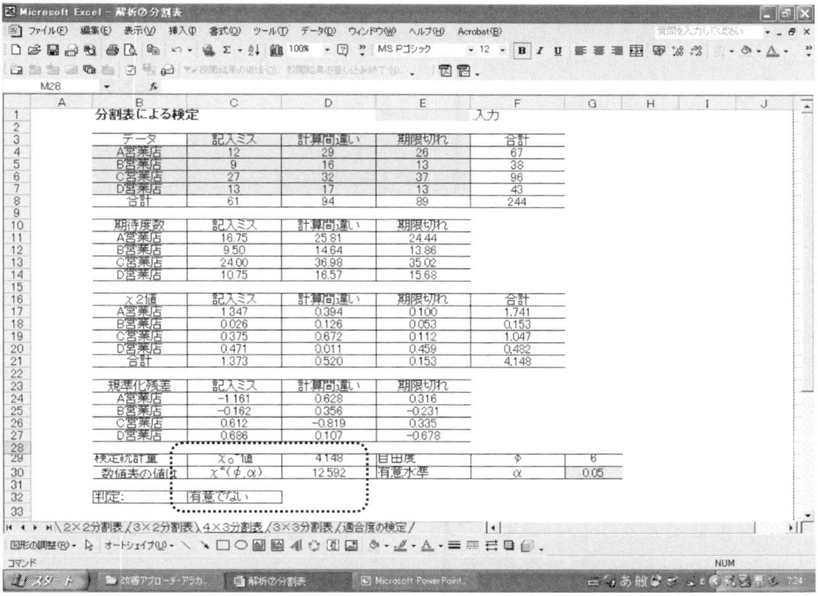

図2.38 Excelによる分割表(その2)

検定の結果,$\chi_0^2=4.148>\chi^2(\varphi, \alpha)=12.592$ なので,有意でない。つまり,営業店ごとに事務処理ミスのパターンに差があるとはいえない。

◎参考図書 ・新版QC入門講座8『統計的検定・推定』谷津進著 日本規格協会
　　　　　・『入門統計解析法』永田靖著 日科技連出版社

手法12　適合度の検定
☛ 食い違いの程度を検定する手法

(1) 適合度の検定とは
適合度の検定とは，「食い違い」の程度を検定するカイ2乗検定を適用して，期待値とのズレを検定する手法である。

(2) 食い違いの検定とは
AとBの2つのサンプルの優劣を判定する場合を考えてみよう。
「AとBのどちらがよいか？」という質問を60人に聞いてみたところ
- 「Aの方がよい」と答えた人が27名
- 「Bの方がよい」と答えた人が15名
- 「どちらでもない」と答えた人が18名

という結果を得た。

今，「AとBとの間に優劣の差がない」と仮定すると「A，B，どちらでもない」の3者択一の場合の期待値 = 60/3 = 20 となる。ところが，上記の結果は27, 15, 18 と異なっている。この結果が，
- 誤差の範囲なのか？
- AとBは本当に異なるのか？

を実測値と期待値との「食い違いの程度」をカイ2乗値を使って，
- カイ2乗値が大きければ食い違いが大きく「2つのサンプル間に優劣の差がある」と判断
- カイ2乗値が小さければ食い違いが小さく「2つのサンプル間に優劣の差がない」と判断

と検定することになる。

$$\chi^2 = \frac{(実測値 - 期待値)^2}{期待値} \text{の総和}$$

カイ2乗値

手法12　適合度の検定

計算値			$\chi^2=\dfrac{(実測値-期待値)^2}{期待値}$ の総和			基準化残差 $e=\dfrac{実測値-期待値}{\sqrt{期待値}}$		
評価内容	実測値	期待値	実測値−期待値	左記値の2乗	カイ2乗	基準化残差 e	カテゴリ判断	e が2.5ないし3.00を超えるものがあればそのカテゴリは特徴あるカテゴリと判断
Aの方がよい	27	20	7	49	2.45	1.57	特徴なし	
Bの方がよい	15	20	−5	25	1.25	−1.12	特徴なし	
どちらでもない	18	20	−2	4	0.20	−0.45	特徴なし	
合　計	60	60	0	—	3.90	—	—	

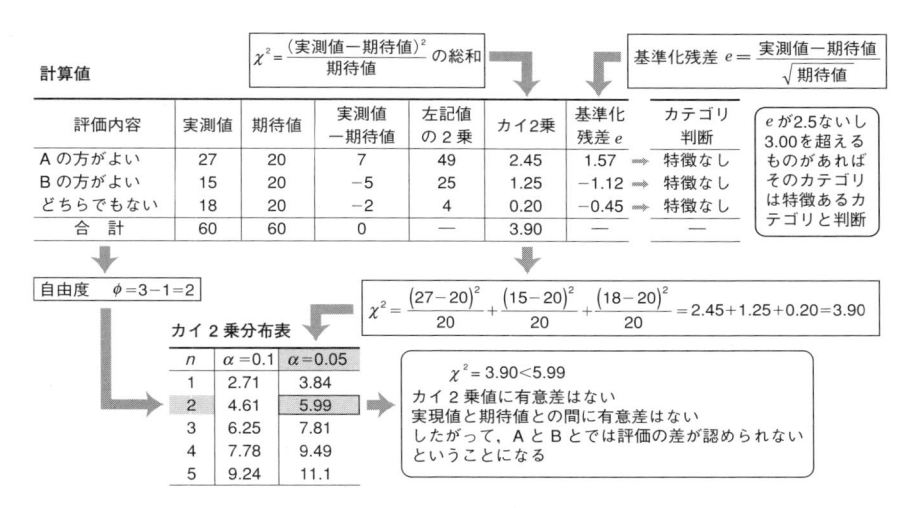

自由度　$\phi=3-1=2$

$$\chi^2=\dfrac{(27-20)^2}{20}+\dfrac{(15-20)^2}{20}+\dfrac{(18-20)^2}{20}=2.45+1.25+0.20=3.90$$

カイ2乗分布表

n	$\alpha=0.1$	$\alpha=0.05$
1	2.71	3.84
2	4.61	5.99
3	6.25	7.81
4	7.78	9.49
5	9.24	11.1

$\chi^2=3.90<5.99$
カイ2乗値に有意差はない
実現値と期待値との間に有意差はない
したがって，AとBとでは評価の差が認められないということになる

図 2.39　適合度の検定の例

(3) 適合度の検定手順

手順1　仮説の設定

H_0：データはある確率分布に従う

H_1：データは H_0 の分布に従わない

手順2　有意水準の設定　$\alpha=0.05$

手順3　棄却域の設定

$R:\chi_0^2\geq\chi^2(\phi;\alpha)$

手順4　検定統計量の計算

$$\chi_0^2=\sum\dfrac{(実測値-期待値)^2}{期待値},$$

$\phi=n-1$　　n：項目数

手順5　判定と結論

χ_0^2 が棄却域に入れば，H_1 を採択

χ_0^2 が棄却域に入らなければ，H_0 を棄却できない

●**参考：基準化残差による検討**
各カテゴリにおいて，基準化残差を計算し，その大きさが3.00を超えるものがあれば，そのカテゴリは特徴のあるカテゴリと判断する。

基準化残差

$$e_i=\dfrac{x_i(実測値)-t_i(期待値)}{\sqrt{t_i(期待値)}}$$

(4) クレーム発生状況を見る適合度の検定

ある会社のお客様センターに寄せられた1年間のクレーム件数を曜日別に整理してみた。その結果を表2.18に示す。

表2.18 曜日別クレーム件数

曜　日	日	月	火	水	木	金	土
クレーム件数	19	8	10	5	6	10	15

このような状況で、クレームがある特定の曜日に起こりやすいかどうかを知りたいときに「適合度の検定」を行ってみる。

期待度数
・各曜日とも同じ確率でクレームが発生する。

適合度の検定

	日	月	火	水	木	金	土	計 T
曜日								
クレーム件数	19	8	10	5	6	10	15	73
期待度数	10.429	10.429	10.429	10.429	10.429	10.429	10.429	73.000

	日	月	火	水	木	金	土	計 T
曜日								
基準化残差	2.654	−0.752	−0.133	−1.681	−1.371	−0.133	1.416	0.000

	日	月	火	水	木	金	土	計 T
曜日								
χ2値	7.045	0.566	0.018	2.826	1.881	0.018	2.004	14.356

検定統計量	χ2値	14.356
自由度	φ	6
有意水準	α	0.05	*
棄却値	χ2(φ, α)	12.592
判　定	有意である

基準化残差
・日曜日の基準化残差が特に大きく、日曜日にはクレーム件数が他の曜日に比べて多いという特徴がわかる。

検定の判定
・検定統計量＞棄却値
・曜日によってクレームの発生する確率が異なる。

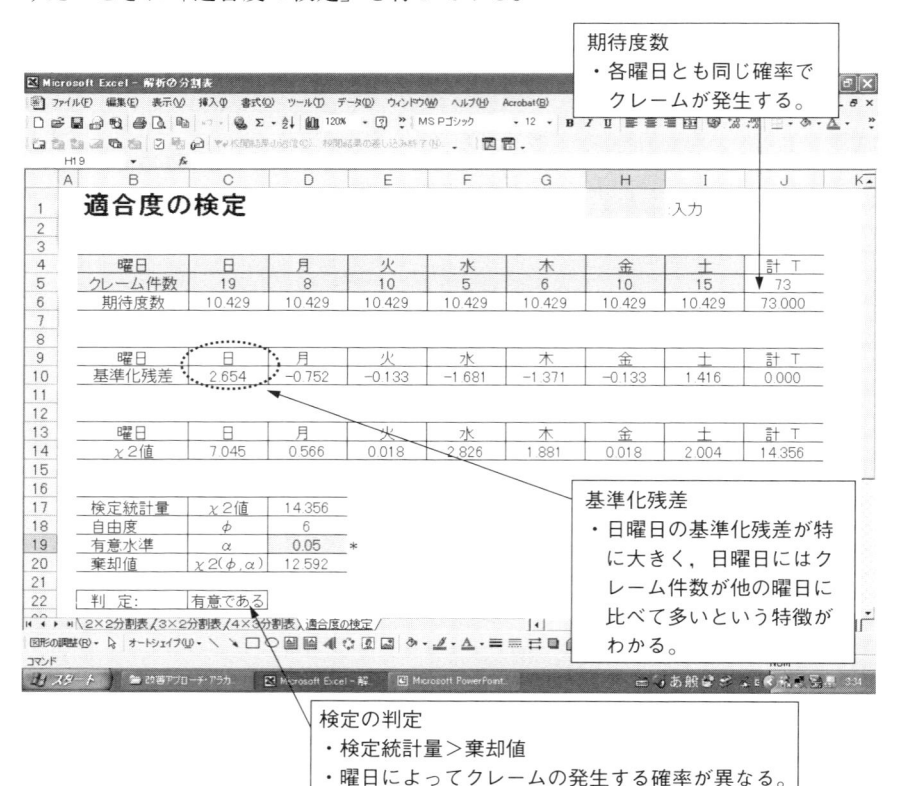

図2.40 Excelによる適合度の検定の例

図 2.40 の検定は,仮説を次のように設定している。

H_0(帰無仮説):各曜日とも同じ確率でクレームが発生する

H_1(対立仮説):曜日によってクレームの発生する確率は異なる

データから計算された

検定統計量 = 14.366 > 棄却値 = 12.592

であることから,有意水準 5% で有意になる。つまり,帰無仮説を捨てて対立仮説を採用する。

以上の結果から,クレーム件数に関する情報として,

「曜日によってクレームの発生する確率が異なる」

という結論に達する。

また,日曜日の基準化残差が特に大きく,日曜日にはクレームが他の曜日に比べて多いということがわかる。

◎参考図書 ・『技術者のための統計的品質管理入門』松村嘉高他共著 共立出版
・『統計解析ハンドブック 基礎統計』田中豊・垂水共之編 共立出版

手法13　分散分析
☛ ばらつきから3つ以上の母集団を比較する手法

(1) 分散分析とは
分散分析とは，測定値全体の分散を，いくつかの要因効果に対応する分散と，その残りの誤差分散とに分けて検定を行う手法である。

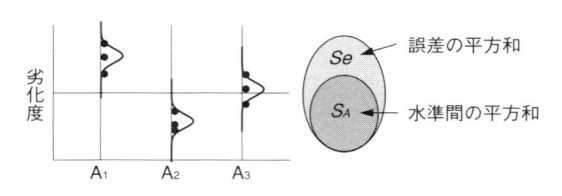

図2.41　分散分析の概念

(2) 分散分析の解析手順
手順1　仮説を立てる　帰無仮説 $H_0: A_1 = A_2 = A_3$
　　　　　　　　　　対立仮説 $H_1: A_1 \sim A_3$ のいずれか1つ以上異なる

手順2　統計量の計算：各因子の平方和，自由度，分散と誤差との分散比を計算する

手順3　分散分析表の作成と判定：分散分析表は図2.42を参照。
　　　　分散分析の判定は，「分散分析表」において，
　　　① 各平方和を自由度で割り，分散を求める。
　　　② そして誤差の分散と因子Aの分散を比較する（分散比 F_0）。その際，F 分布表（F 境界値）にあてはめて，「因子Aの効果は誤差と考えるべきか，そうではなく水準を変化させることによって得られる影響であるか」を検定する。

手順4　検定の結果
　　　① この仮説が棄却されない場合（分散比 $F_0 < F$ 境界値）には，「Aの水準間には有意な違いがあるとはいえない」と判断する。
　　　② この仮説が棄却された場合（分散比 $F_0 \geq F$ 境界値）には，

「Aの水準間に違いがある」と判断する。

(3) いろいろな分散分析

分散分析には，取り扱う因子の数によって，「一元配置法」（因子が1つ），「二元配置法」（因子が2つ）がある。また，二元配置法には，「繰り返しがある場合」（交互作用の有無が確認できる）と「繰り返しがない場合」がある。

データ表

耐電圧値	繰返し実測値			
A_1	60.1	59.8	59.7	59.6
A_2	60.1	60.1	60.2	60.3
A_3	60.3	60.3	60.5	60.2
A_4	60.3	60.3	60.7	60.3
A_5	59.9	59.8	60.1	59.8

一元配置法の分散分析

分散比 $F_0 > F$ 境界値 → 有意
分散比 $F_0 < F$ 境界値 → 有意でない

1つの特性値に対して3つ以上の母集団を比較できる

分散分析表

変動要因	平方和	自由度	分散	分散比 F_0	F 境界値
因子A	1.097	4	0.274	10.41	3.06
誤差 e	0.395	15	0.026		
合計	1.492	19			

データ表

放電電圧	B_1	B_2	B_3
A_1	13.6	14.5	13.9
A_2	12.6	13.5	13.6
A_3	13.3	14.0	14.2

二元配置法の分散分析（繰り返しなし）

分散比 $F_0 > F$ 境界値 → 有意
分散比 $F_0 < F$ 境界値 → 有意でない

単に主効果のみの検討を行う場合に活用

分散分析表

変動要因	平方和	自由度	分散	分散比 F_0	F 境界値
因子A	0.976	2	0.488	8.44	6.94
因子B	1.242	2	0.621	10.75	6.94
誤差 e	0.231	4	0.058		
合計	2.449	8			

データ表

放電電圧	B_1	B_2	B_3	B_4
A_1	72	75	79	77
	73	77	78	75
A_2	79	78	77	78
	77	80	78	78

二元配置法の分散分析（繰り返しあり）

分散比 $F_0 > F$ 境界値 → 有意
分散比 $F_0 < F$ 境界値 → 有意でない

交互作用の有無が確認できる

分散分析表

変動要因	平方和	自由度	分散	分散比 F_0	F 境界値
因子A	22.56	1	22.563	19.00	5.32
因子B	17.19	3	5.729	4.82	4.07
交互作用	21.69	3	7.229	6.09	4.07
誤差 e	9.50	8	1.188		
合計	70.94	15			

図 2.42　いろいろな分散分析

(4) 分散分析における用語の意味

① 因子 A の水準の違いによる効果のうち，他の因子に影響されない部分，すなわち因子水準固有の効果を主効果と呼ぶ。

② 分散分析では，次のような情報が得られる。

　a) 要因効果の検定　　取り上げた因子の効果があるか？
　b) 交互作用の有無　　2 つの因子による交互作用があるかどうか？

(5) Excel による一元配置法分散分析の解析

ある製品の電源回路に使用するトランジスタの信頼性向上を図るため，現行使用の A_1 以外に 4 種類のサンプルをメーカーより取り寄せて耐電圧試験を行った。その結果得られた耐電圧値のデータを表 2.19 に示す。ただし，特性値は高い方が望ましい。

分散分析を行い，要因効果の有無を検討してみよう。また，最適条件（耐電圧が最も高くなる水準）での母平均の点推定，及び信頼区間 95% の信頼区間を求めてみる。

表 2.19　耐電圧値のデータ表

耐電圧値	繰り返し			
A_1	60.1	59.8	59.7	59.6
A_2	60.1	60.1	60.2	60.3
A_3	60.3	60.3	60.5	60.2
A_4	60.3	60.3	60.7	60.3
A_5	59.9	59.8	60.1	59.8

◎ 結果の判定

分散分析の判定は，Excel の「分散分析表」において，「観測された分散比」と「F 境界値」を比較する。この判定の結果は，

① 「観測された分散比」≧「F 境界値」であれば，「グループ間」つまり因子「メーカー」の効果があるとみなす。つまり，メーカーごとに耐電圧値が異なるといえる。

最適条件での推定

＜最適水準の選定＞　　A_4
手順 4
① 点推定
　　$\hat{\mu} = \bar{x}_4$　　　　60.4
② 区間推定（信頼率95%）
$$\hat{\mu} \pm t\left(\phi_e, \frac{\alpha}{2}\right)\sqrt{\frac{V_e}{n}}$$
信頼上限　60.47734
信頼下限　60.32266

手法13 分散分析

② 「観測された分散比」<「F境界値」であれば,「グループ間」つまり,因子「メーカー」の効果があるとはいえない。つまり,メーカーごとに耐電圧値が異なるとはいえない。図2.43では,

「観測された分散比」= 10.41456 >「F境界値」= 3.055568

であるので,メーカーごとに耐電圧値が異なるといえる。

手順1 「ツール」→「分析ツール」→「分散分析:一元配置」

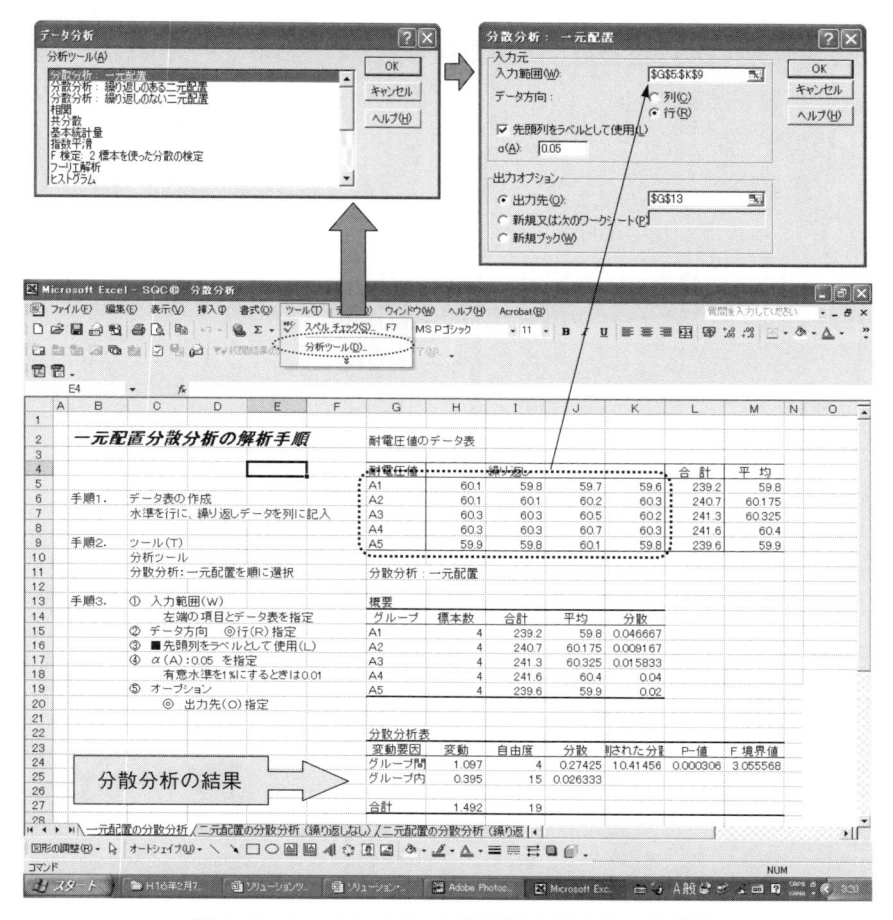

図 2.43 Excel による一元配置法分散分析の解析例

手順2　データ範囲を指定（ラベルも指定：☑先頭列をラベルとして使用）
手順3　データ方向［この例の場合：○列（C）　◎行（R）を指定］
手順4　出力範囲を指定
手順5　「OK」で結果表示

(6) 因子が2つの二元配置法分散分析

おいしい料理を作るには，「塩加減が味にどのようにきくだろうか」，「化学調味料は味にどのようにきくのだろうか」というように，味について「塩」と「化学調味料」という2つのものの影響を調べたい。こんなとき，製品の品質特性に影響を及ぼす要因として2つを「因子」として取り上げて，その「因子」の影響を調べようというのが，二元配置法の分散分析である。

二元配置法は，「繰り返しがない場合」と「繰り返しがある場合」とに分けられる。「塩」と「化学調味料」という因子ごとの主効果のみを調べたいときには，「繰り返しのない二元配置法」を活用する。

しかし現実的には2つの因子同士が互いに作用し合うことが多い。例えば，スイカに少量の食塩をふると甘みが増したり，ビールにウイスキーを混ぜて飲むと酔いがきつくなるといったことが生じる。このような作用を「交互作用」という。この交互作用を検出するには，同じ組合せを2回以上繰り返して実験をすればよい。これを「繰り返しありの二元配置法」と呼ぶ。

(7) Excel による二元配置法（繰り返しなし）分散分析の解析

ある電池メーカーでは，S電池の放電電圧特性を向上させる必要が生じた。

そこで，因子としてA：導電材の種類（3水準）とB：添加剤の濃度（3水準）を取り上げ，繰り返しのない二元配置実験を行った。その結果，得られた耐電圧値のデータを表2.20に示す。ただし，特性値は高い方が望ましい。

表2.20 S電池放電電圧のデータ表

放電電圧	B_1	B_2	B_3
A_1	13.6	14.5	13.9
A_2	12.6	13.5	13.6
A_3	13.3	14.0	14.2

手法13　分散分析

分散分析を行い，要因効果の有無を検討してみる。

手順1　「ツール」→「分析ツール」→「分散分析：繰り返しのない二元配置」

手順2　データ範囲を指定（ラベルも指定：☑先頭列をラベルとして使用）

手順3　出力範囲を指定

手順4　「OK」で結果表示

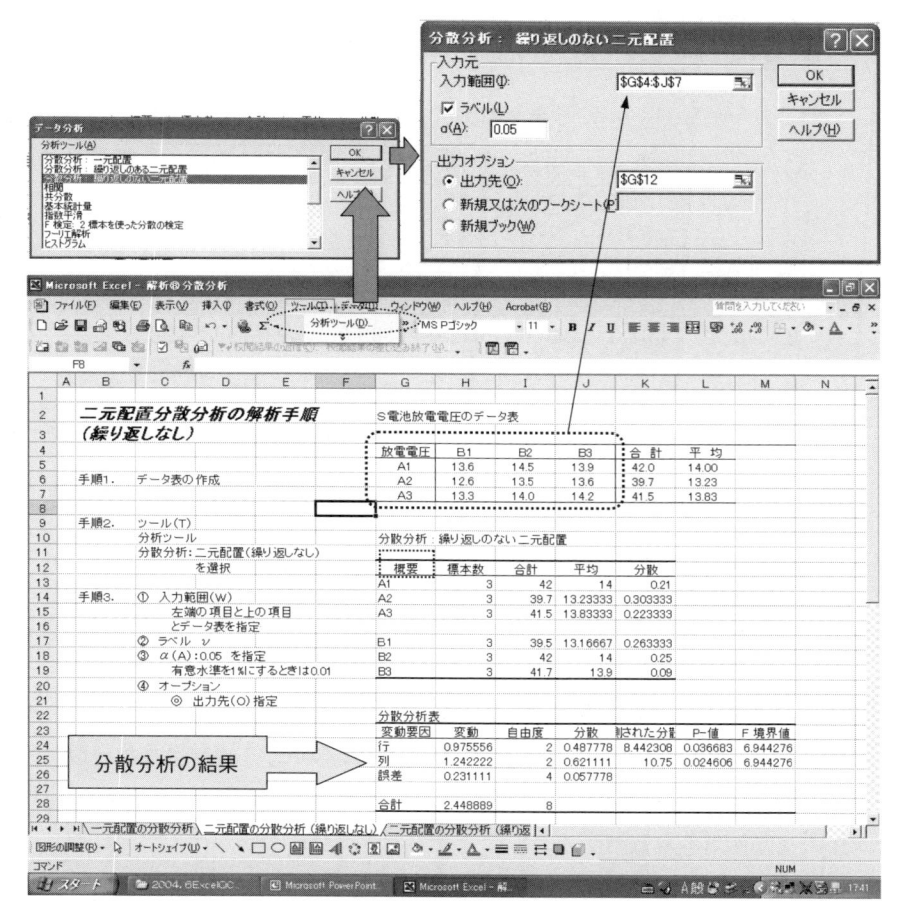

図 2.44　Excelによる二元配置法（繰り返しなし）分散分析の解析例

分散分析の判定は，Excel の「分散分析表」において，「観測された分散比」と「F 値境界値」を比較する。この判定の結果は，因子 A, B とも有意である。

(8) Excel による二元配置法（繰り返しあり）分散分析の解析

あるメーカーでは，新たに開発している反応生成物の濃度を高めるため，因子として触媒の種類を 2 水準（A_1：現行，A_2：新触媒），反応温度 B を 4 水準（B_1: 180°C, B_2: 200°C, B_3: 220°C, B_4: 240°C）取り上げ，繰り返し 2 回の二元配置実験を行った。

得られたデータを表 2.21 に示す。

表 2.21　データ表

	B_1	B_2	B_3	B_4	合計	平均
A_1	72	75	79	77		
	73	77	78	75	606.0	75.8
A_2	79	78	77	78		
	77	80	78	78	625.0	78.1
合計	301.0	310.0	312.0	308.0	合計	1 231.0
平均	75.3	77.5	78.0	77.0	平均	76.9

分散分析を行い，主効果と交互作用の有無を検討してみる。

手順 1　「ツール」→「分析ツール」→「分散分析：繰り返しのある二元配置」

手順 2　データ範囲を指定

手順 3　1 標本あたりの行数（R）（繰り返し数 2 の場合：2 を入力）

手順 4　出力範囲を指定

手順 5　「OK」で結果表示

分散分析の判定は，Excel の「分散分析表」において，「観測された分散比」と「F 値境界値」を比較する。この判定の結果は，因子 A, B の主効果，及び A×B の交互作用も有意である。

手法13　分散分析

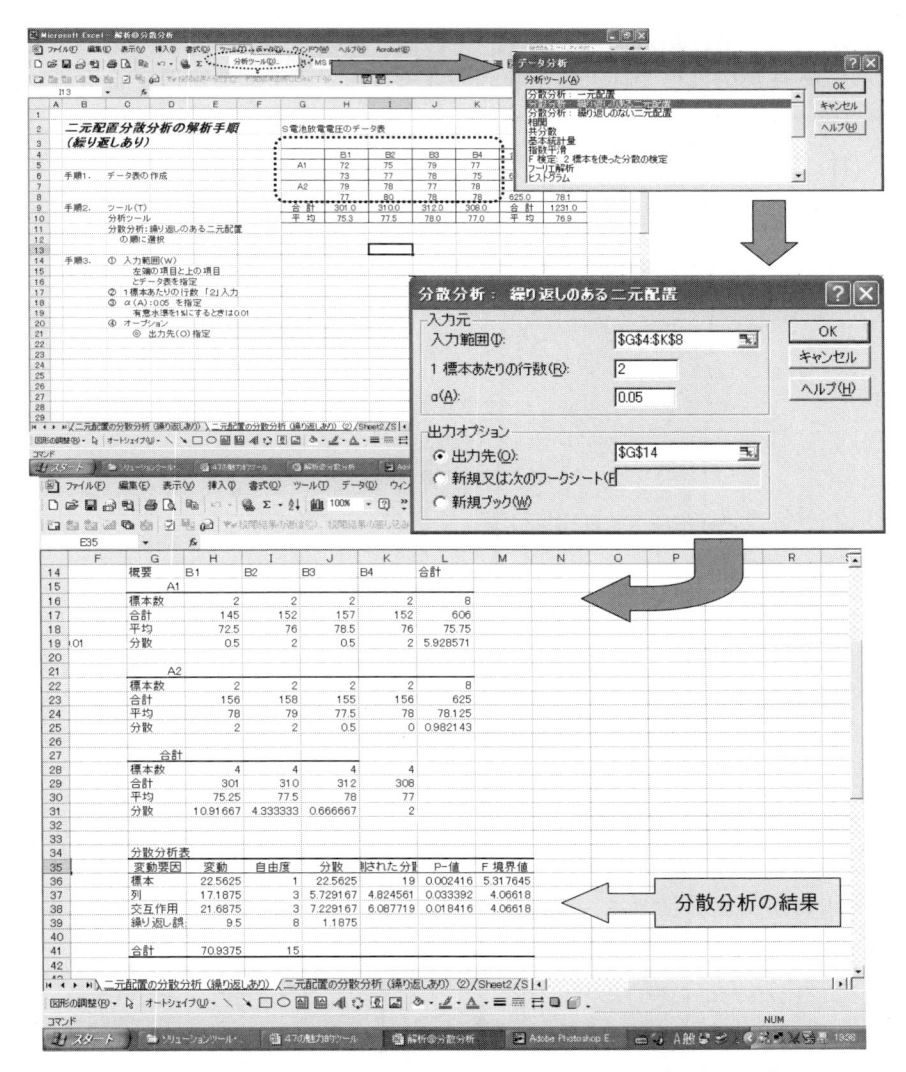

図2.45　Excelによる二元配置法（繰り返しあり）分散分析の解析例

◎参考図書　・『入門統計解析法』永田靖著　日科技連出版社
　　　　　　・『実践SQC 虎の巻』名古屋QC教育研究会編　日本規格協会

手法 14 　管理図
☛ 偶然のばらつきと異常原因のばらつきから工程を管理する手法

(1) 管理図とは

管理図とは，プロセスに異常が発生していないかどうかを，特性値の変動から判断する手法である。

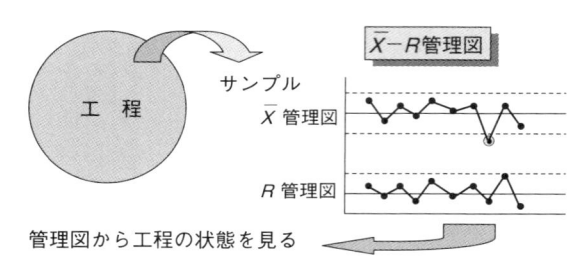

図 2.46 管理図の概念

(2) 管理図の書き方と判断

表 2.22 は，アルミダイカスト鋳造を行っている工程から毎日 3 個の鋳造品をランダムにサンプリングし，その表面硬度を測定した結果である。

この結果から，$\bar{X}$-R 管理図を作成したものが図 2.47 である。管理状態にあるかどうかを判定するために管理図上に引かれた線を管理線という。

管理線には中心線（CL）と，上部管理限界線（UCL）と下部管理限界線（LCL）がある。これらの管理限界は中心線より 3σ の位置に引かれる。

$\bar{X}$-R 管理図用の係数表（抜粋）

サンプルの大きさ n	$\bar{X}$管理図 A_2	R 管理図 D_3	R 管理図 D_4
2	1.880	0.000	3.267
3	1.023	0.000	2.574
4	0.729	0.000	2.282
5	0.577	0.000	2.114
6	0.483	0.000	2.004
7	0.419	0.076	1.924
8	0.373	0.136	1.864
9	0.337	0.184	1.816
10	0.308	0.223	1.777

手法14 管理図

表 2.22 表面硬度のデータ表

群No.	月日		X_1	X_2	X_3	$\bar{X}$	R
1	3月25日	月	45.3	47.0	45.7	46	1.7
2	3月26日	火	49.0	46.8	47.1	47.63	2.2
3	3月27日	水	48.1	47.6	47.2	47.63	0.9
4	3月28日	木	48.5	48.3	45.8	47.53	2.7
5	3月29日	金	48.5	46.4	48.4	47.77	2.1
6	4月1日	月	48.4	46.7	49.7	48.27	3.0
7	4月2日	火	47.5	48.5	46.9	47.63	1.6
8	4月3日	水	45.2	46.4	45.7	45.77	1.2
9	4月4日	木	47.7	46.3	48.4	47.47	2.1
10	4月5日	金	46.7	47.6	48.8	47.70	2.1
11	4月8日	月	45.0	47.2	46.2	46.13	2.2
12	4月9日	火	47.6	45.3	46.9	46.60	2.3
13	4月10日	水	49.2	48.8	47.9	48.63	1.3
14	4月11日	木	49.8	47.8	47.7	48.43	2.1
15	4月12日	金	46.8	47.0	48.7	47.50	1.9
16	4月15日	月	47.5	46.0	46.3	46.60	1.5
17	4月16日	火	47.7	46.6	47.1	47.13	1.1
18	4月17日	水	46.7	46.8	44.4	45.97	2.4
19	4月18日	木	47.5	47.6	46.8	47.30	0.8
20	4月19日	金	45.2	47.2	45.4	45.93	2.0
21	4月22日	月	47.0	47.6	48.2	47.60	1.2
22	4月23日	火	46.8	47.2	44.8	46.27	2.4
23	4月24日	水	46.1	46.8	45.7	46.20	1.1
24	4月25日	木	48.4	47.8	46.9	47.70	1.5
25	4月26日	金	46.0	48.0	46.2	46.73	2.0
						1178.13	45.40
						47.125	1.816

図 2.47 の管理図において $\bar{X}$ 管理図は，管理限界線外の点はないが，長さ 8 の連及び連続 3 点中 2 点が管理限界線に接近して現れているので，異常である。

よって，この表面硬化加工工程は異常であり，改善の必要性があるという情報がこの管理図から得られる。

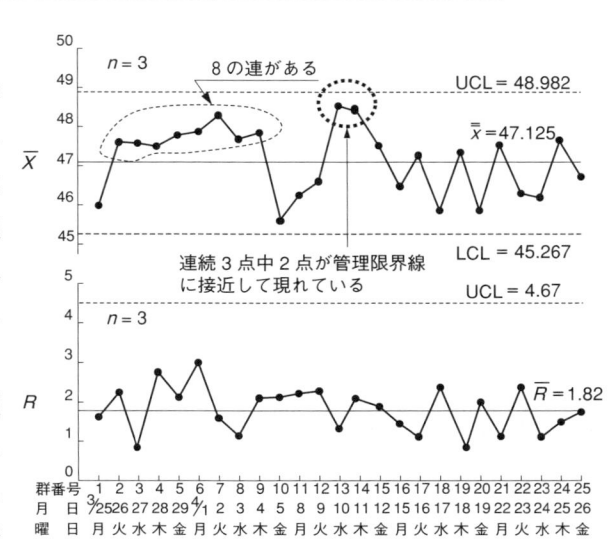

図 2.47 表面硬度の $\bar{X}$-R 管理図

(3) 管理図の種類

管理図は管理するプロセスから得られるデータの特性（計量値や計数値）によって使う種類が異なる（表2.23）。

表2.23 管理図の種類

データの種類と例		管理図の種類		管理線を与える式	
				中心線	管理限界
計量値	●正規分布 長さ，重さ，硬さ，純度，歩留り，使用量，時間，温度	$\bar{X}-R$ 管理図	平均と範囲の管理図	$\bar{X}:\bar{\bar{X}}$ $R:\bar{R}$	$\bar{\bar{X}}\pm A_2\bar{R}$ UCL：$D_4\bar{R}$ LCL：$D_3\bar{R}$
		$\bar{X}-s$ 管理図	平均と標準偏差の管理図	$\bar{X}:\bar{\bar{X}}$ $s:\bar{s}$	$\bar{\bar{X}}\pm A_3\bar{s}$ UCL：$B_4\bar{s}$ LCL：$B_3\bar{s}$
		Me 管理図	メディアン管理図（R を併用）	$\overline{Me}$	$\overline{Me}\pm A_4\bar{R}$
		X 管理図	個々の値の管理図（移動範囲 R 併用）	$\bar{X}$	$\bar{X}\pm 2.659\bar{R}$
計数値	●二項分布 不適合品数，欠席者数 不適合品率，出勤率 ●ポアソン分布 不適合の数（一定の大きさ） 工場の事故件数 不適合数（大きさの異なる単位面積）	np 管理図	不適合品数の管理図	$n\bar{p}$	$n\bar{p}\pm 3\sqrt{n\bar{p}(1-\bar{p})}$
		p 管理図	不適合品率の管理図	$\bar{p}$	$\bar{p}\pm 3\sqrt{\bar{p}(1-\bar{p})/n}$
		c 管理図	不適合数の管理図	$\bar{c}$	$\bar{c}\pm 3\sqrt{\bar{c}}$
		u 管理図	単位あたりの不適合数の管理図	$\bar{u}$	$\bar{u}\pm 3\sqrt{\bar{u}/n}$

(4) 管理図の見方と管理状態の判断

管理図は，管理限界外（管理限界線上の点は管理限界外と見なす）の打点がなく，点の並びにくせがないときに，プロセスは管理状態（又は安定状態）にあると判定する。上下の管理限界線は，中心線よりそれぞれ3σの距離にあり，中心線より1σずつに分割した領域（1σの領域，2σの領域，3σの領域）のプロット点の状況で判定する。

工程が管理状態にあるときは，管理図上において次の2点で判定する。

・管理はずれがないこと

・点の並びに顕著な「くせ」がないこと

実際には，ある期間の工程のデータを採取して管理図を書いた場合，プロッ

手法14　管理図

トに連，傾向，周期などくせがなく，下記のいずれかの条件を満たしていれば一応管理状態とみなし，その管理線を工程の状態として工程管理に用いることができる．

・連続25点以上，管理限界内にある
・連続35点中，限界外のプロットが1点まで
・連続100点中，限界外のプロットが2点以内

さらに，詳細な管理図の見方と判断の目安を表2.24に示す．

表2.24　管理図の見方と判断

	判定基準	管理図の状態
No.1	管理外れが発生 点が管理限界線の外側にプロットされた	
No.2	点が中心線の上側（又は，下側）のみに連続して9点以上プロットされた	
No.3	管理限界内であっても，点が連続して7点以上，上昇（下降）してプロットされた	
No.4	管理限界内であっても，14点以上の点が交互に増減しながら連続した	
No.5	連続3点中，2点が3σ領域にプロットされた	
No.6	連続する5点中，4点が2σの領域あるいは，それを越えた領域にプロットされた	
No.7	点が連続して1σの領域に15点プロットされた	
No.8	連続する8点が1σ領域を越えた領域にプロットされた	

◎参考図書　・新版QC入門講座7『管理図の作り方と活用』中村達男著　日本規格協会
　　　　　　・『これから始める人のための品質管理の手法』三浦新編　日本規格協会

手法15 散布図
☛2つの対になったデータの関係から予測する手法

(1) 散布図とは

散布図とは，2つの対になったデータxとyの関係を調べるため，xとyの交点を「・」でプロットし，この点の散らばり方から2つの対になったデータの間に関係があるかないか（「相関」という）をみる手法である。

(2) 散布図の作成手順

手順1　データを集める

相関を調べるためのデータを30組以上集めて，データシートにまとめる（表2.25）。

対応する2種類のデータを，それぞれx, yとする。

表2.25　身長と体重のデータ表

No.	身長	体重	No.	身長	体重	No.	身長	体重
1	○178	○80	11	167	55	21	175	◎85
2	177	66	12	169	53	22	167	×55
3	172	×55	13	170	70	23	169	72
4	164	57	14	×165	××50	24	174	74
5	169	65	15	173	67	25	172	60
6	174	65	16	179	63	26	176	65
7	174	61	17	×165	62	27	○180	75
8	××160	×55	18	168	58	28	×165	56
9	174	64	19	◎184	○75	29	173	60
10	174	57	20	171	72	30	○180	77

手順2　データx, yそれぞれの最大値と最小値を求める

　　○印は各列の最大値　　◎印はデータ中の最大値（184, 85）

　　×印は各列の最小値　　××印はデータ中の最小値（160, 50）

手順3　横軸と縦軸を記入する

横軸にx，縦軸にyをとる。

最大値と最小値の差（範囲）がそれぞれほぼ等しい長さになるように目盛りを記入する。

$$x_{\max} - x_{\min} = 184 - 160 = 24$$

$$y_{\max} - y_{\min} = 85 - 50 = 35$$

手順4　データを打点する

横軸と縦軸のデータが交わる点を「・」で打点する（図2.48）。

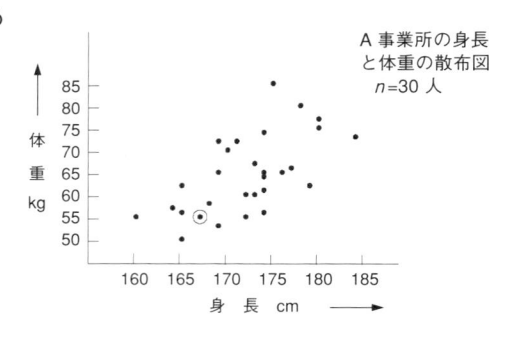

図2.48　身長と体重の散布図

同じデータが2つあって打点が重なる場合は「⊙」と記入する。

(3) 散布図の見方

ダイエット効果をあげるには，いろいろなことを実行する。「食事の量」「読書の時間」や「運動の時間」（x）とダイエット効果（y）を測定してみると，図 2.49 のような結果を得た。この結果からわかることは，

1) 「食事の量」が増えるとダイエット効果が落ちる。

　　これを，「負の相関がある」という。

2) 「読書の時間」が増えてもダイエット効果が出るとは思われない。

　　これを，「相関がなさそう」という。

3) 「運動の時間」が増えるとダイエット効果が出てくる。

　　これを，「正の相関がある」という。

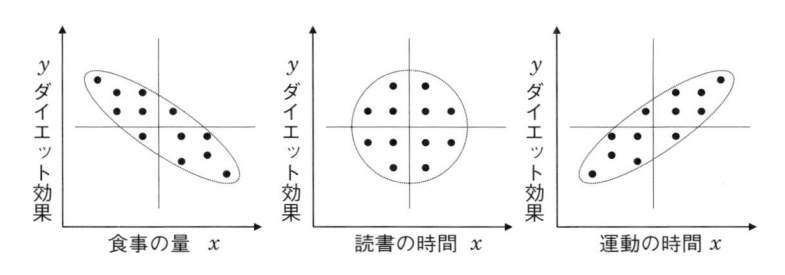

図 2.49 ダイエット効果の散布図

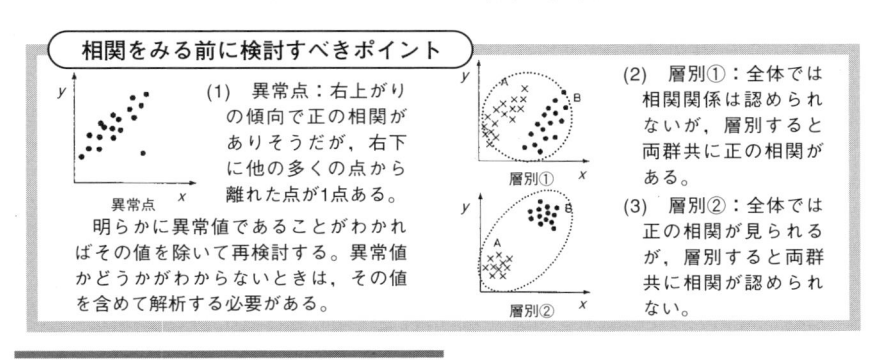

相関をみる前に検討すべきポイント

(1) 異常点：右上がりの傾向で正の相関がありそうだが，右下に他の多くの点から離れた点が1点ある。明らかに異常値であることがわかればその値を除いて再検討する。異常値かどうかがわからないときは，その値を含めて解析する必要がある。

(2) 層別①：全体では相関関係は認められないが，層別すると両群共に正の相関がある。

(3) 層別②：全体では正の相関が見られるが，層別すると両群共に相関が認められない。

◎参考図書　・新版 QC 入門講座 6『データのまとめ方と活用 II』大滝厚他著　日本規格協会
　　　　　　・『これから始める人のための品質管理の手法』三浦新編　日本規格協会

手法 16　相関分析

☛2つの特性の関連性をみる手法

(1)　相関分析とは

相関分析とは，x と y との関連性を見ることであり，その関連性を調べる手法である。

(2)　相関分析の一例

相関分析をするときには，データ (x, y) に関してまず散布図を作成する。そして，データから相関係数 r を計算する。

① x と y との間に関係があるかどうかをみる。
② x と y が直線関係か，曲線関係かをみる。
③ 異常なデータがないかどうかをみる（異常な点は，異なった母集団の混入や，測定データの記入・転記・プロットなどのミス，又は計算まちがいが原因と考えられる）。
④ 相関係数 r を計算する。
⑤ 層別した散布図を作ったときは，全体としての相関関係とともに層別した相関関係についても検討する。

相関係数　　　$r = \dfrac{(x と y の偏差の積和)}{\sqrt{(x の平方和) \cdot (y の平方和)}}$

x の平方和　　$S_{xx} = \sum(x_i - \bar{x})^2 = \sum x_i^2 - \dfrac{(\sum x_i)^2}{n}$

y の平方和　　$S_{yy} = \sum(y_i - \bar{y})^2 = \sum y_i^2 - \dfrac{(\sum y_i)^2}{n}$

x と y の偏差の積和

$S_{xy} = \sum(x_i - \bar{x}) \cdot (y_i - \bar{y}) = \sum x_i y_i - \dfrac{(\sum x_i)(\sum y_i)}{n}$

相関係数 r　　　$r = \dfrac{S_{xy}}{\sqrt{S_{xx} \cdot S_{yy}}}$　　　$-1 \leqq r \leqq 1$

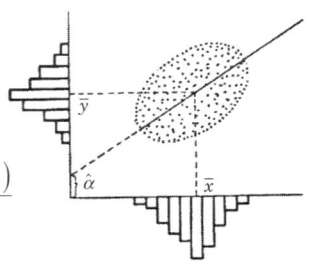

図 2.50　散布図と相関係数

手法16 相関分析

(3) Excel による相関係数の計算

ある部品の経年と強度残存率との関係を検討してみることとなり，x（経年）と y（強度残存率）のデータを表 2.26 のように得られた。

この結果から，相関係数を計算してみよう。

手順1　分析ツールの起動

「ツール」→「分析ツール」

手順2　相関係数の計算

「相関」をクリック

データ範囲を入力，データ方向（列指定）

出力先指定→「OK」をクリック

相関係数 $r=-0.915$ と求まる（図 2.51）

表 2.26 経年と強度残存率

No.	経年	強度残存率
1	37.2	86
2	30.1	90
3	40.7	84
4	28.6	89
5	36.5	85
6	43.0	84
7	40.4	85
8	33.0	90
9	27.3	89
10	40.4	86
11	43.7	83
12	40.1	85
13	30.8	88
14	48.1	81
15	40.2	87
16	43.3	84

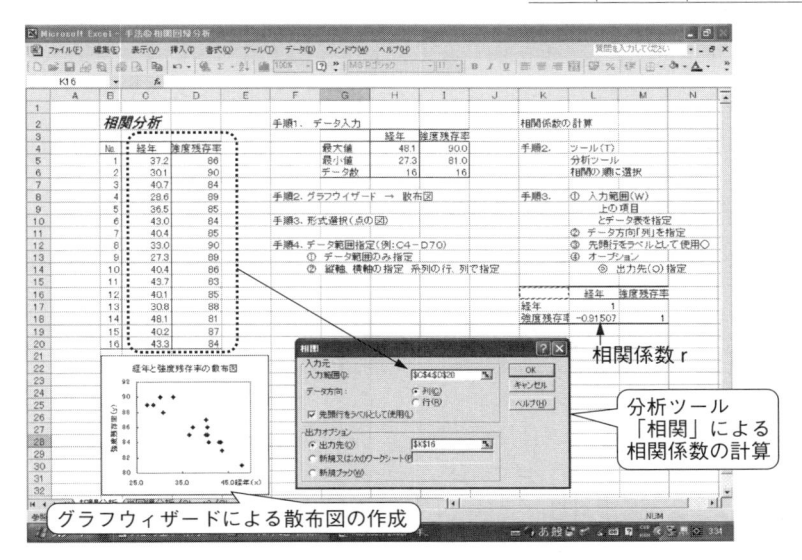

図 2.51　Excel による散布図の作成と相関係数の計算

◎参考図書　・『入門統計解析法』永田靖著　日科技連出版社
　　　　　　・『クォリティマネジメント入門』岩崎日出男・泉井力共著　日本規格協会

手法17　回帰分析
☛ 結果を生み出す要因の関連度合いをみる手法

(1) 回帰分析とは

回帰分析は，指定変数 x がいくつかの水準で実験されたときに得られる y の値について，この x と y の母平均との間に成り立つ関数関係について分析する手法である。

x の各水準における y の定量的な関係があり，それについて，直線関係を求める。これを単回帰分析という。

＜例＞　反応温度（x）と収率（y），経年（x）と機器の劣化度（y）など
- 原因となるべき変数（x）→説明変数という
- 結果となるべき変数（y）→目的変数という

(2) 相関分析と回帰分析の違い

相関分析とは，x と y との関連性を見ることであり，その関連性を調べる統計的手法である。x と y は共に正規分布に従ってばらつく量である。

回帰分析とは，データの形式や散布図を描いてみるという点では相関分析と同じであるが，"x の方は指定できる変数と考える"という点が異なっている。

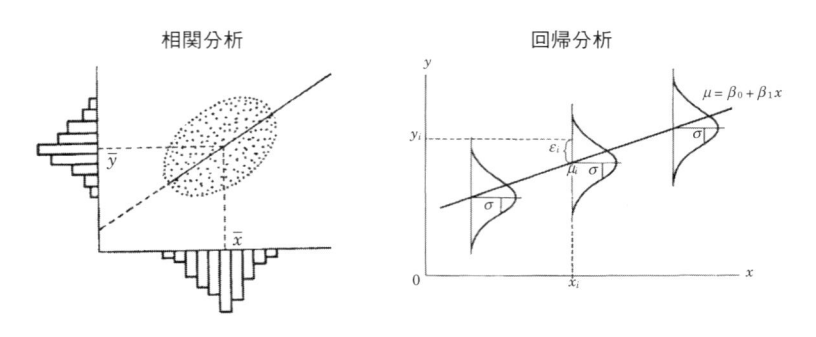

図 2.52　相関分析と回帰分析の違い

(3) Excelによる回帰分析の解析

ある工場の電気設備の経年と劣化度について検討することになった。経年によって点検周期を明確に決めたいため，経年を指定したときの劣化度について実験することになった。

そこで試験的にx（経年）については，技術的に必要とされる水準を4水準選定した。またxの各水準では，1つのデータではなしに，情報が多い方がよいのでいくつかのデータを採取した。4水準，繰り返し3回の合計12回の実験をランダムに実施したところ，表2.27の結果が得られた。

1) データのグラフ化と構造式

この例では，y軸の劣化度が結果として得たい特性であり，x軸の経年がコントロールできる変数である。

また回帰分析を行う場合，直線の式を求めることにより，xを指定すればyの値が推定される。なお，この直線の式は回帰直線とよばれる（図2.53）。

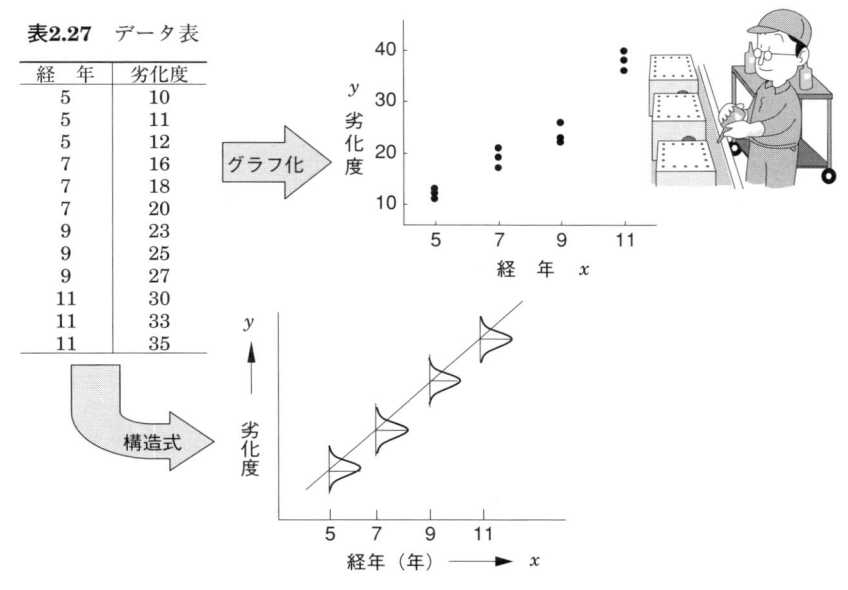

表2.27 データ表

経 年	劣化度
5	10
5	11
5	12
7	16
7	18
7	20
9	23
9	25
9	27
11	30
11	33
11	35

図2.53 データのグラフ化と回帰分析の構造式

2) Excel の分析ツールを活用して回帰分析を行う

Excel ツールバーの「ツール」→「分析ツール」→「回帰分析」をクリックし，回帰分析の入力シートを起動する。

手順1　入力 Y 範囲（Y）：目的変数 Y（ここでは劣化度）のデータを指定
手順2　入力 X 範囲（X）：説明変数 X（ここでは経年）のデータを指定
手順3　有意水準（O）：5% を入力
手順4　一覧の出力先（S）：結果を出力する先の左上のセルを指定
手順5　残差の項目4つの□にチェックマーク✓を入れる
手順6　「OK」をクリック

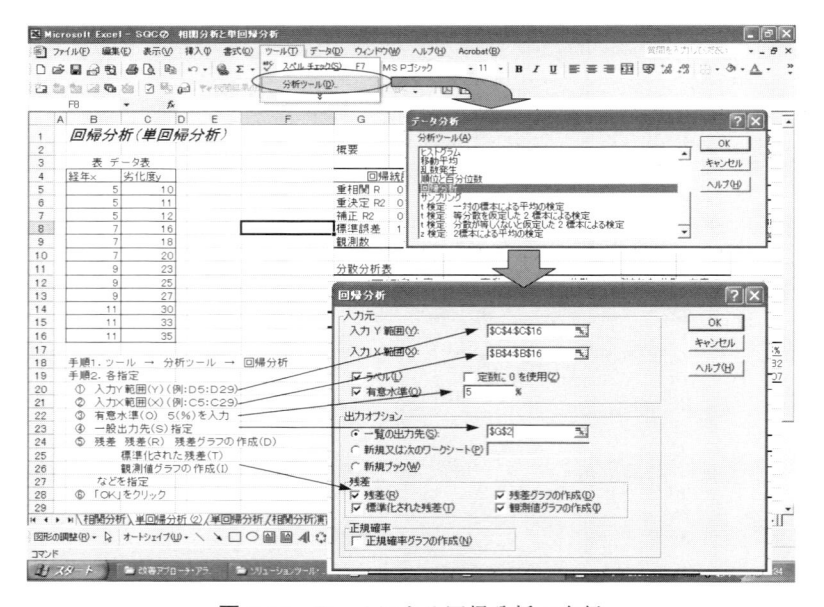

図 2.54　Excel による回帰分析の実行

表 2.27 のデータから Excel 分析ツールの「回帰分析」を実行した結果が，図 2.55 である。この図の分散分析の結果，有意であり，この回帰が意味あるものと判定できる。

回帰式は，$\hat{\mu}_i = a + bx_i = 3.6x_i - 7.133$ となる。

また，残差グラフよりプロット図も特に異常はなく，回帰がうまく当てはまっている。つまり，この工場の電気設備は経年 (x) によって劣化度 (y) が決定するものであることがわかった。

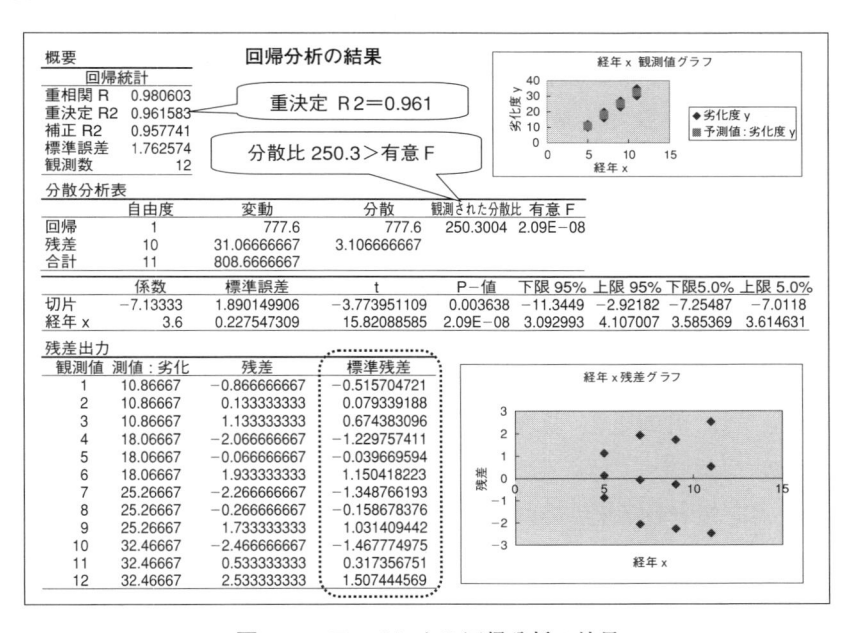

図 2.55　Excel による回帰分析の結果

3) 残差の検討

劣化度 y の値と予測値 $\hat{y} = \hat{\beta}_0 + \hat{\beta}_i x$ から，残差 $e_i = y_i - \hat{y}_i$ を求める。次に，残差 e_i を標準化して標準化残差 $e_i' = e_i / \sqrt{V_e}$ を求める。

(x_i, e_i') を散布図にプロットして曲線的な構造の有無・誤差の等分散性等を検討する。データが取られた順に e_i' をプロットして周期性がないかどうか等を検討する。また，e_i' の値が ±3 を超えているものがあれば原因を調べる（図 2.56）。

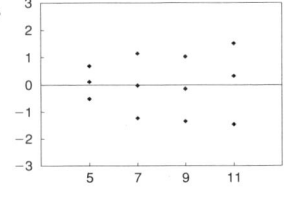

図 2.56　標準残差

◎参考図書　・『入門統計解析法』永田靖著　日科技連出版社
　　　　　　・『実践 SQC 虎の巻』名古屋 QC 教育研究会編　日本規格協会

手法 18　重回帰分析
☛ 結果に影響する 2 つ以上の変数の関係度合いをみる手法

(1)　重回帰分析とは

重回帰分析とは，複数の変量から構成される試料において，特定の変量を，残りの変量の 1 次式で予測する手法である．特性値 y と，その変動を説明する変数 $x_1, x_2, \cdots, x_p$ について，n 組のデータが与えられているとき，これに

$$y_i = \beta_0 + \beta_1 x_{1i} + \beta_2 x_{2i} + \cdots + e_i$$

という重回帰モデルを仮定して，パラメータ $b_1, b_2, \cdots, b_p$ と誤差分散 σ^2 に関して行う一連の統計解析を重回帰分析という．このとき，y を目的変数，$x_1, x_2, \cdots, x_p$ を説明変数という．

つまり，ある目的変数（例えば販売実績など）に対して，どのような説明変数（経験年数，技術知識，接客態度，服装など）との関係が強いか弱いかを偏回帰係数などで調べていく手法である．

(2)　アンケート結果の重回帰分析

重回帰分析を利用して，実際のデータを調べてみる．例として，今後「勝ち残れる会社」として重要な要素を見つけるために 9 つの説明変数を設定し，19 名にアンケートを行った結果を重回帰分析で調べることにした（図 2.57 ～図 2.59）．

【結果系質問：目的変数 (y)】
　質問10　10 年後に勝ち組になっている会社

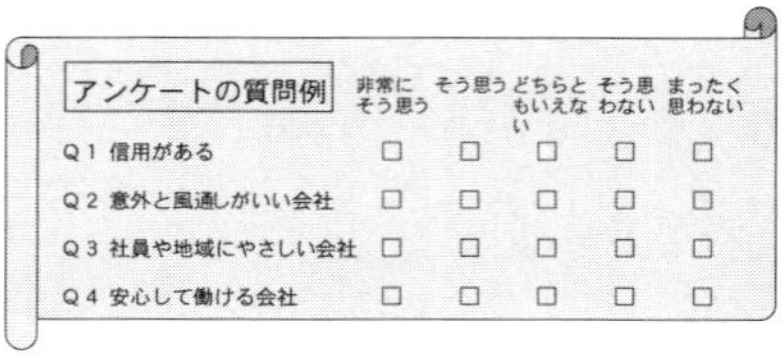

【要因系質問：説明変数 ($x_1, x_2, \cdots x_9$)】
　質問1　自らの努力で仕事を変えられる
　質問2　信用がある
　質問3　コミュニケーションを大切にする会社
　質問4　意外と風通しがよい会社
　質問5　社員や地域にやさしい会社
　質問6　安心して働ける会社
　質問7　お客様本位の会社
　質問8　他社と比べて競争の点では遅れている
　質問9　宣伝・PR が下手な会社

アンケートの質問例
Q1 信用がある
Q2 意外と風通しがいい会社
Q3 社員や地域にやさしい会社
Q4 安心して働ける会社
（非常にそう思う／そう思う／どちらともいえない／そう思わない／まったく思わない）

図 2.57　アンケートの結果系質問と要因系質問

テーマ「10年後に勝ち組となっている会社」

今回のアンケートは「お客さまニーズをうまく掴む方法」の研修会で教育のためにアンケートが必要となり，みなさまにご協力頂くことになりました。
アンケートはこの研修での分析や発表にしか使いませんのでよろしくご協力ください。

質問　ここからは5択です。みなさん自身の「会社のイメージ」はどうですか？
下記のイメージについてそれぞれ該当するものを選んでください。

Q1	a.	自らの努力で仕事を変えられる	□非常にそう思う	□そう思う	□どちらともいえない	□そう思わない	□まったくそう思わない
Q2	b.	信用がある	□非常にそう思う	□そう思う	□どちらともいえない	□そう思わない	□まったくそう思わない
Q3	c.	コミュニケーションを大切にする会社	□非常にそう思う	□そう思う	□どちらともいえない	□そう思わない	□まったくそう思わない
Q4	d.	意外と風通しがよい会社	□非常にそう思う	□そう思う	□どちらともいえない	□そう思わない	□まったくそう思わない
Q5	e.	社員や地域にやさしい会社	□非常にそう思う	□そう思う	□どちらともいえない	□そう思わない	□まったくそう思わない
Q6	f.	安心して働ける会社	□非常にそう思う	□そう思う	□どちらともいえない	□そう思わない	□まったくそう思わない
Q7	h.	お客様本意の会社	□非常にそう思う	□そう思う	□どちらともいえない	□そう思わない	□まったくそう思わない
Q8	i.	他社と比べて競争の点では遅れている	□非常にそう思う	□そう思う	□どちらともいえない	□そう思わない	□まったくそう思わない
Q9	j.	宣伝・PRが下手な会社	□非常にそう思う	□そう思う	□どちらともいえない	□そう思わない	□まったくそう思わない
Q10	g.	10年後に勝ち組になっている会社	□非常にそう思う	□そう思う	□どちらともいえない	□そう思わない	□まったくそう思わない

Q11　上記以外であなたの会社のイメージがありましたら自由に記入してください

＊性別　□男性　□女性

勤務中で大変お忙しい中ご協力ありがとうございました。

図 2.58　アンケート用紙

目的変数　説明変数

サンプル	Y	X1	X2	X3	X4	X5	X6	X7	X8	X9
	勝利会社	改善意欲	信頼性	コミュニケーション	風通しがいい	地域への優しさ	安心労働	お客様本位	競争力	宣伝PR力
1	3	4	3	3	3	4	3	2	4	2
2	2	3	4	2	2	3	4	3	4	4
3	3	4	4	3	3	4	4	3	2	4
4	3	2	4	3	2	4	4	4	4	4
5	3	3	4	2	2	2	2	3	5	4
6	3	5	4	2	2	4	3	4	4	2
7	3	3	4	3	3	3	3	3	5	2
8	3	4	5	2	2	3	4	3	5	4
9	2	2	4	3	2	2	2	2	2	2
10	3	4	4	3	2	3	4	4	4	3
11	2	4	4	3	3	3	4	3	3	4
12	4	3	4	4	3	3	5	4	4	4
13	4	3	3	4	1	2	2	3	4	4
14	3	4	4	3	4	3	3	5	3	5
15	4	3	4	3	2	4	4	2	5	5
16	1	5	4	3	3	3	3	2	4	4
17	3	3	4	4	4	3	4	2	4	2
18	4	4	4	3	3	4	2	4	4	4
19	2	1	4	3	2	3	4	3	5	2

図 2.59　アンケート結果のマトリックスデータ表

1) Excelによる重回帰分析

Excel ツールバーの「ツール」→「分析ツール」→「回帰分析」をクリックし，回帰分析の入力シートを起動する．

- 手順1　入力Y範囲（Y）：目的変数Y（ここでは勝利会社）のデータを指定
- 手順2　入力X範囲（X）：説明変数X（ここでは改善意欲から宣伝PRまでの9列）のデータを指定
- 手順3　有意水準（O）：5%を入力
- 手順4　一覧の出力先（S）：結果を出力する先の左上のセルを指定
- 手順5　「OK」をクリック

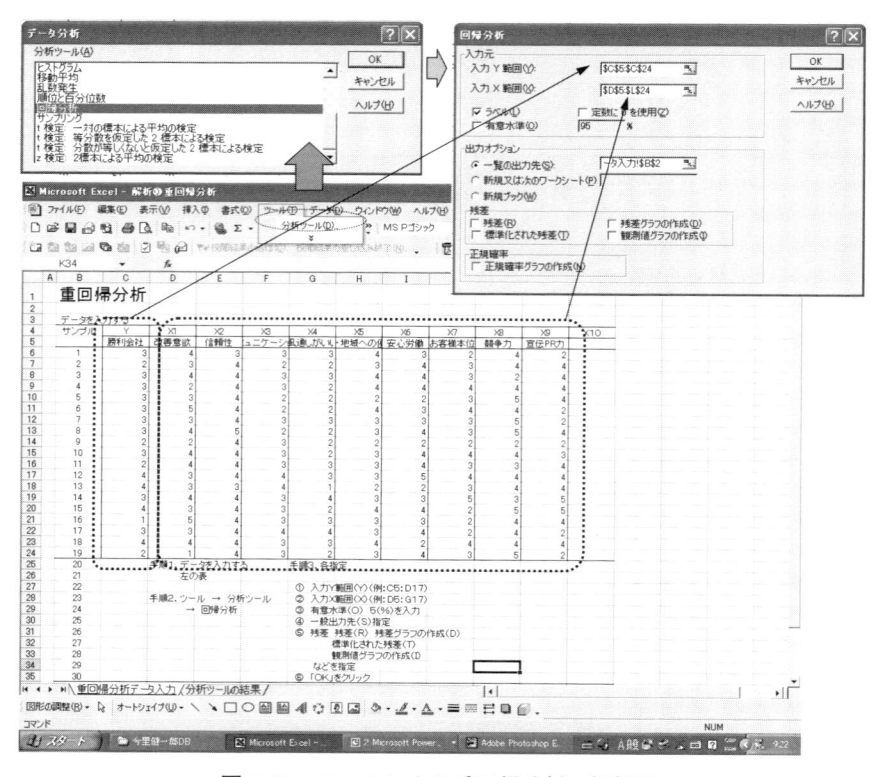

図 2.60　Excelによる重回帰分析の解析例

2) 重回帰分析結果の評価

まず，図 2.61 から回帰方程式の当てはまりのよさの目安として，決定係数（寄与率）$R^2=0.523$，重相関係数 $R=0.723$ であり，「まあまあ」の精度である。

この決定係数が 0.5 未満であると，この目的変数に対しここで設定した説明変数以外にもっと重要な変数が抜けている可能性があり，再度説明変数の検討が必要になる。

計算結果の偏回帰係数（図 2.61 では「係数」）から回帰方程式を書き下してみると，

Y（勝ち組の会社）$=-2.5708+0.8150\times$コミュニケーション$+0.4726\times$地域への優しさ$+0.2958\times$お客様本位$+0.2766\times$競争力$+0.1722\times$信頼性$+0.1366\times$宣伝 PR 力$+0.0123\times$改善意欲$-0.2740\times$風通しがいい$-0.2778\times$安心労働

この結果から，「勝ち組の会社」に影響の強い要因に「コミュニケーション」「社員・地域への優しさ」，「お客様本位」などが挙げられる。

図 2.61 Excel による重回帰分析の解析結果

◎参考図書　・『実践 SQC 虎の巻』名古屋 QC 教育研究会編　日本規格協会
　　　　　　・『基本 多変量解析』浅野長一郎，江島伸興著　日本規格協会

手法19　発想チェックリスト法
☞ アイデア発想を誘発する手法

(1) 発想チェックリスト法とは
発想チェックリスト法とは，効果的に発想やアイデアを出すときに，「他に使い道は？」，「応用できないか？」などといったチェックリストを用意して，発想を導く手がかりにする手法である。

(2) オズボーンのチェックリスト法による発想手順
発想を導くためのチェックリストは，いろいろと考えられている。ここでは，アレックス・オズボーン氏が作成したオズボーンのチェックリストを紹介する。

発想する手順は，図2.62の手順で行うとよい。

　手順1　アイデアを出すテーマを考える。
　手順2　チェックリストの項目をみる（9つのチェックリスト）。
　手順3　チェック内容から具体的なアイデアを考える。

図2.62　発想チェックリスト法の発想手順

◎オズボーンの9つのチェックリスト

① 他に使い道は？
② 応用できないか？
③ 修正したら？
④ 拡大したら
⑤ 縮小したら？
⑥ 代用したら？
⑦ アレンジしなおしたら？
⑧ 逆にしたら？
⑨ 組み合わせたら？

(3) オズボーンのチェックリストと話題の商品

オズボーンの9つのチェックリストに話題の商品を当てはめてみると図2.63のようになる。

オズボーンのチェックリスト

オズボーン氏は、米国広告会社BBDO社の創業者で著書『独創力を伸ばせ』のなかで、発想の手がかりになる9つのチェック項目を紹介している。

① 他に使い道は？
- 3Mは、調合を間違えてつくった弱い接着剤を使って貼ってもはがせる黄色いラベル「ポスト・イット・ノート」を開発した。
- JA岩手県経済連が「ゆめさんさ」という新品種のお米をペットボトルに詰めて、コンビニエンスストアなどで販売した。

② 応用できないか？
- 松下電工は、磁石でものを移動できることから、窓の両面を磁石で挟み込むことで両面同時に掃除ができる商品を作った。
- バンダイでは「たまごっち」を開発し、このノウハウを応用して、「デジタルモンスター」を作り上げた。

③ 修正したら？
- 日清食品「チキンラーメン」は、包装こそは昔のままだが、味、風味は時代に合わせて変えてきて長寿商品になってきている。
- マイクロソフト社の「ウィンドウズXP」には常に更新ソフトがインストールされるシステムになっている。

④ 拡大したら？
- 江崎グリコは「鉛筆1本ほどの大きさのポッキー」、「マウスほどの大きさのアーモンドチョコレート」など巨大なお菓子を作った。
- シャープでは、家庭用テレビを45インチとワイド化した液晶テレビを開発している。

⑤ 縮小したら？
- 健康が気になる現代、カロリー50%、糖分70%、プリン体50%オフの発泡酒をサントリーが発売した。
- 名刺サイズにまで小さくなったペンタックスのデジタルカメラ「Optio」、機能は312万画素を実現している。

⑥ 代用したら？
- バンダイの「たまごっち」は、テレビのCMからヒントを得て「学校へもって行けるペット」を作ってみた。
- お魚の「ししゃもの子」を加工して本物の「かずのこ」の歯ごたえを実現した「かずのこかい な」が作られている。

⑦ アレンジしなおしたら？
- シャープの「液晶ビューカム」はビデオカメラのファインダを液晶パネルに取り替えた。
- 日立製作所の冷蔵庫「野菜中心蔵」は、家庭の冷蔵庫の使い方を分析して主婦が疲れる作業を解消するために野菜庫を真ん中にもってきた。

⑧ 逆にしたら？
- シャープの冷蔵庫「ハイ！両開」は左右どちらからも開くドアを開発した。
- 松下電器産業の「遠心力洗濯機」は、従来の洗濯機の概念、洗濯槽の中で水と洗濯物をかき混ぜて洗うことから、洗濯槽自体を回転させてみた。

⑨ 組み合わせたら？
- NTTドコモは一時、携帯電話とPHSを1台にした「ドッチーモ」を発売した。
- アトラスでは、デジカメとプリンタを組み合わせた「プリント倶楽部」を開発した。

図 2.63 話題の商品とオズボーンのチェックリスト

◎参考図書　・『経営課題改善実践マニュアル』猪原正守・今里健一郎編著　日本規格協会
　　　　　　・『商品企画七つ道具実践シリーズ第2巻』神田範明編著　日科技連出版社

手法 20　焦点法

☞ 強烈な関係付けでアイデアを生む手法

(1) 焦点法とは

焦点法とは，はっきり定義されたテーマに対し，次元の違う異質な世界から任意のキーワードをでたらめに選び，これをテーマと強制的に結び付けることによりアイデアを得ようとする手法である。

(2) 焦点法による発想手順

焦点法で発想する手順は，図 2.64 の手順で行うとよい。

手順 1　アイデアを出すテーマを考える。
手順 2　焦点を当てるものを探す（このとき，できるだけテーマからかけ離れたものを焦点に選ぶ）。
手順 3　焦点の特徴を考え，特徴から中間アイデアを引き出す。
手順 4　中間アイデアからテーマに対する具体的なアイデアを考える。

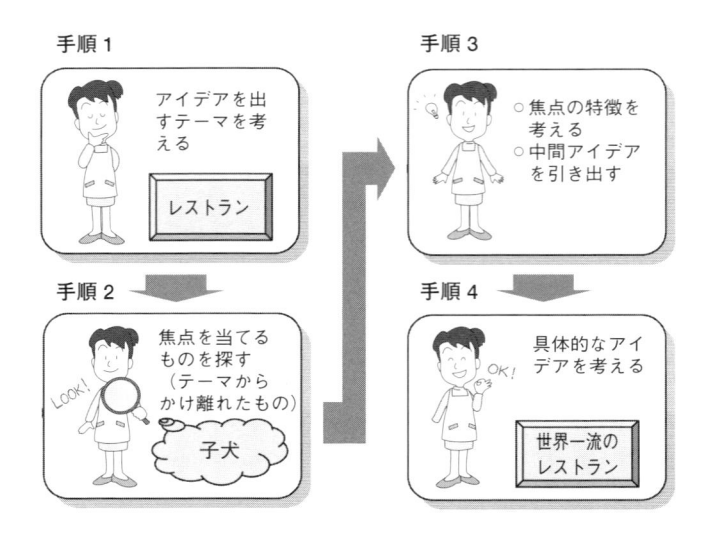

図 2.64　焦点法の発想手順

(3) 焦点法による発想例

ここでは，焦点法の例として図 2.65 では，「つい行きたくなるレストラン」をテーマに取り上げてみた．一流ホテルからアイデアを得ると，どうしてもホテルの要素をそのままレストランに取り入れてしまうため，独創性に欠けてしまう．

そこで，全く異質なもの「子犬」に焦点を当てて考えてみることにした．

まず，子犬から連想される要素を小さい→ヨチヨチ歩く→表情があどけない→……→よく遊ぶ……と列挙する．

これらの要素をヒントに「健康を考えたヘルシーメニューで，お客様の名前を入れた料理を出し，おとぎの国のような内装で，椅子も身長に合わせて高さが自由に変えられ，食後はゲームで楽しむことができるファンタジーなレストラン」へとアイデアを引き出した．

焦点を当てるもの
子犬

↓

アイデアを出すもの
つい行きたくなるレストラン

子犬の特徴	中間アイデア	アイデア
小さい	カロリーを考える	健康を考えたヘルシーメニューを提供
ヨチヨチ歩く	安全を考える	身体障害者も安心して利用できる
表情があどけない	可愛さがあふれる	おとぎの国のような内装にする
抱きしめたくなる	母性本能を発揮する	やさしい笑顔と言葉と態度で接する
心が和む	疲れがとれる	お客様の名前を入れた料理を出す
手がかかる	面倒見が良い	送迎サービスをする
ミルクが好き	食べやすくする	身長に合わせられる高さ可変式の椅子
よく遊ぶ	楽しめる	食後も楽しめるところをつくる

図 2.65 つい行きたくなるレストランを焦点法で考案 [10)]

◎参考図書 ・『経営課題改善実践マニュアル』猪原正守・今里健一郎編著　日本規格協会
　　　　　・『商品企画七つ道具実践シリーズ第 2 巻』神田範明編著　日科技連出版社

手法 21　組合せ発想法
☞ お客様の使用ニーズから改良点をみつける手法

(1) 組合せ発想法とは

組合せ発想法とは，アンケートなどから得られたお客様ニーズをもとに，商品や事業のアイデアを発想する手法である。

(2) 組合せ発想法による発想手順

組合せ発想法で発想する手順は，図 2.66 の手順で行うとよい。

手順 1　アイデアを出すテーマを考える。

手順 2　テーマに関連する使用状態を考える（シーン，時，場所，だれ・対象）。

手順 3　使用状態から，「使用者のニーズ」を書き出す。「使用者のニーズ」を実現するにあたって，解決しなければならない問題点を考える。

手順 4　問題点を解決するためのアイデアを考える。

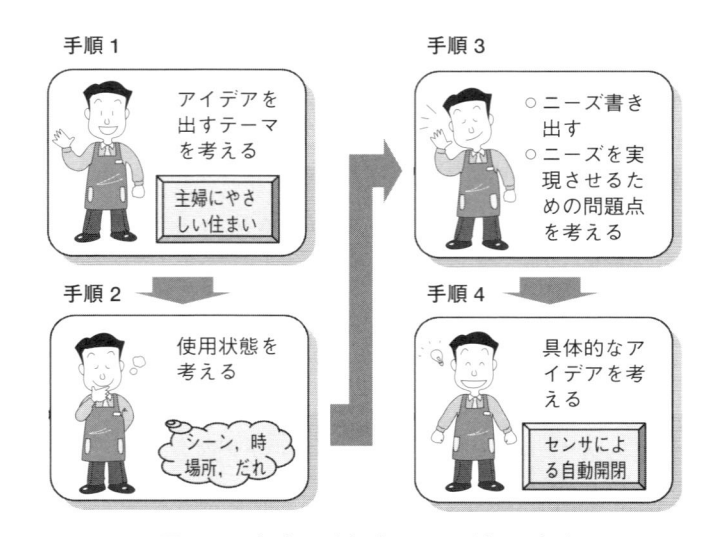

図 2.66　組合せ発想法による発想の手順

(3) 組合せ発想法による発想例

表2.28の例は，組合せ発想法を使って「これからの主婦にやさしい住まい」を考えた例である。

例から主婦の日常生活のシーンをいろいろ思い浮かべてみる。例えば，「主婦が，日中，外出中に雨が降る」といったとき，主婦は「ベランダに干してある洗濯物」が気になる。このとき「洗濯物を濡らしたくない」といったニーズが生まれる。問題点は，「洗濯物を取り入れてくれる人がいないこと」である。そこで，少し考えていくと，「ベランダで雨センサーが雨を感知するとひさしが自動的にせり出し洗濯物を保護し，晴れるとひさしがたたまれる」といったアイデアが生まれてくる。以下順次，アイデアを展開し，それらをまとめると，表2.28のような住まいのアイデアが生まれてくる。

表2.28 組合せ発想法「これからの主婦にやさしい住まい」[2]

シーン	時	場所	だれ・対象	ニーズ	問題点	アイデア
朝夕，雨戸を開閉する 夕方に，雨戸を閉めて回る	朝 夕方	全室の雨戸	家族	毎日，朝夕，雨戸を，楽に開けたい	必ず，人が雨戸の開閉を行わなければならない	センサーによる自動開閉雨戸
屋外の音や光が必要以上に入る	日中	窓	家族	静かな居室で生活したい	外の音は，家族が制御できない。窓から音・光が入りすぎる	窓のブラインドは遮音，断熱，遮光効果のあるスクリーン材料を使用する
毎日，家の掃除を行う	朝	部屋，廊下，階段	主婦	楽に隅々まで掃除をしたい	主婦の労力がたいへん	家庭用掃除ロボット：家の中の段差やコーナーを読み取り，隅々まで掃除
家族の外出中に雨が降る	日中 夜	自宅のベランダ	洗濯物	洗濯物を雨で濡らしたくない	洗濯物を取り入れる家族が家にいない	センサーが雨を感知し，ひさしが自動でせり出しベランダを覆う
家族が出入り時，ドアをロック・開錠する	外出・帰宅時	玄関	家族	家族であれば，ドアが勝手に開く	主婦が，家事に取組み中は，玄関にすぐに出れない	家族の識別センサーをドアに設置，センサーの識別によりドアが自動開閉する

◎参考図書 ・『経営課題改善実践マニュアル』猪原正守・今里健一郎編著　日本規格協会
　　　　　・『商品企画七つ道具』神田範明編著　日科技連出版社

手法 22　アナロジー発想法
☞ 新たな発想を常識の逆設定からみつける手法

(1) アナロジー発想法とは

アナロジー発想法とは，そのものが本来持っている常識的な機能や特徴を列挙し，それらを否定（逆設定）する。その際にクリアになる問題点をキーワードで改革の方向性を示し，アナロジー（類似）からアイデアを引き出す手法である。

(2) アナロジー発想法による発想手順

アナロジー発想法で発想する手順は，図 2.67 の手順で行うとよい。

　手順1　アイデアを出すテーマを考える。
　手順2　テーマに関する常識的な機能や特徴を列挙し，「逆設定」を行う。
　手順3　逆設定の「問題点」とそれを乗り越える「キーワード」を列挙する。
　手順4　キーワードを達成するために「アナロジー（類似）」を探し，それをヒントに「アイデア」を発想する。

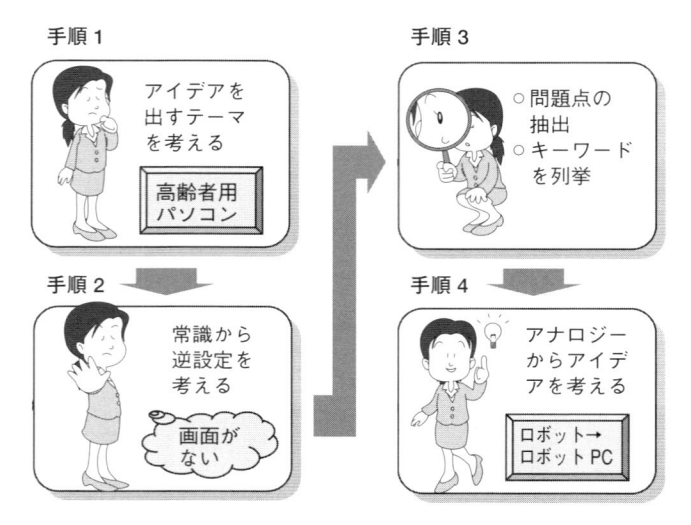

図 2.67　アナロジー発想法による発想の手順

(3) アナロジー発想法による発想例

表 2.29 の例は，アナロジー発想法を用い，「初めてパソコンを使う高齢者にも使いやすいパソコンを開発する」を考えたものである。常識としてパソコンには，「キーボードがある」に対し，逆設定として「キーボードがない」，そのときの問題点としてキーボードがなければ「入力できない」が思い浮かべる。キーワードは，問題点を逆手にとったような，あるいはその問題点が活かされるような用語や言葉で考えをまとめたものを表現する。「キーボードがなくても入力ができる」，そのようなアナロジーは「リモコンや，短縮番号，ATM や切符の券売機」がある。それらから「タッチパネル方式，操作ボタンがなく，音声入力で対話しながら入力できる」というアイデアに結び付けている。以下，順次，項目に従って表を完成させていき，総合的にまとめあげる。

表 2.29 アナロジー発想法「高齢者にも使いやすいパソコン」[2]

常 識	逆設定	問題点	キーワード	アナロジー	アイデア
キーボードがある	キーボードがない	入力できない	キーボードがなくても入力でき，使える	リモコン親子電話 短縮番号 ATM，券売機	タッチパネル 操作ボタンがない 対話しながらできる
画面がある	画面がない	表示できない	画面がなくても使える 意思の疎通	考える知能を持ち人と会話できるコンピュータロボット	対話しながらコンピュータが使用者の考えをくみ取り操作を忠実に実行し出力する。パソコンがロボットになる
マウス操作がある	操作がない	機能が使えない	マウスがなくても入力できる	リモコン親子電話 短縮番号 ATM，券売機	タッチパネル 操作ボタンがない
用語の知識が必要である	必要ない	使いづらい	場所・人を問わない	コンビニ，公園 掃除機，自転車	統一規格（基本操作の部分） 見た目で操作がわかる
価格が高い	安い	作れない	個人負担が少ない	医療費 高齢者に対する割引	高齢者への補助制度を活用
周辺機器をつなぐ	つながない	拡張できない	ケーブルでつなげない	ラジコン・ワープロ リモコン親子電話	すべての通信接続機能を内蔵したパソコン（オールインワン）
購入時，アドバイスが必要	アドバイスされない	選べない	見た目で選べる	自転車 家電，洋服	イージーオーダー， オーダーメイドパソコン

アイデア案
対話型で入力者の意図をパソコンが読み取り，プログラムを実行する。規格は業界で統一化され，汎用性があり，購入者の意図に応じたオプションが追加できる。周辺機器との接続が極めて簡単。高齢者が購入の際は，補助制度が活用できる

◎参考図書　・『経営課題改善実践マニュアル』猪原正守・今里健一郎編著　日本規格協会
　　　　　　・『商品企画七つ道具実践シリーズ第 2 巻』神田範明編著　日科技連出版社

手法23　QFD（品質機能展開）
☞ お客様の言葉を技術者の言葉に直すための手法

(1) QFD（品質機能展開）とは

QFD（品質機能展開：Quality Function Deployment）とは，お客様などが要求する品質や改善活動でねらうべき品質を言語データによって体系化し，その品質がもっている品質特性との関係の度合いを整理分析する。そして，要求している事項を品質特性に変換し，設計への仕様目標を決めていくための手法である。

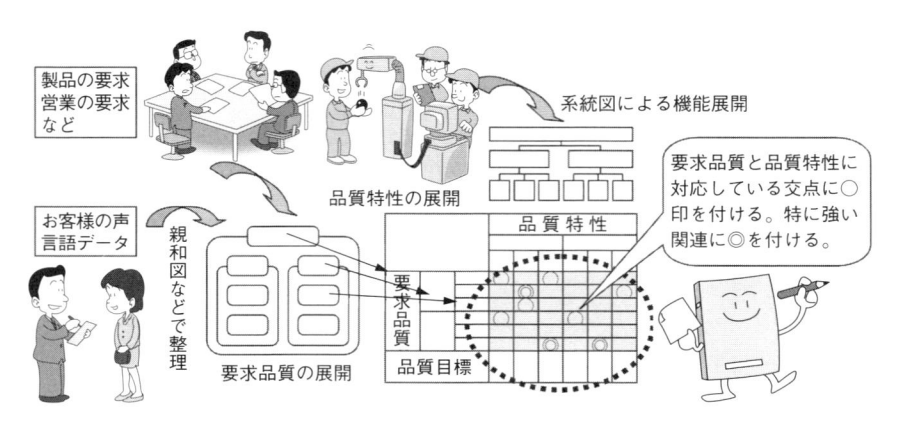

(2) 品質表の作成ポイント

QFD（品質機能展開）を具体的に展開する表を品質表という。この品質表は，L型マトリックス図を使い，縦軸に要求品質（製品に要求される品質やお客様の要望など）を系統的に展開した項目を並べ，横軸に品質特性（製品の機能や対応策など）を並べることによって要求品質が満たされているかどうかのチェックを行い，マトリックスの下段に設計への具体化として品質目標（設計仕様）を設定する。

図2.68　品質表の作成ポイント

(3) QFD（品質機能展開）の実施手順

手順1　目的の明確化
何のために品質機能展開を実施するのか，目的を明確にする。

手順2　要求品質のデータの収集
顧客情報や開発する製品の要求事項などを収集する。

手順3　要求品質の展開
収集した要求品質のデータを使って，親和図や系統図で整理して，1次要求品質項目，2次要求品質項目，さらに3次要求品質項目と展開する。

手順4　品質特性の展開
品質特性も要求品質と同じように，グルーピングと系統図展開を行い，1次品質特性から2次，3次と順次整理していく。

手順5　品質表の作成
縦軸に要求品質と横軸に品質特性L型マトリックス図をつくり，対応しているそれぞれの行と列の関連の強さを◎，○などで記入していく。

手順6　仕様目標の設定
品質表の◎，○などの要求品質との関連を見ながら，品質特性の各項目ごとに仕様目標を設定する。

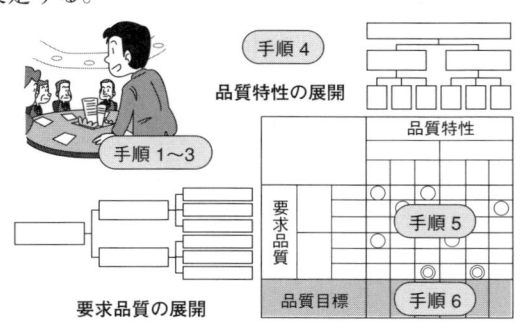

図 2.69　QFD（品質機能展開）の実施手順

◎参考図書　・『QFDガイドブック』大藤正他著　日本規格協会
　　　　　　・『実践的QFDの活用』新藤久和編　日科技連出版社

手法24　ベンチマーキング
☛ 改善のポイントを他所から学ぶ手法

(1) ベンチマーキングとは
ベンチマーキング（Bench Marking）とは，ある分野で極めて高い業績を上げているといわれている対象と自らとを比較しながら，自らの仕事のやり方（業務プロセス）を変えていこうとする手法である。

(2) ベンチマーキングによる業務効率化
ある会社でコスト低減を目的にベンチマーキングを実施した。ベンチマーキングのターゲットは，最近大幅な効率化を行ったA企業（仕事時間を50%カット）とB企業（200人いた従業員を50名まで削減）の効率化した仕事のシステムを調査した。その結果，両企業とも「不必要な書類は作成しない」というノウハウが共通する点だとわかった。

そこで，この会社は，「この書類はだれが満足するのか？」，「お客様が満足するのであれば良し，ある特定の社員のために作成している書類であればやめて，その人に我慢してもらう！」ということで，すべての書類の洗い出しを行った。

結局，この会社では，慣例的に作成されていた書類を廃止することによって20%の効率化が図れた。

(3) ベンチマーキングの実施手順
手順1　何をベンチマーキングするか決定する

解決しなければならない問題や達成すべき課題を抽出する。

このとき，課題の達成状況を把握する評価尺度を決定し，その状態を把握するとよい。

手順2　情報をいかにして収集するか計画する

情報収集は，画一的な方法ではなく，実際に進める中で効果的・効率的な方法を自ら見いだす。情報源の例として「統計便覧」，「業界誌」，「社内のデータ集」，「業界新聞」，「インターネット情報」などが考えられる。

手順3　どの企業の何がベスト・プラクティスかを決定する

ベンチマーキング対象の選定に当たっては，規模や環境等が同じ土俵で比較評価できるものが望ましい。どの企業のどんなビジネス・プロセスが業界のベストであるのかを集積した知識ベースが必要である。

手順4　自所の業務プロセスを分析し，問題点を整理する

ベンチマーキングを実施する業務プロセスについて，作業手順を具体的に整理し，業務プロセスに潜む問題点を把握する。

手順5　綿密な調査計画を立て，調査を実施する

データの収集方法には，「質問書」，「電話インタビュー」，「個人面談」などがあり，それぞれメリットやデメリットがあるのでベンチマーキングする内容にあわせて計画を立てるとよい。

手順6　他社から何を教訓として学び取れるかを整理する

他社との比較は同じベースに補正して行う必要がある。

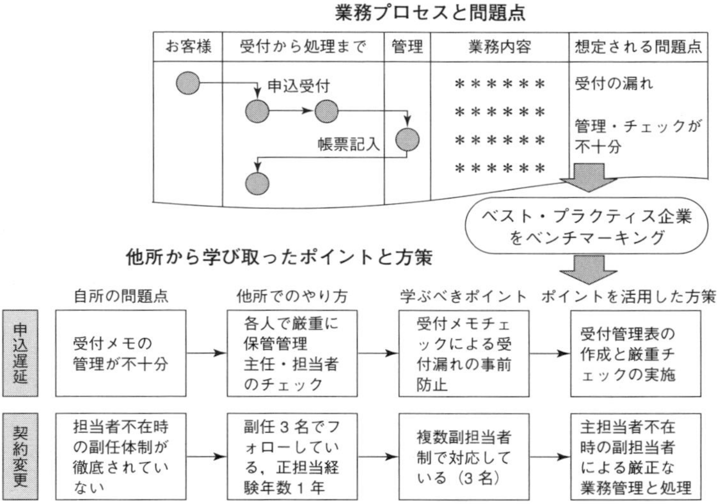

業務プロセスと問題点

お客様	受付から処理まで	管理	業務内容	想定される問題点
●	申込受付		＊＊＊＊＊＊	受付の漏れ
	帳票記入	●	＊＊＊＊＊＊	管理・チェックが不十分
	●		＊＊＊＊＊＊	

⇒ ベスト・プラクティス企業をベンチマーキング

他所から学び取ったポイントと方策

	自所の問題点	他所でのやり方	学ぶべきポイント	ポイントを活用した方策
申込遅延	受付メモの管理が不十分	各人で厳重に保管管理主任・担当者のチェック	受付メモチェックによる受付漏れの事前防止	受付管理表の作成と厳重チェックの実施
契約変更	担当者不在時の副任体制が徹底されていない	副任3名でフォローしている，正担当経験年数1年	複数副担当者制で対応している（3名）	主担当者不在時の副担当者による厳正な業務管理と処理

図2.70　ベンチマーキングの実施手順

◎参考図書　・『経営課題改善実践マニュアル』猪原正守・今里健一郎編著　日本規格協会
　　　　　　・『ベンチマーキングとは何か』高梨智弘著　生産性出版

手法 25　CRM
☛ データマイニングから販売戦略を立てる手法

(1) CRM とは

CRM (Customer Relationship Management) とは，従来の「作った商品をいかに顧客市場にさばいていくか」という企業中心のマスマーケティング的なアプローチではなく，「顧客一人ひとりの嗜好や購買履歴などにもとづき，そのニーズを理解し，高度な専門知識によって一人ひとりのニーズにマッチした商品やサービスを提供する」という顧客中心のダイレクトマーケティング的な手法である。

(2) CRM の具体的イメージ

例えば，こんな例がある。米国のあるスーパーマーケットでは，週末になると紙おむつとビールがよく売れる。個人単位の膨大な購入履歴データの関連性をみると意外な商品を一緒に購入することが抽出される。

そこで，販売実績より商品配列を変えてみると，紙おむつとビールを近隣のコーナーに配置すると買いやすくなるためますますまとめて購入してもらえることになる。これが CRM の考え方である。

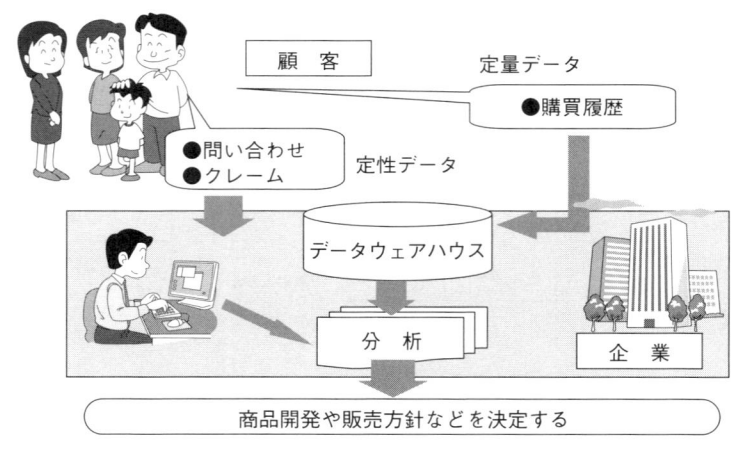

図 2.71　CRM の概念

(3) データマイニングから企業のとるべき行動を決定

データマイニングとは，発掘などの意味で，顧客データを分析し，その中から顧客の行動パターンを発見することである。収集すべきデータには，販売履歴などの数値として把握できる「定量データ」と，問い合わせやクレームなど顧客の生の声である「定性データ」の2つに分けられる。

定量データは，分析ソフトを利用して顧客別の購買傾向などを推測することができる。この結果にもとづいて販売方法の改善や商品開発のアイデアなどを導き出す。一方，定性データは，言葉や文章で寄せられるもので，定量データのように一括処理しにくいため，処理の仕方には感覚的なものが求められる。

> **アンケートによる定性データと購買履歴による定量データの異なり**
>
> 例えば，新規ショッピングセンターを計画したとしよう。まず，地域の人びとの生の声を得ようと，開店までに多くの人たちにインタビューをした。アンケートだと格好をつけて「保存料，着色料を使った食品は絶対に買わない」と答えても，実際に冷蔵庫の中を見せてもらうと，見栄えのいい加工食品が幅をきかせていることが多いことがわかった。

(4) カスタマーエージェントの視点での思考

例えば，パソコン1台買うにもCPUとかメモリはどれくらいがいいかとか，初心者には難しいことを選択しなければならない。そのため，パソコンに詳しい人のアドバイスから自分のこだわりで選んだ商品を購入することになる。

このように，顧客は商品を購入するときに「信頼できる高度な専門知識を持った友人」を求めている。企業がこの「信頼できる高度な専門知識をもった友人」になろうとする考え方が「カスタマーエージェント(購買代理業)」である。

このカスタマーエージェントに対して，企業が売りたい商品を売りつけようとするのが「セールスエージェント（販売代理業)」である。

◎参考図書　・『CRM入門』グレンS.ピーターセン著　東洋経済新報社
　　　　　　・『eCRMマーケティング』沢登秀明著　日本能率協会マネジメントセンター

手法26　仮説検証アプローチ
☛ 日々の販売データから新たな市場をみつける手法

(1) 仮説検証アプローチとは

仮説検証アプローチとは，日々の販売データなどに現れる異常データなどに気づいて，「おや！何かあるのではないか」，「ひょっとしてこうではないか」と仮説を立て，試行したり現場観察することによって検証を行い，新しい販売の方向性を探し出す手法である。

(2) 仮説により「サラダ」の売上を伸ばした例[11]

仮説により，サラダの売上を伸ばした例を挙げてみる。東京のオフィス街にあるコンビニエンスストアの店舗。この店を担当のOFC（オペレーション・フィールド・カウンセラー）は前任地での経験から「サラダはOLが昼食の"プラス一品"として買うもの」と思い込み，昼前の納品便で大量発注していた。が，あるとき少量ながらも，夕方の便で発注したサラダも販売が立っていることに気づいた。担当OFCは，その動きを見逃さなかった。

OLは残業しても，夕食までコンビニエンスストアで買うとは思えない。住民はゼロ。「だれが，いつ，何の目的で買うのか」。細かく時間別にデータを追ってみると，夜の退社時のピークと重なっていた。「ここに新しいニーズがあるのではないか。品ぞろえすればもっと売れるはずだ」。仮説を立てたOFCは大量発注を仕掛けた。実は，OLが翌日の朝食用に買っていたのである。

仮説の正しさは検証されサラダは夜だけで70食も出るようになった。これだけで日販1万円もアップした。

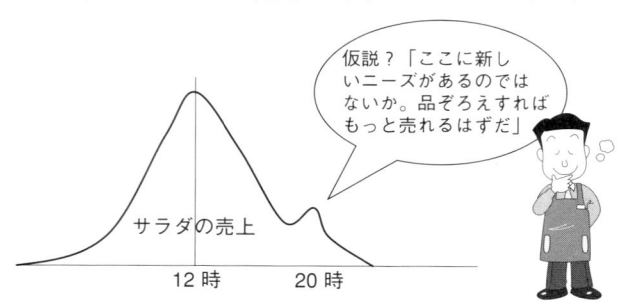

図 2.72　仮説検証でサラダの売上を伸ばした例

(3) 仮説検証アプローチの進め方

　事実のデータからグラフを描いたり，解析を行うと，時たま「おやっ？」と思うことがある。このとき，いつもなら異常データとして処理してしまうことが多い。でも，異常データとして処理してしまうには何か気になることがあれば，そこに新しい市場が見え隠れしているものである。

　そこで，そのデータから仮説を立ててみる。このとき，過去の経験や固有技術的判断をフルに活用して思い切った仮説を立てる。その後，仮説が正しいかどうか，仕掛けてみる（テストマーケティングなど）。その結果，仮説が正しければその仮説を本説にする。もし，仮説として立てた以外に新事実が判明すれば，最初に立てた仮説を修正して本説とする。

　本説を今後の方向性として実行に移す。もし，仮説が全く意味のないものであることがわかれば，その時点でその仮説を捨てる。

　以上の仮説検証アプローチの進め方を図2.73に示す。

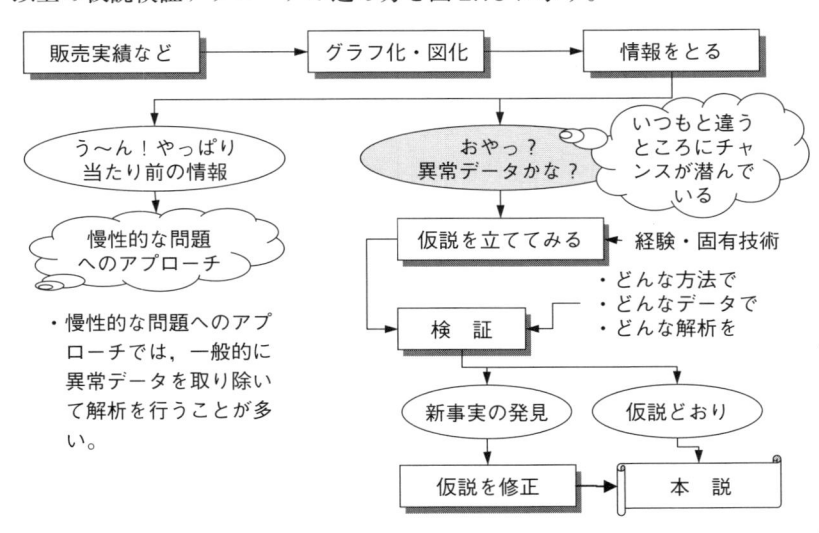

図2.73　仮説検証アプローチの進め方

◎参考図書　・『鈴木敏文の「統計心理学」』勝見明著　プレジデント社
　　　　　　・『仮説検証型マーケティング』日本能率協会コンサルティング著　リックテレコム

手法 27　SWOT 分析

☛ 企業の強み弱みを明らかにする手法

(1) SWOT 分析とは

SWOT(スウォット)分析とは，企業あるいは商品に関して外部環境から「機会」「脅威」を，自社の把握から「強み」「弱み」を明らかにする手法である。

図 2.74　SWOT 分析の概念

(2) SWOT 分析の具体的な分析方法

1) 外部環境から「機会」と「脅威」を明らかにする

外部環境である市場や顧客，競合などを対象に，自社にとっての機会と脅威を把握する。

○「機会」とは，自社にとってのチャンスである。

○「脅威」とは，自社にとって注意しなければならない環境変化である。

「機会」と「脅威」を分析する際のポイントは，

・市場構造の変化
・技術環境の変化
・社会構造の変化
・法規制の動向
・競合他社の動向
・海外企業の動向
・世論の動向などである。

2) 自社環境から「強み」と「弱み」を明らかにする

自社が持つ「強み」と「弱み」を把握する。

- ○「強み」とは，自社のコア・コンピタンスとなる経営資源である。
- ○「弱み」とは，他社に比べて劣っている経営資源である。

「強み」と「弱み」を分析する際のポイントは，

- ・ブランド力
- ・顧客層
- ・販売，流通チャネル
- ・生産力
- ・技術力
- ・開発力
- ・人材
- ・企業風土
- ・資金調達力などである。

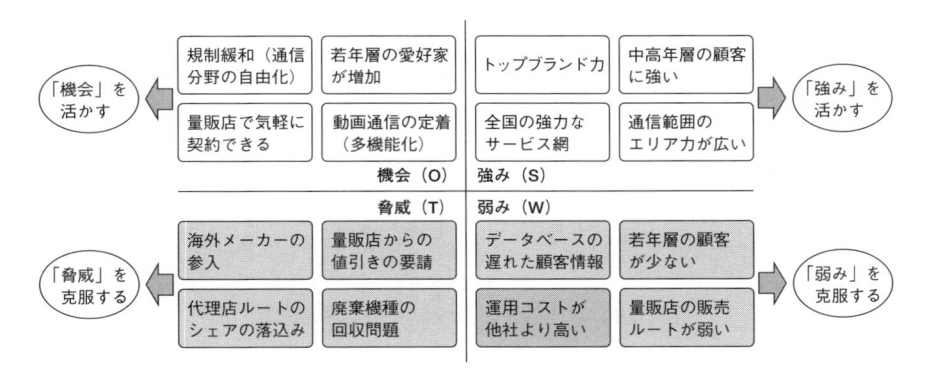

「機会」を活かす ←	規制緩和（通信分野の自由化）	若年層の愛好家が増加	トップブランド力	中高年層の顧客に強い	→ 「強み」を活かす
	量販店で気軽に契約できる	動画通信の定着（多機能化）	全国の強力なサービス網	通信範囲のエリア力が広い	
		機会（O）	強み（S）		
		脅威（T）	弱み（W）		
「脅威」を克服する ←	海外メーカーの参入	量販店からの値引きの要請	データベースの遅れた顧客情報	若年層の顧客が少ない	→ 「弱み」を克服する
	代理店ルートのシェアの落込み	廃棄機種の回収問題	運用コストが他社より高い	量販店の販売ルートが弱い	

図 2.75　通信会社を想定した SWOT 分析

◎参考図書　・『やさしくわかる経営分析』林憲昭著　日本実業出版社
　　　　　　・『自分マーケティング!』HR インスティテュート著　日本能率協会マネジメントセンター

手法 28　親和図法

☛ お客様や前工程の意見をまとめる手法

(1) 親和図法とは

親和図法とは，混沌とした状況の中で得られた言語データを，データの親和性によって整理し，各言語データの語りかける内容から発想によって問題の本質を理解する手法である。

(2) 親和図法の実施手順

図 2.76 は，ある会社の営業窓口でのお客様応対についてディスカッションした結果である。これらの発言内容を言語データとして親和図でまとめてみよう。

図 2.76　お客様対応について出てきた意見

1) 親和図の作図

　手順 1　発言内容をカードに書く（言語データのカード化）。

　手順 2　よく似ているもの同士を集める（カード寄せ）。
　　　　　この時，2〜3枚のカード同士を集めることを基本とする。

　手順 3　集めた 2〜3 枚のカードの意味をよく表している内容を書く（親和カードの作成）

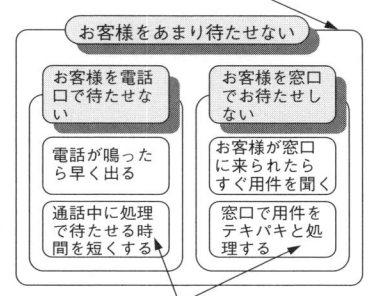

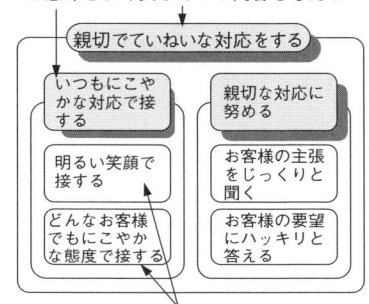

手法 28 親和図法

手順 4　親和図を作成する
　お客様をあまり待たせない
　　お客様を電話口で待たせない
　　　電話が鳴ったら早く出る
　　　通話中に処理で待たせる時間を短くする
　　お客様を窓口でお待たせしない
　　　お客様が窓口に来られたらすぐ用件を聞く
　　　窓口で用件をテキパキと処理する

手順 3　親和カードの作成，集めた 2〜3 枚のカードの意味をよく表している内容を考える
　親切でていねいな対応をする
　　いつもにこやかな対応で接する
　　　明るい笑顔で接する
　　　どんなお客様でもにこやかな態度で接する
　　親切な対応に努める
　　　お客様の主張をじっくりと聞く
　　　お客様の要望にハッキリと答える

手順 1　言語データをカードに書く
手順 2　よく似ているもの同士を集める（基本は 2〜3 枚）

図 2.77　お客様対応の親和図

手順 4　親和図を作成する（図化）

2) 親和図から情報を得る

出来上がった親和図から，テーマに取り上げた事項を読み取り，箇条書きで整理する。すなわち，親和カードに着目して，個々のキーワードと全体を代表したキーワードをつかむ。

図 2.77 からは，「営業窓口でのお客様応対は，"①親切でていねいな対応をする"ということと"②お客様をあまり待たせない"ということである。①についてはいつもにこやかで，親切な対応に努め，②については，電話口でも窓口でも待たせないということが言える」という情報が得られたのである。

> ●親和図法活用のポイント
> ○言語データはできる限り具体的に記入する。
> ○2〜3 枚の言語データから 1 枚の親和カードを作成する。
> ○親和図が出来上がったら，必ず得られた情報を文章にまとめる。

◎参考図書　・『おはなし新 QC 七つ道具』納谷嘉信編　日本規格協会
　　　　　　・新版 QC 入門講座 6『データのまとめ方と活用 II』大滝厚他著　日本規格協会

手法29　アンケート

☛ ニーズを検証する手法

(1) アンケートとは
アンケートとは，事前に用意した質問を行うことによって，データを収集し，その結果を解析することによって，求めたい情報を得る手法である。

(2) アンケートの設計ポイント
アンケートを行う前には，必ず調査の目的や仮説が明確に決定されており，さらに調査設計を進める上で補助機能となる様々な情報が収集されていることが望ましい。

アンケートを設計するには，結果系質問と要因系質問で考えるとよい。

＜結果系質問＞　図2.78（T1～T3）
　・最終的に知りたい総合的な質問項目
＜要因系質問＞　図2.78（E1～E5）
　・個々の活動の評価を得る質問項目

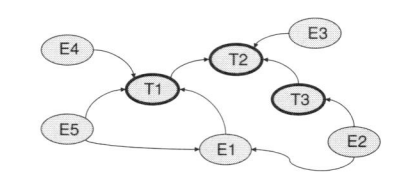

図2.78　問題の構造を検討

アンケート設計の第1ステップは問題の構造の検討から始める。そして，質問内容や形式は，あとの解析方法を考慮して作成する。例えば，重回帰分析やポートフォリオ分析を行う場合は，「SD法」で質問を作成する。

(3) アンケート調査票の作成方法
アンケート調査票の具体的な作成ステップは，「前書き」→「アンケート本体」→「フェースシート」→「自由記述欄と謝辞」の流れで行うとよい。

1) 前書き
前書きはあまり読まれないというイメージがあり，軽視されがちである。しかし，この部分がしっかり書かれているかどうかで，調査側の信用度，誠意が感じられなくなり，回答拒否や非協力的な使えない回答になってしまうことがある。

2) アンケート本体
この部分が調査票の大黒柱であり，この質問から得られる回答によって，調

査仮説に対する意思決定が行われる。調査仮説の検証や要因のモデル化のための分析手法に合った質問項目と回答形式を，アンケート本体に必ず作成すべきである。

分析を考慮に入れ，既存データや観察法などで得られたデータも十分に活用し，時間をかけてこの部分を作成する。

3)　フェースシート

フェースシートは回答者自身について年齢，職業などを質問する内容である。またフェースシートは調査票の一番最後に位置することが多い（最初に置くと

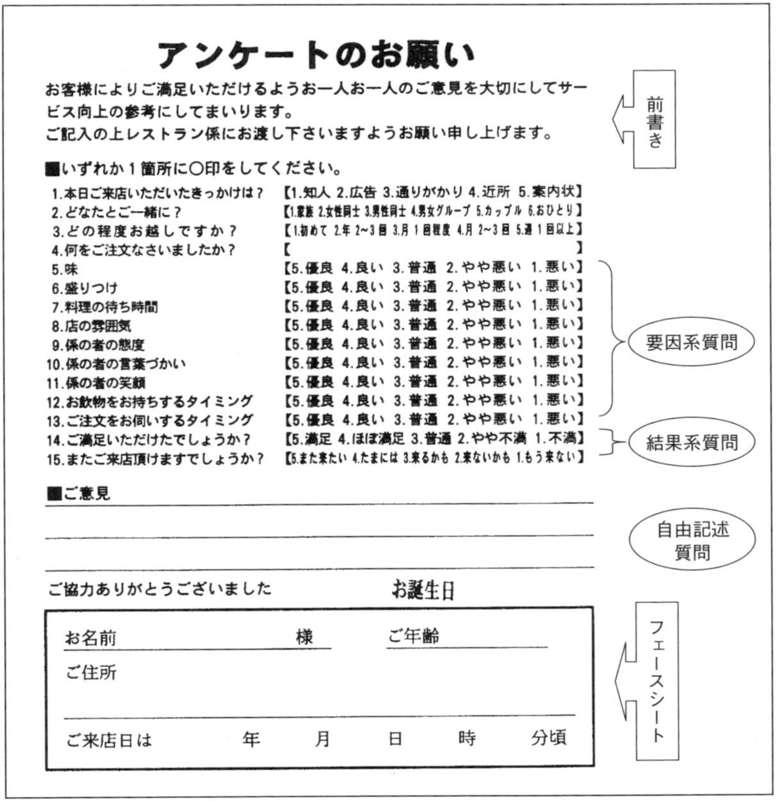

アンケートのお願い

お客様によりご満足いただけるようお一人お一人のご意見を大切にしてサービス向上の参考にしてまいります。
ご記入の上レストラン係にお渡し下さいますようお願い申し上げます。

■いずれか 1 箇所に○印をしてください。

1.本日ご来店いただいたきっかけは？	【1.知人 2.広告 3.通りがかり 4.近所 5.案内状】
2.どなたとご一緒に？	【1.家族 2.女性同士 3.男性同士 4.男女グループ 5.カップル 6.おひとり】
3.どの程度お越しですか？	【1.初めて 2.年 2~3 回 3.月 1 回程度 4.月 2~3 回 5.週 1 回以上】
4.何をご注文なさいましたか？	【　】
5.味	【5.優良 4.良い 3.普通 2.やや悪い 1.悪い】
6.盛りつけ	【5.優良 4.良い 3.普通 2.やや悪い 1.悪い】
7.料理の待ち時間	【5.優良 4.良い 3.普通 2.やや悪い 1.悪い】
8.店の雰囲気	【5.優良 4.良い 3.普通 2.やや悪い 1.悪い】
9.係の者の態度	【5.優良 4.良い 3.普通 2.やや悪い 1.悪い】
10.係の者の言葉づかい	【5.優良 4.良い 3.普通 2.やや悪い 1.悪い】
11.係の者の笑顔	【5.優良 4.良い 3.普通 2.やや悪い 1.悪い】
12.お飲物をお持ちするタイミング	【5.優良 4.良い 3.普通 2.やや悪い 1.悪い】
13.ご注文をお伺いするタイミング	【5.優良 4.良い 3.普通 2.やや悪い 1.悪い】
14.ご満足いただけたでしょうか？	【5.満足 4.ほぼ満足 3.普通 2.やや不満 1.不満】
15.またご来店頂けますでしょうか？	【5.また来たい 4.たまには 3.来るかも 2.来ないかも 1.もう来ない】

■ご意見

ご協力ありがとうございました　　お誕生日

お名前　　様　　ご年齢
ご住所
ご来店日は　　年　　月　　日　　時　　分頃

図 2.79　あるレストランのアンケート用紙

その後の回答を嫌がる人がいる）ので，回答者はかなり疲れていると考えた方がよい。分析や意思決定に使用しない余計な質問項目は削除し，回答者への負担を軽減させることを心がける。特にプライベートな内容を根掘り葉掘り聞くのは禁物である。

4) 自由記述欄と謝辞

自由記述欄に回答をしてくれる人は少ないが，やはりどこかで生の声を拾えるような質問を入れておくとよい。ほとんどが不満・苦情か感謝感激の内容が多いが，その回答はデータが少ないからといって無視するのではなく，たくさんの人の意見を一代表者が代わりに回答してくれた貴重な意見と考えるべきである。

そして最後には，必ず感謝の気持ちとして謝辞を一言入れる。

(4) アンケートの調査方法

アンケートは，どのような方法を用いて，どのような人に，いつ調査を行うかを決定する。一般的には①郵送法，②留置法，③面接法，④インターネット調査法などの方法がある。

① 郵送調査法

被調査者にアンケート形式の質問紙（アンケート用紙）を送り，回答後にそれを返送してもらう方法……○○協会からの△△調査など

② 留置調査法

事前に質問紙を配布しておき，後日の決まった日時にそれを回収する方法
　　……国勢調査など

③ 面接調査法

調査者が被調査者に直接面接して質問を行い，回答を得る方法
　　……街頭インタビューなど

④ インターネット調査法

インターネット上に調査票を掲載し，回答してもらい，送信してもらう方法
　　……商品モニターなど

(5) 調査対象者の決定方法

被調査者の選び方は，基本的にはランダム・サンプリング（無作為抽出法）

である。このランダム・サンプリングには用途によって次の4種類がある。

① 単純ランダム・サンプリング

調査対象に属するすべての要素が全く等しい確率でサンプルとなる可能性をもつように，サイコロ，番号くじを利用する等の方法により，偶然に委ねて抽出する方法である。……イベント会場でのインタビューなど

② 系統抽出法（等間隔抽出法）

最初のサンプルだけをランダムに選び，2番目以降は一定の間隔で抽出台帳から機械的に抽出していく方法である。……小規模な世論調査など

③ 多段抽出法

広い範囲の中からまず第1段階の抽出単位をランダム・サンプリングし，さらにそれらの中から第2段階の抽出単位を抽出して，その中の第3段階の抽出単位をランダム・サンプリングする方法である。……大規模な世論調査など

(6) 結果の解析方法

① 単純度数集計

結果を円グラフや棒グラフに表す（手法1 グラフ参照）。

② クロス集計

結果を2次元のマトリックスから層ごとの評価をみる（手法31 クロス集計参照）。

③ スネークプロット

質問ごとの結果を折れ線グラフに表し，違いをみる（手法30 SD法参照）。

④ 重回帰分析

結果系に対する要因系の影響度合いをみる（手法18 重回帰分析参照）。

⑤ ポートフォリオ分析

縦軸にSD値を置き，横軸に影響度合い（結果系に対する偏回帰係数）を置いた散布図を描き，ゾーンごとに重要性を考える。（手法32 ポートフォリオ分析参照）。

◎参考図書 ・『経営課題改善実践マニュアル』猪原正守・今里健一郎編著　日本規格協会
　　　　　・『売上を伸ばす営業の問題発見・解決法』小田島弘編　日本規格協会

手法 30　SD 法

☛ イメージを計数化評価して情報を得る手法

(1)　SD 法とは

SD 法（Semantic Differential Scale）とは，アンケートなどの質問に言葉（質問）を度合いの順序に並べて与えておき，評価対象がどのカテゴリーに属するかを回答させる手法である。

(2)　SD 法による質問のポイント

SD 法によってアンケートの質問を考える場合，次の事項を考慮して作成するとよい（図 2.80）。

① 反対語や否定語など意味的に対になる評価尺度を両端に置く。

② 「どちらともいえない」という中立的な回答を入れるために必ず奇数段階の評価とする。

③ 評価段階数は 5 段階又は 7 段階がよいが，一般的には 5 段階が評価しやすい。

④ 評価点は，+2, +1, 0, −1, −2　又は　5, 4, 3, 2, 1　とする。

⑤ 質問数は 20 程度（10 ～ 30 くらい）とする。

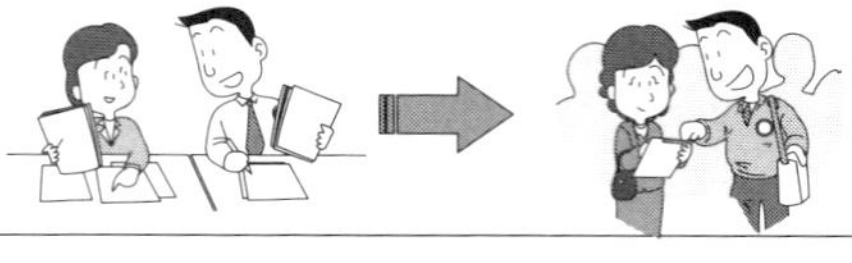

アンケートの質問例	非常にそう思う	そう思う	どちらともいえない	そう思わない	全く思わない
Q 1　信用がある	□	□	□	□	□
Q 2　意外と風通しがいい会社	□	□	□	□	□
Q 3　社員や地域にやさしい会社	□	□	□	□	□
Q 4　安心して働ける会社	□	□	□	□	□

図 2.80　SD 法によるアンケート用紙の一例

手法30　SD法

また，表2.30のように評価点と人数を掛け算した値の累積値を人数で割った値を「SD値」又は「平均スコア」と呼ぶ。この値で質問項目の評価レベルを測定することができる。

表 2.30 SD 値の計算

Q1　信用がある

	評価点	人　数	点　数
非常にそう思う	+2	5	10
そう思う	+1	20	20
どちらともいえない	0	10	0
そう思わない	-1	3	-3
全く思わない	-2	2	-4
合　計		40	23

SD 値 = 23/40 = 0.58

(3) スネーク・プロットの作成

図2.81のように質問項目のSD値を折れ線グラフで表したものをスネークプロット（蛇のように曲がりくねっているのでそう呼ばれている）と呼んでいる。

このスネークプロットを描くことによって，質問間のレベルの評価や対象となる商品ごとにプロットすることによって，商品ごとの比較検討ができる。

さらに，標準偏差などを計算してスネークプロットと重ねて描くことによってばらつきの度合いの情報もとれる。

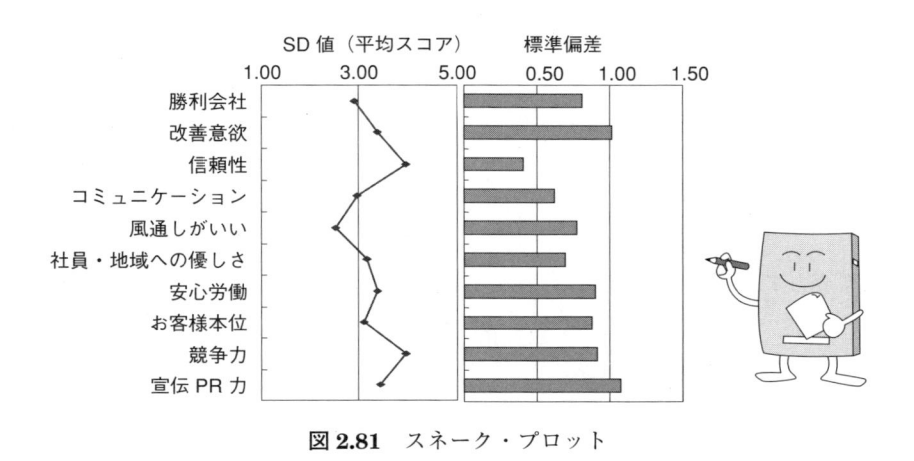

図 2.81　スネーク・プロット

◎参考図書　・『経営課題改善実践マニュアル』猪原正守・今里健一郎編著　日本規格協会
　　　　　　・『商品企画七つ道具実践シリーズ第2巻』神田範明編著　日科技連出版社

手法31　クロス集計
☛ 多数の評価データを項目別マトリックスにまとめる手法

(1) クロス集計とは

クロス集計とは，得られたデータをマトリックス図（二元表）に表し，事象の大小を合計値や平均値，標準偏差で定量化し，着眼点（重要ポイント）を明らかにする手法である。

(2) アンケート集約に活用できるクロス集計

アンケート結果を分析する場合，一般的にまず単純集計を行うことにより，全体の傾向を理解し，さらに細かくみていくときなどにクロス集計を利用する。様々な組合せでクロス表を作成することによって，いろいろな情報が得られる。

例えば，20名の人に「スポーツをする度合い」と「野菜」，「肉類」，「牛乳」の嗜好度を調査した結果，表2.31の結果を得たとしよう。このままでは，何がどうなのか不明であるが，表2.32のように集計してみると，スポーツをよくする人ほど野菜より肉類の方を好む人が多い，ということがわかる。これをクロス集計表という。

表2.33では，企業評価10項目をSD法で調査するとともに，年代と性別を合わせて調査した。その結果を年代と性別で層別して，それぞれの質問項目の平均値を表2.34にまとめた。これを数量クロス集計表といい，年代層や性別で評価が異なることがわかるものである。

表2.31　嗜好度調査結果

No.	年代	住居	スポーツ	野菜	肉類	牛　乳
1	20	都市	あまりしない	好き	好き	よく飲む
2	40	都市	あまりしない	好き	嫌い	ときどき飲む
3	40	田園	ときどきする	好き	好き	ときどき飲む
4	20	田園	よくする	嫌い	好き	ときどき飲む
5	30	都市	ときどきする	好き	嫌い	よく飲む
6	30	田園	ときどきする	好き	好き	ときどき飲む
7	20	都市	あまりしない	好き	好き	ときどき飲む
8	20	都市	よくする	嫌い	好き	ときどき飲む
9	20	都市	あまりしない	好き	好き	よく飲む
10	30	田園	よくする	好き	好き	ときどき飲む
11	30	都市	あまりしない	好き	好き	ときどき飲む
12	40	都市	ときどきする	好き	好き	ときどき飲む
13	40	都市	よくする	好き	好き	ときどき飲む
14	30	田園	あまりしない	好き	嫌い	よく飲む
15	30	都市	よくする	嫌い	好き	よく飲む
16	20	都市	ときどきする	好き	嫌い	ときどき飲む
17	20	田園	よくする	好き	好き	ときどき飲む
18	30	田園	ときどきする	好き	好き	ときどき飲む
19	40	都市	よくする	好き	好き	よく飲む
20	40	都市	ときどきする	好き	嫌い	よく飲む

手法31 クロス集計

表 2.32 クロス集計表

スポーツ	野菜		肉類		牛乳		合計
	好き	嫌い	好き	嫌い	よく飲む	ときどき飲む	
あまりしない	6	0	4	2	3	3	6
ときどきする	7	0	4	3	2	5	7
よくする	4	3	7	0	2	5	7
合計	17	3	15	5	7	13	20

表 2.33 企業評価のアンケート調査票

質問　5択です。下記のイメージについてそれぞれ該当するものを選んでください。

　　　　　　　　　　　　　　　　　非常に　そう思う　どちらとも　そう思わな　全くそう
　　　　　　　　　　　　　　　　　そう思う　　　　　いえない　　い　　　　　思わない

- Q1　自らの努力で仕事を変えられる会社
- Q2　信頼がある会社
- Q3　コミュニケーションを大切にする会社
- Q4　意外と風通しがいい会社
- Q5　地域にやさしい会社
- Q6　安心して働ける会社
- Q7　お客様を重視している会社
- Q8　他社との競争に優れている会社
- Q9　外部PRの上手な会社
- Q10　10年後には勝ち組になっている会社

あなたは：　□男性　□女性
年齢は：　□20代　□30代　□40代　□50代　□60代以上

表 2.34 数量クロス集計表

		Q10 勝ち組会社	Q1 改善力	Q2 信頼性	Q3 コミュニケーション	Q4 風通しのよさ	Q5 地域への優しさ	Q6 安心労働	Q7 お客様重視	Q8 競争力	Q9 広報PR力
全体	男性	3.18	3.09	3.91	3.09	2.45	3.09	3.36	3.45	4.18	3.73
	女性	2.56	3.78	4.00	2.78	2.56	3.22	3.44	2.78	3.67	3.00
20代	男性	3.67	3.33	3.67	3.33	2.33	3.00	3.00	3.33	4.00	4.67
	女性	2.33	3.00	3.67	2.67	2.33	3.00	3.00	2.33	3.33	2.67
30代	男性	2.80	2.80	4.00	3.20	2.40	3.20	4.20	3.60	4.00	3.40
	女性	3.00	4.00	4.33	2.67	2.33	3.33	4.00	3.33	3.67	3.67
40代	男性	3.33	3.33	4.00	2.67	2.67	3.00	2.33	3.33	4.67	3.33
	女性	2.33	4.33	4.00	3.00	3.00	3.33	3.33	2.67	4.00	2.67
全体		2.90	3.40	3.95	2.95	2.50	3.15	3.40	3.15	3.95	3.40

◎参考図書
- 『誰でもカンタンにアンケート調査ができる本』指方一郎著　同文館出版
- 『すぐわかるEXCELによるアンケートの調査・集計・解析 第2版』
内田治著　東京図書

手法 32　ポートフォリオ分析
☛ 散布図を描きゾーンごとに方向性を検討する手法

(1) ポートフォリオ分析とは

ポートフォリオ分析は，アンケート調査などから得られた各回答項目について，例えば，「顧客の満足度」と「満足度への影響度」を算出し，（横軸に影響度）×（縦軸に満足度）のグラフに「・」をプロットして重点改善領域を抽出する手法である。

(2) ポートフォリオ分析による重点改善項目の抽出

ポートフォリオ分析を行うには，アンケート調査票設計時に「結果系の質問1つ」と「要因系の質問複数」を設定する（アンケート調査票の設計については，アンケート[手法29]並びに，SD法[手法30]を参照）。

アンケートの結果から，まず重回帰分析[手法18]を行い，偏回帰係数を算出する。これを横軸の「総合評価への影響度」とする。次に，要因系質問ごとに評価点の平均値（SD値）を求める。これを縦軸の「平均スコア」とする。

これらの「総合評価への影響度」と「平均スコア」の散布図を描いて，影響度の高低と平均スコアの高低を4つのゾーンに分けて，ゾーンごとに方向性を決める。

ここでは，影響度が高いにもかかわらず平均スコアが低い項目が重点的に改善することが要求される（図 2.82）。

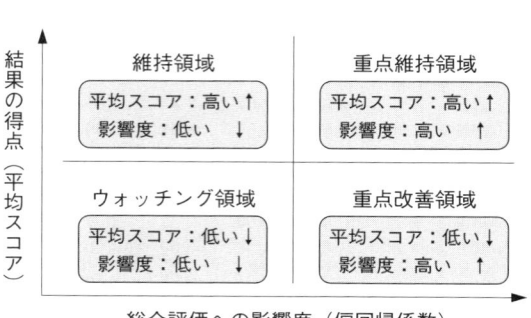

図 2.82　ポートフォリオ分析の概念

(3) ポートフォリオ分析の一例

図 2.83 は,「10 年後に勝ち組になっている会社」をテーマにアンケートを行い,ポートフォリオ分析を行った結果である。

この結果から,10 年後に勝ち組になっている会社に強い影響がある項目に,「コミュニケーション」,「地域への優しさ」が挙げられるが,平均スコアが低いことから,改善を要することがわかった。

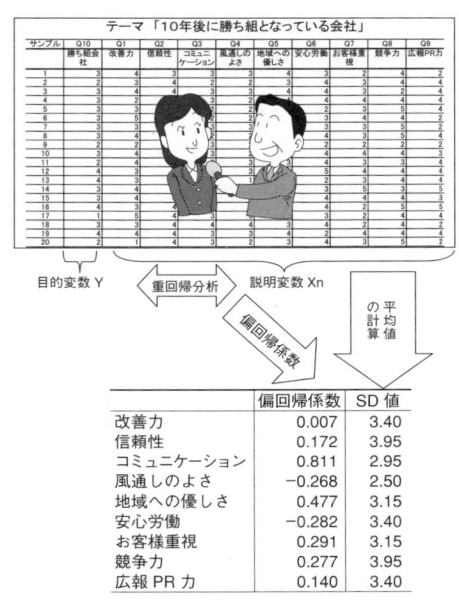

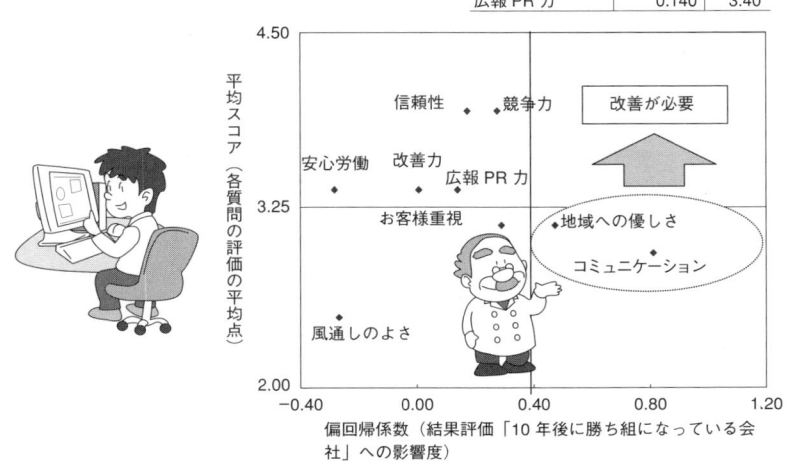

	偏回帰係数	SD 値
改善力	0.007	3.40
信頼性	0.172	3.95
コミュニケーション	0.811	2.95
風通しのよさ	−0.268	2.50
地域への優しさ	0.477	3.15
安心労働	−0.282	3.40
お客様重視	0.291	3.15
競争力	0.277	3.95
広報 PR 力	0.140	3.40

図 2.83 ポートフォリオ分析の解析例

◎参考図書 ・『経営課題改善実践マニュアル』猪原正守・今里健一郎編著 日本規格協会
・『意思決定のための経営情報シミュレーション』飯島正樹他著 同文舘出版

手法33　主成分分析
☞ 多数の評価データから少数の結果にまとめる手法

(1) 主成分分析とは

主成分分析（Principal Component Analysis）とは，多くの変量の値をできる限り情報の損失なしに，1個又は少数個（m個）の総合的指標（主成分）で代表させる手法である。

(2) 主成分分析のイメージ

例えば，コーヒーの味を「甘味」，「苦味」，「濃さ」の3変数で表した場合，X軸＝甘味，Y軸＝苦味，Z軸＝濃さとすると，甘いコーヒーは苦味が少なく，苦味のあるコーヒーは甘くない。すると「甘味」と「苦味」は1つの次元で表される。つまり，「甘味」と「苦味」のスコアは，相関係数が－1に近い，おおよそ1つの変数に集約できる（図2.84）。

このように，たくさんの変数の中で相関係数が±1に近い変数の組があれば，まとめて1変数に集約しても差し支えない。こういうアイデアがおおもとになって多次元の評価を2次元や3次元に縮小して見やすくする方法が主成分分析である。

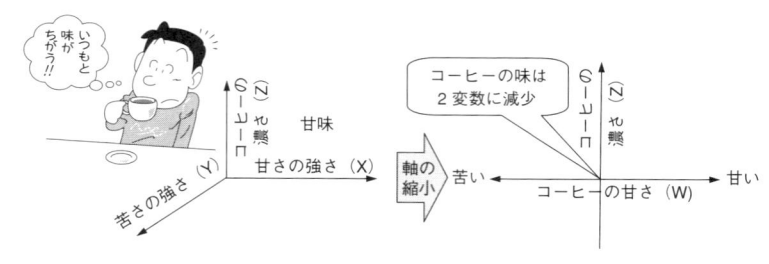

図 2.84 主成分分析の概念

(3) 主成分分析によるソフトドリンクの評価

7種類のソフトドリンクをSD法でアンケートを行った結果，得られたデータから固有ベクトルを求めた（表2.35）。第1主成分は，「甘味」，「辛味」，「酸味」が「－」であり他が「＋」であることからこの軸を「後味」と設定した。

手法33 主成分分析

　第2主成分は，左端が「甘味」であり右端が「苦味」，「渋味」でありこの軸を「甘味」と設定した。

　この第1主成分と第2主成分の主成分得点から7種類のソフトドリンクをプロットした結果，充実野菜は甘味があり後味が残るものであり，ウーロン茶やジャワティーは甘くもなく後味がさっぱりしているということがわかった（図2.85）。このように主成分分析を使うと，11項目あった評価を2軸で評価することができる。

表2.35　ソフトドリンクの嗜好度調査票と固有ベクトル

固有ベクトル

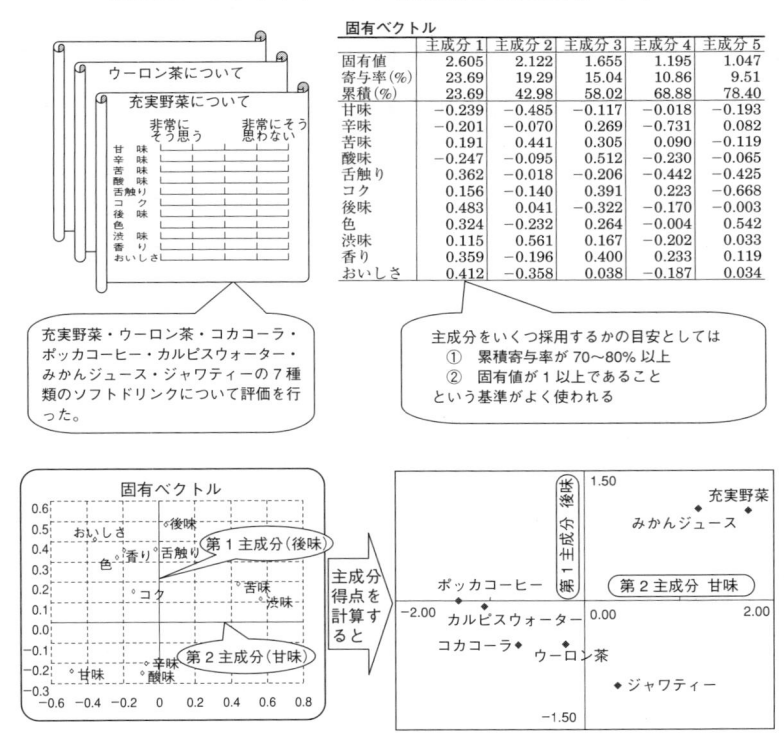

	主成分1	主成分2	主成分3	主成分4	主成分5
固有値	2.605	2.122	1.655	1.195	1.047
寄与率(%)	23.69	19.29	15.04	10.86	9.51
累積(%)	23.69	42.98	58.02	68.88	78.40
甘味	−0.239	−0.485	−0.117	−0.018	−0.193
辛味	−0.201	−0.070	0.269	−0.731	0.082
苦味	0.191	0.441	0.305	0.090	−0.119
酸味	−0.247	−0.095	0.512	−0.230	−0.065
舌触り	0.362	−0.018	−0.206	−0.442	−0.425
コク	0.156	−0.140	0.391	0.223	−0.668
後味	0.483	0.041	−0.322	−0.170	−0.003
色	0.324	−0.232	0.264	−0.004	0.542
渋味	0.115	0.561	0.167	−0.202	0.033
香り	0.359	−0.196	0.400	0.233	0.119
おいしさ	0.412	−0.358	0.038	−0.187	0.034

充実野菜・ウーロン茶・コカコーラ・ポッカコーヒー・カルピスウォーター・みかんジュース・ジャワティーの7種類のソフトドリンクについて評価を行った。

主成分をいくつ採用するかの目安としては
① 累積寄与率が70〜80%以上
② 固有値が1以上であること
という基準がよく使われる

図2.85　ソフトドリンク嗜好度の主成分分析

◎参考図書　・『おはなし新QC七つ道具』納谷嘉信編　日本規格協会
　　　　　　・『基本 多変量解析』浅野長一郎・江島伸興著　日本規格協会

手法 34　VE
☞ 物を機能面からコスト分析を行い最適コストを求める手法

(1) VE とは

VE（Value Engineering）とは物の本質である機能を満足させるものをいかに低コストで作り込むか，あるいはどれだけ低コストの代替品を持ち込むことができるかということを検討し，物の本質である機能に立ち返ってコストを考える手法である。

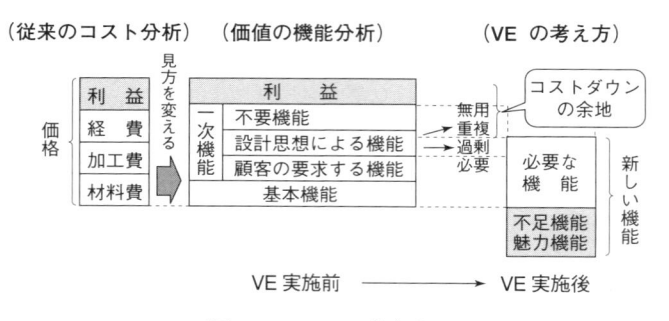

図 2.86　VE の考え方

(2) VE の実施手順

VE の実施手順は，図 2.87 に示すように，まず対象となる物（製造物や設備など）を機能系統図で機能分析を行い，抽出した機能ごとに現状かかっているコストを分解する。

次に，目標コストを関係者で議論して決定し，現状コストと目標コストの差の大きい機能コストを重点改善コストとして設定する。この重点改善コストを低減するためのアイデアを考え，具体化し，VE 提案とする。

手順1　VE 対象と目標の設定
手順2　機能分析
手順3　現状コスト分析
手順4　目標コスト配分
手順5　機能評価
手順6　アイデア発想と VE 提案

図 2.87　VE の実施手順

手順1　VE対象と目標の設定

ここでは，建設現場の仮設道路工事費の低減をVE対象とし，工事費の目標値を現状の30%削減とした（図2.88）。

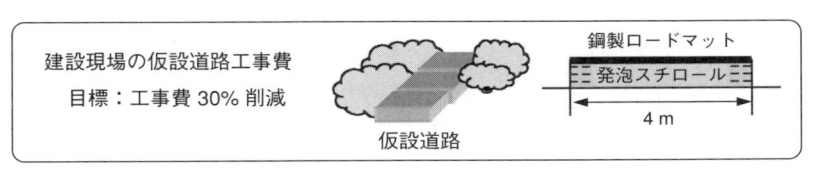

図2.88　VE対象と目標の設定

手順2　機能分析

対象テーマの果たすべき機能をハッキリつかむためには，あらかじめ対象データを構成要素に分割し，その構成要素ごとに機能を明らかにしていく。具体的には，構成要素ごとに，「果たすべき機能」を名詞と動詞の言葉を使って明らかにする。機能は手にとって見えないため，VEでは言葉のモデルを使ってハッキリさせる。この場合，構成要素が主語で，名詞は目的語となり，動詞はできるだけ具体的な言葉を使う。

この例では，構成要素として，鋼製ロードマット，発泡スチロールごとに機能を名詞と動詞で表したものである（図2.89）。

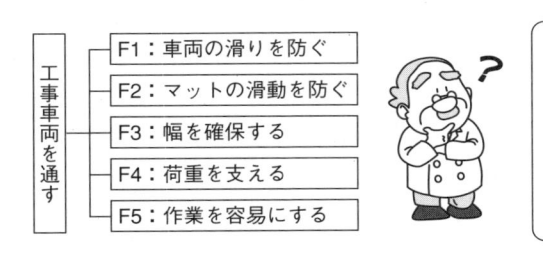

図2.89　仮設道路の機能分析

手順3 現状コスト分析

機能系統図を作成することによって,対象テーマの果たすべき上位の目的機能が明らかとなる。例示の仮設道路の場合,F1 から F5 の5つの目的機能があることがわかった。ここでは,「そのコストがいくらか」という VE 質問に答えるため,F1 から F5 のそれぞれの機能にかかっているコストを調べた結果を表2.36の左(機能別現状コスト)に示す。

手順4 目標コスト配分

F1 から F5 の5つの機能をいくらで果たすべきか,それぞれの機能の目標コストを設定する。ここでは,チームメンバーの各々の考え方を平均して,目標コスト F 値を決めている。その結果を表2.36の真中(目標コスト配分)に示す。

手順5 機能評価

各機能の現状コスト (C) と目標コスト (F) を比較し,各機能の価値指数 ($V=F/C$) を求める。この C と F の関係から,価値指数の低い機能や $C-F$ の差が大きい,つまりコスト低減余地の大きい機能から改善を着手する[表2.36,右(機能評価)参照]。

表2.36 コスト分析と機能評価

	機能別現状コスト				目標コスト配分					機能評価	
機能	資材費	運搬費	工事費	C 値	A氏	～	E氏	平均	F 値	F 値/C 値	C 値-F 値
F1	48		47	95	5%	…	20%	14%	98	103%	-3
F2	48		47	95	15%	…	5%	8%	56	59%	39
F3	24	70	47	141	20%	…	15%	16%	112	79%	29
F4	216	105	188	509	40%	…	35%	36%	252	50%	257
F5	24	35	101	160	20%	…	25%	26%	182	114%	-22
合計	360	210	430	1 000	100%	…	100%	100%	700	70%	300

従来コストから機能コストへ分解

コスト低減額後の目標コスト 1 000×0.70=700

F4, F2, F3 の順が重点改善コスト

手順6 アイデア発想とVE提案

改善のアイデアを出すには，ブレーンストーミングや発想チェックリスト法などのアイデア発想法を用いるとよい。

一般にVEでは，改善対象機能がアイデア発想のテーマとなる。その機能では，なかなかアイデアを出しにくい場合は，改善対象機能の下位の手段機能を発想のテーマとする。

図2.90は，コストの低い仮設道路の代替案を検討して，具体的なイメージを図示している。

◎アイデアの選定

アイデアを選ぶには2つの観点から評価する。①コストは低減するか（経済性評価）と②機能は確実に果たせそうか（技術性評価）の2つである。

① 経済性の評価：具体化されたいくつかの案（2～3案）に対して，詳細なコスト計算する。

② 技術性の評価：必要な機能を果たせるかを評価するために，前提となる評価項目と尺度をハッキリさせる。その後，評価項目ごとに各案がそれらを満足しているかどうかを確認する。

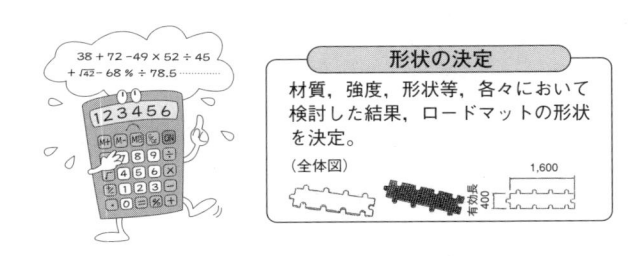

図2.90 重点改善コストのVE提案

◎参考図書　・『建設VE入門』秋山兼夫著　日本規格協会
　　　　　・『バリュー・エンジニアリング入門』秋山兼夫著　日本規格協会

手法 35　財務会計

☛ 企業の経営状態をみる手法

(1) 財務会計とは

財務会計とは，企業活動の結果を表す指標であり，いろいろな指標がある。このうちここでは企業の財産状態を表す「貸借対照表（B/S：バランスシート）」と企業の家計簿となる「損益計算書（P/L：プロフィットアンドロス）」を紹介する（図 2.91）。

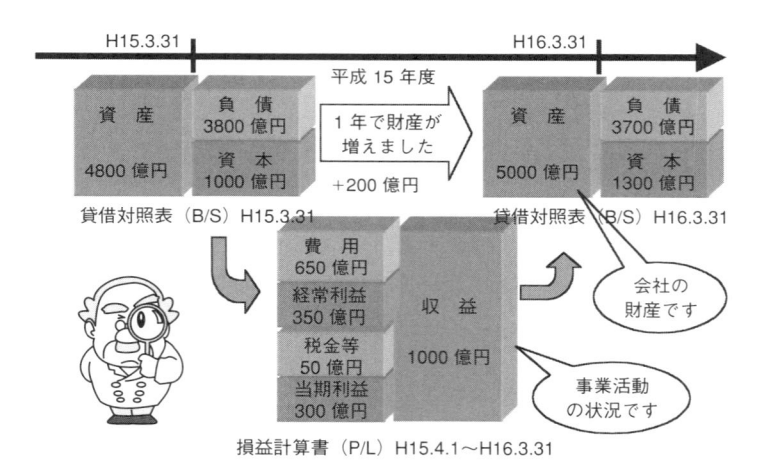

図 2.91 貸借対照表と損益計算書の関係

(2) 貸借対照表（B/S）とは

貸借対照表とは，企業の資産状況を表すものである。家庭で考えると，マイホームや車など 3000 万円の財産を持っていたとすると，その資金は自己資金900 万円にローン 2100 万円を借りて得ることができたということになる（図2.92）。

企業では，自己資金のことを「資本金」といい，借金のことを「負債」という。

(3) 損益計算書（P/L）とは

損益計算書とは，家庭でいう「家計簿」に相当する。損益計算書（P/L）で

手法 35　財務会計

(資金の使途)　　　　(資金の調達)
資産(財産) ＝ 負債(借金) ＋ 資本(自己資金)

家庭で考えると

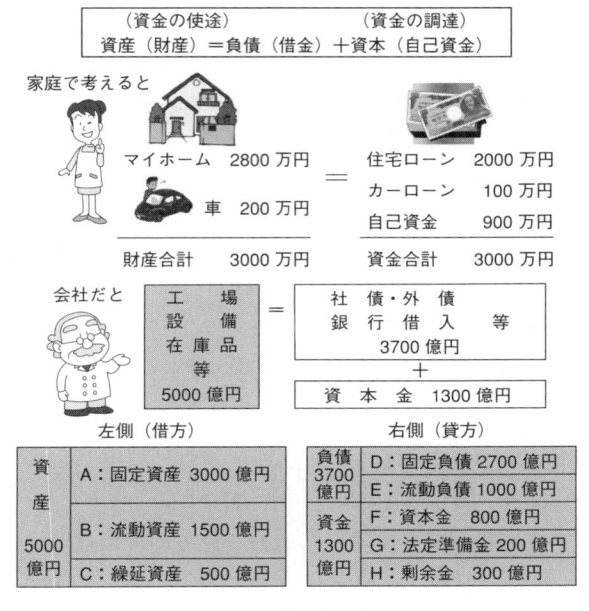

マイホーム	2800 万円		住宅ローン	2000 万円
車	200 万円	＝	カーローン	100 万円
			自己資金	900 万円
財産合計	3000 万円		資金合計	3000 万円

会社だと

工場
設備
在庫品
等
5000 億円
＝
社債・外債
銀行借入　等
3700 億円
＋
資本金　1300 億円

左側（借方）　　　　右側（貸方）

資産 5000 億円	A：固定資産 3000 億円	負債 3700 億円	D：固定負債 2700 億円
	B：流動資産 1500 億円		E：流動負債 1000 億円
	C：繰延資産 500 億円	資金 1300 億円	F：資本金 800 億円
			G：法定準備金 200 億円
			H：剰余金 300 億円

図 2.92　貸借対照表とは

は「収益 － 費用 ＝ 利益（又は損失）」が基本構造である（図2.93）。

収益の基本は3つ，売上高，営業外収益，特別利益である。費用の基本は4つ，売上原価，販売費及び一般管理費，営業外費用，特別損失である。利益の基本は，収益と費用から計算され，売上総利益（粗利ともいう），営業利益，経常利益，当期純利益となる。

収益	売上高	1000 億円
	売上原価	500 億円
	売上総利益	500 億円
	販売費・一般管理費	200 億円
費用	営業利益	300 億円
	営業外収益	100 億円
	営業外費用	50 億円
	経常利益	350 億円
利益	特別利益	50 億円
	特別損失	40 億円
	税引前当期純利益	360 億円
	法人税等	60 億円
	当期純利益	300 億円

家庭で考えると「家計簿」に当たる

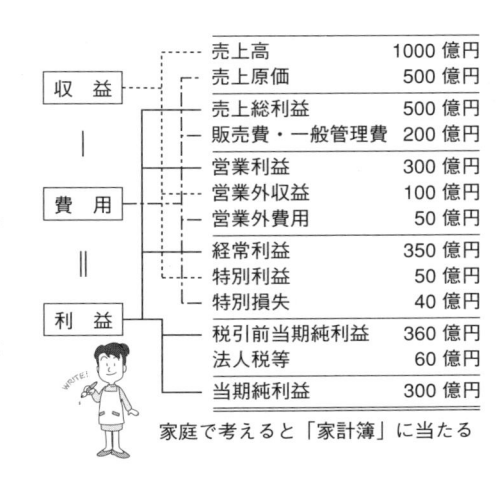

図 2.93　損益計算書とは

◎参考図書　・『入門の入門 企業会計のしくみ』安義利著　日本実業出版社
　　　　　　・『やさしくわかる経営分析』林憲昭著　日本実業出版社

手法36　経営分析

☞ 企業の経営状態を分析する手法

(1) 経営分析とは

経営分析とは，会社の経営状態を知ることである．具体的には，手法35で述べた「貸借対照表」や「損益計算書」などから会社の経営状態をチェックする手法をいう．

(2) 経営分析の方法

経営分析の方法として，図2.94のように，①儲かっているか（収益性分析），②少ない資金でより多く儲けているか（効率性分析），倒産しないか（安全性分析），付加価値を生み出しているか（生産性分析），そして，総合的に③永続性のある企業の発展（成長性）があるか，ということをみていくことである．分析指標としては，会計情報の数字を単独で見るのではなく，それぞれ2つの数字を分子，分母におき，比率として指標化し，分析結果は同業他社比較，時系列比較や業界平均値との比較など，相互比較によって自社の評価を行う．

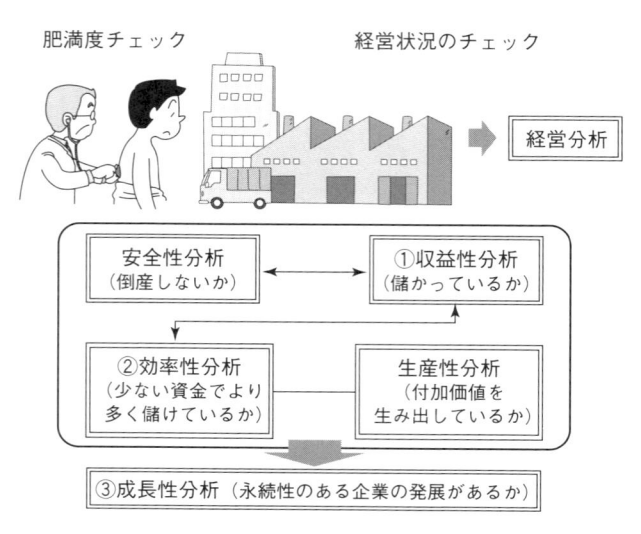

図2.94　経営分析の方法

手法36　経営分析

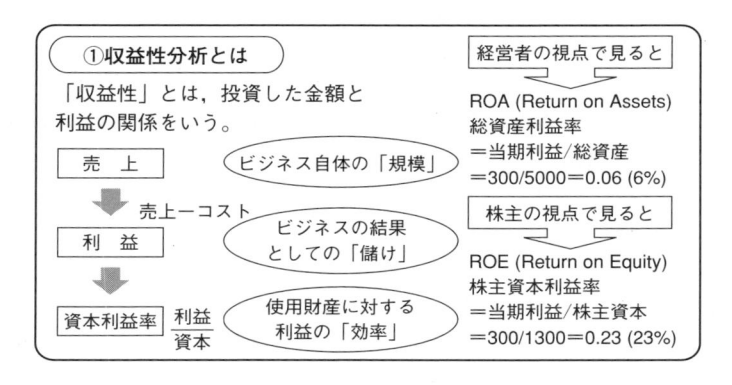

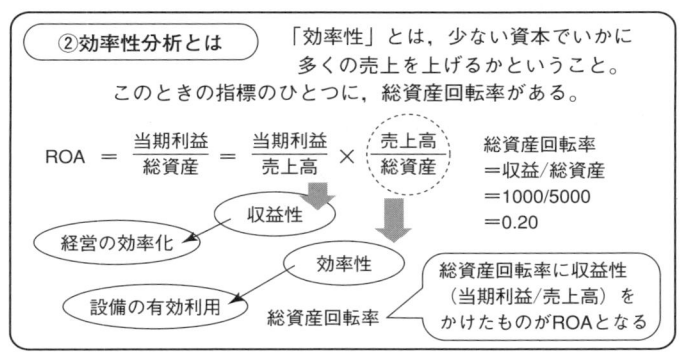

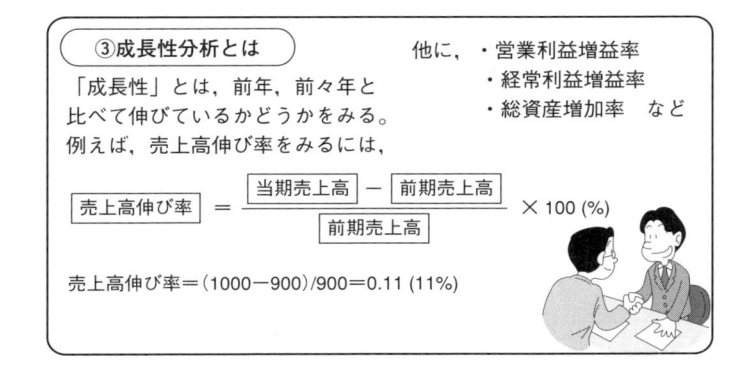

①収益性分析とは

「収益性」とは，投資した金額と利益の関係をいう。

売上
↓　売上－コスト
利益
↓
資本利益率　＝　利益／資本

- ビジネス自体の「規模」
- ビジネスの結果としての「儲け」
- 使用財産に対する利益の「効率」

経営者の視点で見ると
ROA (Return on Assets)
総資産利益率
＝当期利益／総資産
＝300/5000＝0.06 (6%)

株主の視点で見ると
ROE (Return on Equity)
株主資本利益率
＝当期利益／株主資本
＝300/1300＝0.23 (23%)

②効率性分析とは

「効率性」とは，少ない資本でいかに多くの売上を上げるかということ。このときの指標のひとつに，総資産回転率がある。

$$ROA = \frac{当期利益}{総資産} = \frac{当期利益}{売上高} \times \frac{売上高}{総資産}$$

- 収益性　→　経営の効率化
- 効率性　→　設備の有効利用，総資産回転率

総資産回転率
＝収益／総資産
＝1000/5000
＝0.20

総資産回転率に収益性（当期利益／売上高）をかけたものがROAとなる

③成長性分析とは

「成長性」とは，前年，前々年と比べて伸びているかどうかをみる。例えば，売上高伸び率をみるには，

$$売上高伸び率 = \frac{当期売上高 - 前期売上高}{前期売上高} \times 100\,(\%)$$

売上高伸び率＝(1000－900)/900＝0.11 (11%)

他に，
- 営業利益増益率
- 経常利益増益率
- 総資産増加率　など

◎参考図書　・『企業革新を導く経営システムの自己評価』長田洋 他編著　日本規格協会
　　　　　　・『やさしくわかる経営分析』林憲昭著　日本実業出版社

手法 37　損益分岐点分析
☛ 企業の売上と費用の関係から利益を検討する手法

(1) 損益分岐点分析とは

損益分岐点分析とは，費用を固定費と変動費に分けてシミュレーションする方法である。損益分岐点（Break Even Point）とは，利益も損失も出ない状態の売上高，つまり損益の分岐点を指す（図 2.95 の左）。経営を黒字にするためには，損益分岐点を切り下げるか，あるいは売上を損益分岐点売上高以上にする必要がある。

(2) 固定費と変動費

固定費とは，社員の人件費，減価償却費など売上高に関係なく一定額発生する費用をいう。変動費とは，材料費，外注加工費など売上高の増減に比例して増えたり減ったりする費用をいう。固定費が企業活力の源になる限界利益を生み出すが，売上高が伸び悩みの現在では固定費と変動費のバランスを考える必要があり，固定費が巨大化した企業では固定費の変動費化が検討されている（図 2.95 の右）。

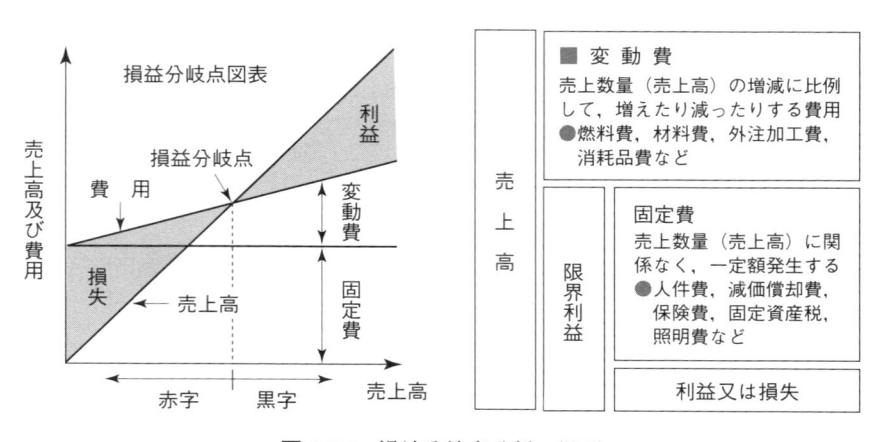

図 2.95　損益分岐点分析の概要

(3) 損益分岐点分析の例

例えば，表 2.37 のように 1 食 500 円のランチで 1 か月当たり 100 万円を売り上げているレストランがあったとする。原価の内訳は，店舗の賃借料 20 万円，水光熱費 5 万円，人件費 30 万円（正社員 15 万円，アルバイト料 15 万円），材料仕入費 20 万円，その他の経費 10 万円の計 85 万円だったとする。

売上が 100 万円で原価が 85 万円なので，15 万円の利益を計上できたことになる。変動費が 40 万円であるので，変動比率は 0.4 となる。したがって，このレストランの損益分岐点売上高は，75 万円となる（図 2.96）。

表 2.37　1 か月の損益計算書
単位：万円

売上高	100	
変動費	40	
材料仕入費		20
アルバイト料		15
水光熱費		5
限界利益	60	
固定費	45	
賃借料		20
人件費		15
その他		10
利　益	15	

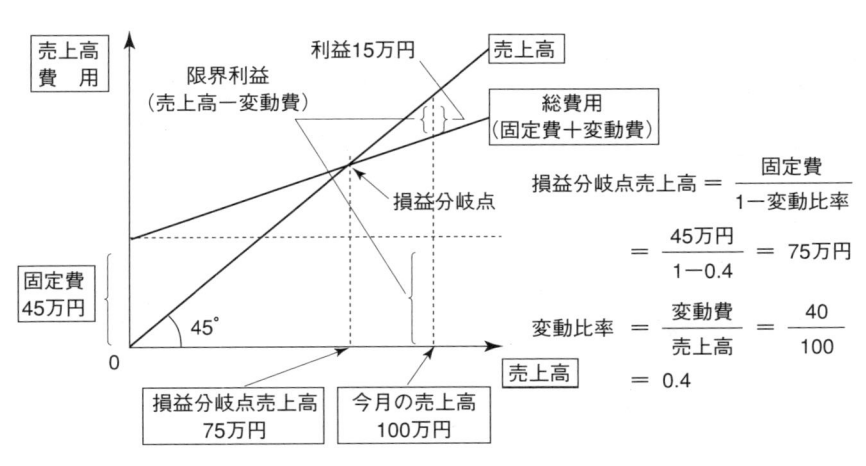

$$損益分岐点売上高 = \frac{固定費}{1-変動比率}$$

$$= \frac{45万円}{1-0.4} = 75万円$$

$$変動比率 = \frac{変動費}{売上高} = \frac{40}{100} = 0.4$$

図 2.96　レストランの損益分岐点分析

◎参考図書　・『入門の入門 企業会計のしくみ』安義利著　日本実業出版社
　　　　　　・『やさしくわかる経営分析』林憲昭著　日本実業出版社

手法 38　IE

☛ 仕事の流れを調査する手法

(1) IE とは

実際に私たちが仕事を計画したり実施するときには，個々の作業にムダがないか，ムリがないかを分析し，改善して最適の仕事を進める必要がある。こういった場合に，人，材料，設備の組み合わさった作業方法（システムや管理方法も含めて）を計画し，改善していく手法を IE（Industrial Engineering）という。

(2) 作業の階層構造と分析手法

図 2.97 は，作業が順次どのように細分化されるかについての例である。設備から工程までは，「物」を主体として考え，作業から要素作業までを「人」を主体として考えることになる。単純な作業では，単位作業と要素作業，あるいは要素作業と単位作業とが全く同じになることもある。

① 工　　程：新設，修繕，改良が行われていく過程の区切りの単位
② 単位作業：1つの作業目的を担当している作業区分
③ 要素作業：材料，工具などのうち1つのものを取り扱う作業
④ 単位動作：1つの動作目的をもつ動作の区分
⑤ 要素動作：単位動作を構成している個々の動作区分

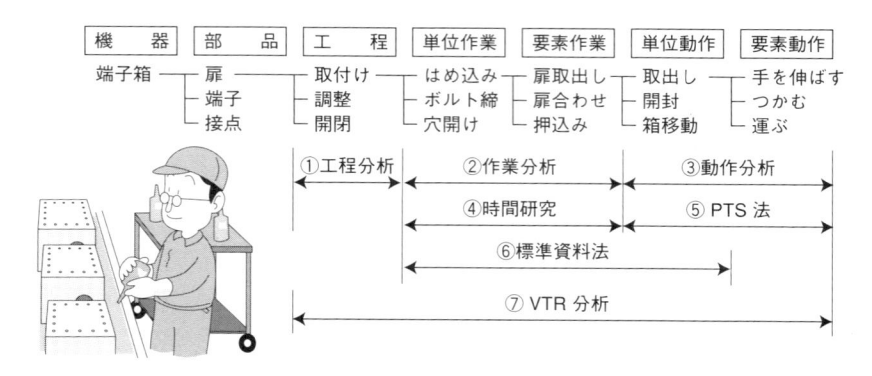

図 2.97　作業の階層構造と分析手法

(3) IEの分析手法

IEの代表的な分析方法として，工程分析，作業分析，動作分析などがある。

① **工程分析** 工程分析とは，機器や部品あるいは業務などの流れの工程の順序に従って調査分析を行う最も一般的に使われる手法である。対象の特徴とねらいによって次のようなものがある。

・製品工程分析，作業者工程分析，連合工程分析，事務工程分析，運搬工程分析

② **作業分析** 作業分析とは，各工程について要素作業又は単位作業にまで分解した改善を行う場合に用いる分析手法である。作業分析では一般にストップウォッチ，又は普通の時計を用い，工程分析よりさらにつっこんだ作業上のムダやムリ，作業方法，作業条件などの改善と標準化を行う。

③ **動作分析** 作業者の作業動作を細部にわたって分析し，検討し，ムリやムダを省いてリズムを持った最良の方法を見いだすのが動作分析である。

④ **時間研究** 主としてストップウォッチを用い，要素作業単位（作業時間が長いと単位作業の単位）に作業を分けて時間観測し，作業に必要な時間を決定する。

⑤ **PTS法** PTS（Predetermined Time Standard）法は，どんな作業にも普遍的に発生する要素動作に対し，あらかじめ定められた一定の要素時間値データを適用して，個々の作業の時間値を求めるやり方である。

⑥ **標準資料法** 標準資料法（Standard Data）は，観測した時間資料を組み合わせて整理しておき，初めて発生した作業に対して，それらの資料を組み合わせることによって標準時間を求める方法である。

⑦ **VTR分析** 小型VTRを使用するVTR分析は，現像の必要がない，記録時間が長い，ランニングコストが非常に安いなど多くの長所をもつため，日常業務にも適用できる手法となっている。

◎参考図書 ・『おはなし生産管理』野口博司著　日本規格協会
・『明日を変える事務と事務部門の革新』山田明浦著　日本規格協会

手法39　アローダイアグラム法
☞ 最適な日程計画と管理に役立つ手法

(1) アローダイアグラム法とは

アローダイアグラム法とは，計画を推進する上で必要な作業手順を整理するのに有効な手法である。その中から，新しい問題点の発見あるいは新しい発想を得ることをねらいとした手法である。

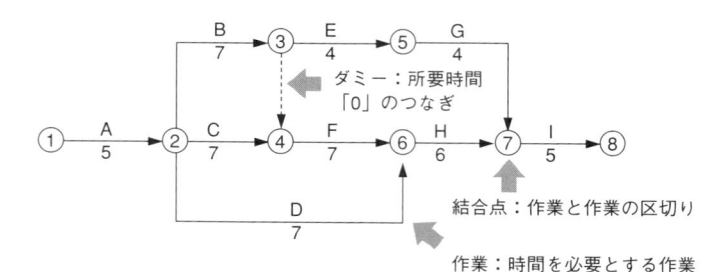

(2) アローダイアグラムの名称

アローダイアグラムは，図2.98に示すよう，作業の流れを開始から終了までを左から右へ矢線と結合点で結んでいく図である。その構成は，作業と作業の区切りを結合点といい①，②……と○で表し，○の中に開始から順に番号をつけていく。2つの結合点の間が作業であり，結合点から次の結合点まで矢線で結ぶ。また，作業はないが別のある作業が終わらないと次の作業にいけない場合は，矢線を点線で結ぶ。これを「ダミー」といい，作業所要時間「0」のつなぎを表す。

図2.98　アローダイアグラムの名称

(3) アローダイアグラム作成上のポイント

アローダイアグラムを作成するときのポイントは，図2.99のとおりである。

①　1組の結合点は1つの作業・実施事項のみ表す（図2.99の①参照）。したがって，2つの結合点間に2つ以上の作業がある場合，"ダミー"を挿入する。

② 図の中にループを作ってはならない（図2.99の②参照）。アローダイアグラムはフローチャートと異なる。作業・実施事項を目的達成のために時系列従属関係で前進させる図である。

③ 不必要なダミーを使わないこと（図2.99の③参照）。不必要なダミーがあると，結合点日程の計算まちがいの原因にもなる。

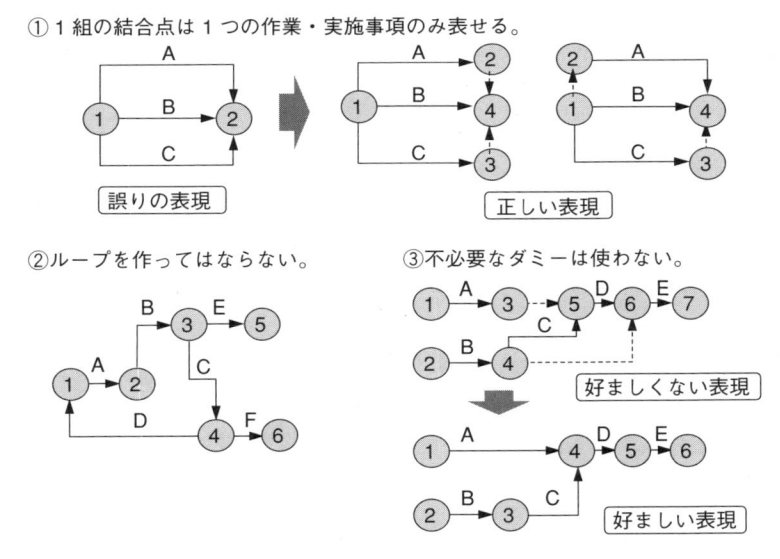

図2.99　アローダイアグラム作成上のポイント

(4) アローダイアグラムの日程計算

結合点日程を知ることによって，工程の管理や工程短縮の検討ができる。

1) 最早結合点日程

その結合点から始まる作業が，開始できる最も早い日程で，着手可能日ともいえる。図2.100の上段の日程，出発は結合点①の0日よりスタートし，順次作業日数を加算していく。注意すべき点は，2つ以上の矢線が入り込む結合点⑥である。ここでは，計算上③→⑥の35日と⑤→⑥の30日があるが，最大値をとって35日とする。

2) 最遅結合点日程

その結合点で終わる作業が遅くとも終了していなければならない日程で，完了義務日程ともいえる。図 2.100 の下段の日程，出発は結合点⑦の 55 日よりスタートし，順次作業日数を減算していく。注意すべき点は，2 つ以上の矢線が出ている結合点②である。ここでは，計算上③→②の 10 日と④→② 15 日があるが，最小値をとって 10 日とする。

この図の最早結合点日程と最遅結合点日程が異なる場合（最早結合点日程が小さく最遅結合点日程が大きい場合）は，その作業工程に余裕があるということである。

逆に，最早結合点日程と最遅結合点日程が同じ作業は余裕がない，これを「クリティカル・パス（CP）」と呼んで，工程短縮上着眼点とすべきところである。

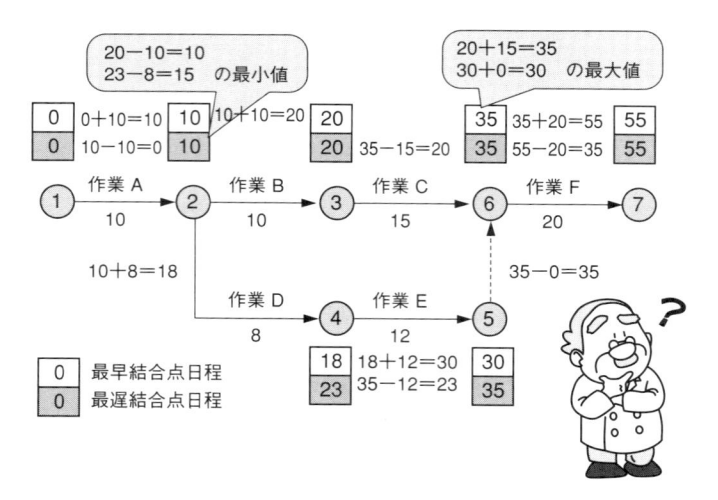

図 2.100 結合点日程の計算方法

(5) アローダイアグラムによる日程短縮の検討

　今，ある会社で11日後に開催される会議を問題なく準備できるよう，アローダイアグラムで管理していた。ところが，会議が急に3日早く開催されることとなり，8日で仕上げなければならなくなった。

　そこで，アローダイアグラムのクリティカルパスに着目し，3日かかる会場探しをインターネットによって2日間で探すことにした。さらに，「会場探し」，「開催案内作成」，「出席者抽出」の各作業をメンバーが手分けして同時作業で行い，「開催案内」を仕事に余裕のある隣の担務にお願いすることとした。その結果をアローダイアグラムに表してみると，3日間短縮できることがわかった（図2.101参照）。

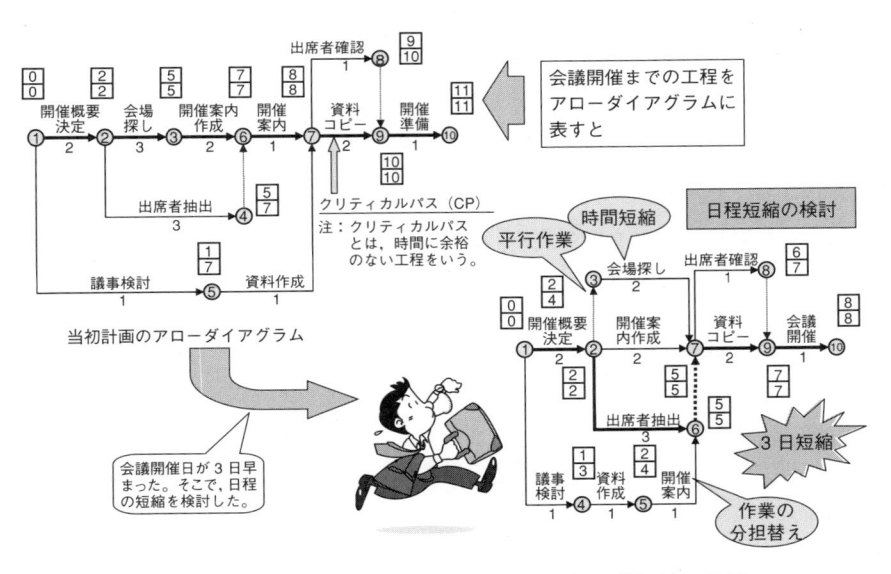

図2.101　会議開催のアローダイアグラムと日程短縮の検討

◎参考図書　・『おはなし新QC七つ道具』納谷嘉信編　日本規格協会
　　　　　　・新版QC入門講座6『データのまとめ方と活用II』大滝厚他著　日本規格協会

手法 40　プロセス改革
☛ 部門を越えて仕事のしくみを改革する手法

(1) プロセス改革とは

プロセス改革とは，単に1業務を改善するのではなく，その仕事のスタートから完了までの全体を見渡して改善していく手法である。

(2) プロセス改革の例

1) 対象となるプロセスと問題点の抽出

プロセス（業務の流れ）を明らかにするために業務のフロー図などからプロセスを詳細に描く。このことにより，プロセスの問題点を視覚化することができる。

仕事のプロセスが書けたら，プロセス上に潜む問題点を書き出してみる。このとき，工程内問題点に着目するだけでなく，工程間のつなぎ上での問題点も抽出することを忘れないようにする。図 2.102 は，お客様の申込みに対し，お客様から「処理が遅い」という苦情があり，処理業務のプロセスとそこに潜む問題点を書き出したものである。

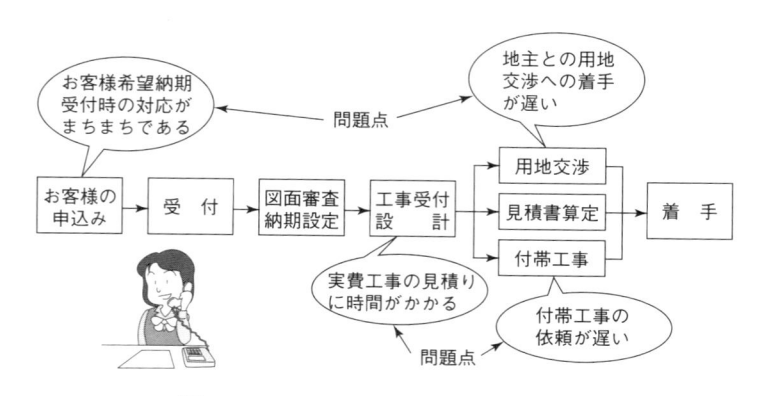

図 2.102　プロセスと抽出された問題点

2) 複数の工程の並列化による工程の短縮

これまで1つの流れで連続して行われていた複数の工程を，並列化して同

時に行うことで仕事の工期の短縮が期待できる。

例えば，図 2.102 の問題を取り上げ，お客様から受け付けた申込みに対して，希望日に着工できず，お客様にご迷惑をおかけしていたとする。その原因を調査した結果，用地交渉や，付帯工事が遅れるためであることが判明した。

従来は用地交渉や付帯工事の工程は，設計の工程の後であったものを，早い段階で設計の工程などと並行して行うようプロセスを改善し，所要時間の短縮を図ったものである（図 2.103 参照）。

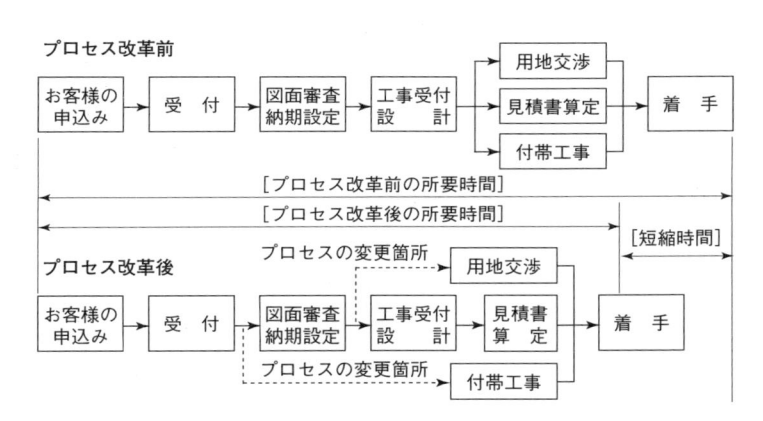

図 2.103　複数の工程を並列化した例

3) 複数の工程の集合

プロセスの細分化が行き過ぎた場合，工程と工程との間のコミュニケーションが悪くなり，それが原因でミスを引き起こす。このような場合には，従来は別々にやっていた工程を統合して1つにまとめることにより改善することができる。図 2.104 では，お客様からの故障修理について，当日修理率 100％ を達成することを目標としてあげたとする。従来はサービス担当と保守担当で役割分担してサービス店への手配を実施していたが，時間短縮のため，サービス担当が単独で行うように変更したことによって，ミスもなくなり，時間の短縮にもつながった。

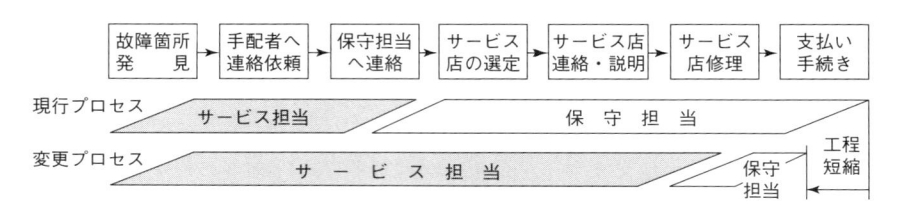

図 2.104　複数の工程をまとめた例

(3) プロセスマッピングの作成

1) プロセスマッピングとは

プロセスマッピングとは，プロセスを明らかにするためにフロー図にプロセスを詳細に描くことをいう。このことにより，プロセスの問題点を視覚化することができる。プロセス改革のスタートは，まず問題となる仕事のプロセスマッピングを書き出してみることである。

2) プロセスマッピングの作成ポイント

改善対象の仕事の流れを簡単に書き出してみたのが，図 2.105 である。この図からは，これでは業務の大まかな流れしかわからないことから，ここに打合せや問い合わせなど，更に詳細な業務を記載したプロセスマッピングを作成して検討を進めることとした。

ここでプロセスマッピングを作成するポイントは，帳票類をベースに作成することである。これにより，業務量，所要時間などが明確になる。このとき，DOA（データ中心アプローチ）の活用などが考えられる。また，打合せ，調整事項も含め考えられる業務ステップをすべて表記する。このことにより，電話による打合せ，調整及び関係者への説明など，すべての業務プロセスが網羅できる。

これらを踏まえて作成したプロセスマッピングを図 2.106 に示す。このプロセスマッピング作成には 3 人で 1 か月間と膨大な時間を必要としたが，このときの詳細なデータ取得が功を奏し，先ほどの業務フロー図に比べて複雑なステップがわかるようになった。

手法40　プロセス改革　　　　　　　　　　　　　　　187

図 2.105 業務の流れ[2]

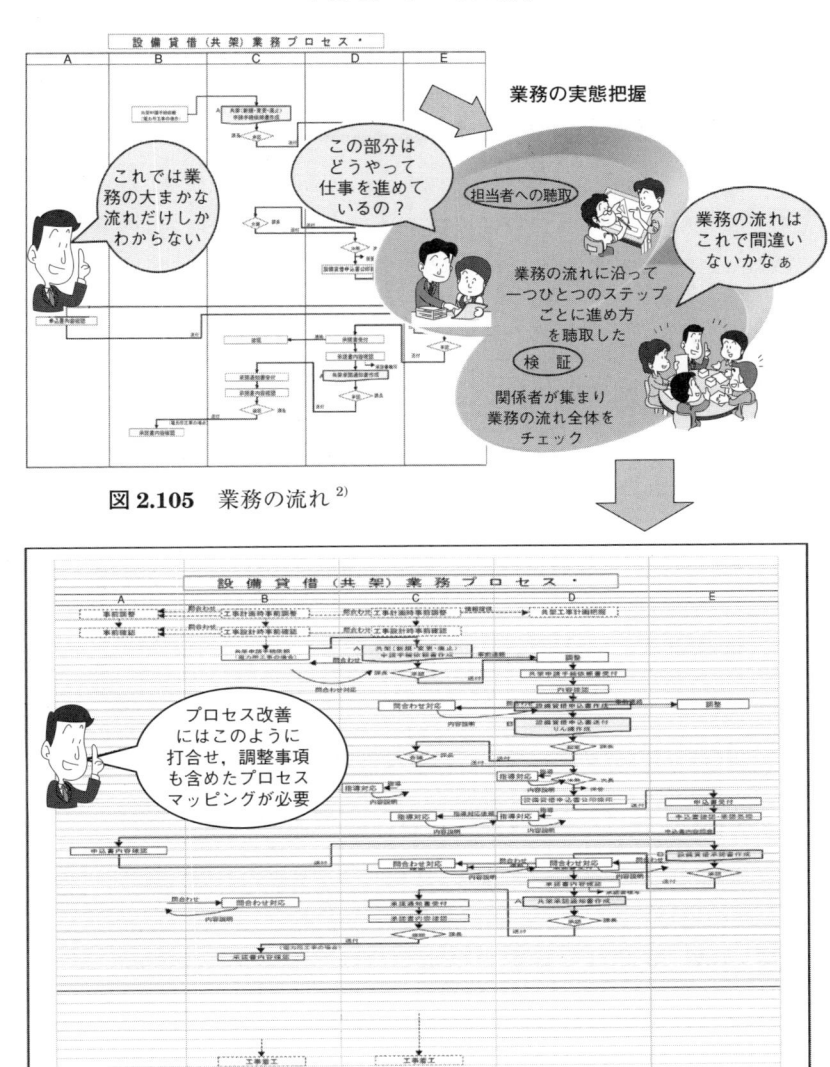

図 2.106 プロセスマッピングの作成[2]

◎参考図書　・『経営課題改善実践マニュアル』猪原正守・今里健一郎編著　日本規格協会
　　　　　　・『明日を変える事務と事務部門の革新』山田明浦著　日本規格協会

手法 41　BPR
☛ ビジネス・プロセスを組み直して価値あるものにする手法

(1) BPR とは

BPR（Business Process Reengineering）とは，ビジネス・プロセスを組み直して価値のあるものを作り出すことをいう。行きすぎた分業化によって顧客への直接の付加価値を生まない管理であるとか，あるいは調整・検査などといった仕事が増えすぎてしまう。そのような仕事は，本来はない方がいい仕事である。したがって，分業化によって発生した仕事は排除してしまおうというのが，リエンジニアリングの発想の原点である。

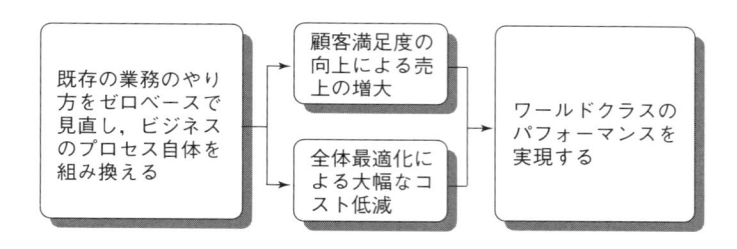

```
┌─────────────┐     ┌─────────────┐
│ 既存の業務のやり │ → │ 顧客満足度の  │ ┐
│ 方をゼロベースで │    │ 向上による売  │ │   ┌─────────────┐
│ 見直し，ビジネス │    │ 上の増大     │ ├→ │ ワールドクラスの │
│ のプロセス自体を │    ├─────────────┤ │   │ パフォーマンスを │
│ 組み換える      │ → │ 全体最適化に  │ │   │ 実現する       │
└─────────────┘     │ よる大幅なコ  │ ┘   └─────────────┘
                    │ スト低減     │
                    └─────────────┘
```

> ①「エンジニアリング」とは，いくつかの要素を組み合わせて価値のあるものを作り出すこと
> ②「リエンジニアリング」とは，いくつかの要素を組み直して価値のあるものを作り出すこと
> ③「BPR（ビジネス・プロセス・リエンジニアリング）」とは，ビジネス・プロセスを組み直して価値あるものを作り出すこと

図 2.107　BPR（ビジネス・プロセス・リエンジニアリング）の概念

(2) BPRの進め方
① 業務を並行して行う

まず，コンカレント化（並列化）である。これは今まで，流れ作業的に連続して行われていた業務を，並行して同時に行うことである。これによって，仕事のスピードが断然アップするということは容易に理解できる。

② 業務を分散させる

2番目は分散である。これは，専門的な機能を専門家あるいは1つの部署に集中させるのではなく，分散させてシステムの中に埋め込んでしまうことである。分散化は，新しい仕事のビジネス・プロセスの編成の中で大きな要素を占めている。

③ 業務を廃止させる

最も進んだ形は「エリミネーション」，つまり「廃止」である。今まで企業の中で常識的に，「あるのは当然だ」と思われていたような仕事を，「必要だと思い込んではいないか」という観点から見直して，廃止できる仕事がないかどうかを徹底的に考える。

④ 日常業務に繰り返し学習する流れを組み込む

リエンジニアリングは，日常の組織に活動の展開が移った後，日常の業務の中で継続的に改革を進めていくようなしくみを会社の中にビルトインしていかなければならない。これが，日常業務への「学習ループの組込み」である。

⑤ 企業の枠を越える

トータルのサイクルタイムを革新的に短縮するには，一企業の枠の中だけでは難しい。本当の意味でのリエンジニアリングは「企業の枠を越えて」行われる。

(3) コンカレント化による業務の効率化

コンカレント化の具体的な進め方は，従来，流れ作業に連続していた業務を並行して同時に行うことにより業務処理をスピードアップし，サイクルタイムの飛躍的な短縮を図ることにある。

① 複数の工程の集合
② 複数の工程の同時進行
③ 同期化とオーバーラッピング

1) 複数の工程の集合

プロセスは多くの細分化された工程から成り立っている。しかし，このような分業が行きすぎた場合，工程と工程との間のコミュニケーションが悪くなり，ときにはこのことが原因でミスを引き起こすなど，仕事がスムーズに流れないことがある。

このような場合には，従来は別々にやっていた工程を統合して1つにまとめることにより改善することができる（図2.108）。

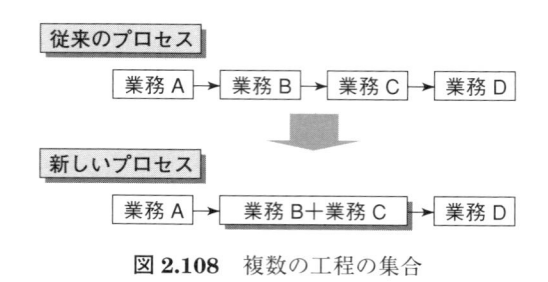

図2.108 複数の工程の集合

2) 複数の工程の同時進行

プロセス改善の手法として重要な視点となるのが「工程の並列化（狭義のコンカレント化）」である。工程の並列化とは，図2.109に示すようにこれまで流れ作業的に連続して行われていた工程を平行にして同時に行うことであり，このことにより仕事のスピードがアップし，工期の飛躍的な短縮が期待できる。

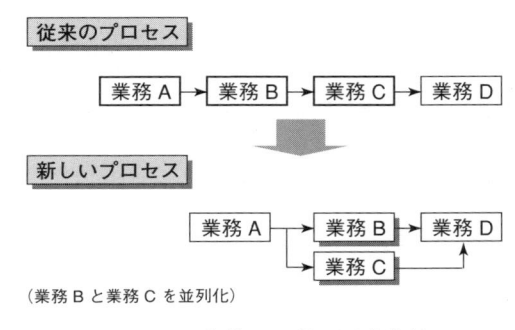

図 2.109　複数の工程の同時進行

3) 同期化とオーバーラッピング

同期化とは，業務 A，業務 B，業務 C という仕事の間のキャッチボールといわれるつなぎの仕事を省いていくことである．つなぎの仕事がなくなれば，業務 A が終わったらすぐに業務 B が始まるという形で全体工程の短縮が図れる．

さらに業務 A という仕事と業務 B という仕事をオーバーラップさせて行うことができれば，もっと全体工程の短縮が可能になる（図 2.110）．

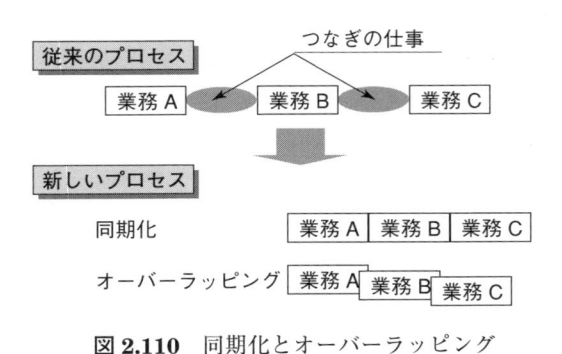

図 2.110　同期化とオーバーラッピング

◎参考図書　・『明日を変える事務と事務部門の革新』山田明浦著　日本規格協会
　　　　　　・『クォリティマネジメント入門』岩崎日出男・泉井力著　日本規格協会

手法 42　FMEA
☛ 部品の故障モードからシステム影響度を評価する手法

(1) FMEAとは

FMEA (Failure Mode and Effects Analysis) とは,「故障モードと影響解析」のことであり,部品→故障モード→システムへの影響を評価する手法である。

(2) FMEAの実施手順

FMEAは従来の経験と知識を活用する系統的な技術手法であり,その手順は,

① もしこの部品が故障したら？
② どんな故障が起きるだろうか？
③ それは組立品にどんな影響が？
④ それは製品にどんな影響が？
⑤ それはどの程度重要な問題なのか？
⑥ どんな予防対策をすればよいか？

といったような推測をするのである。

ここで,ドライヤーのFMEAを考えてみると,まず,製品構成図（図2.111）から部品を書き出し,信頼性ブロック図（図2.112）を作成する。

次に,故障モードを想定して,システムへの影響度を考える。これらの検討結果をFMEA用紙（表2.38）の各項目に記入して,評価を行い危険優先数を計算する。

予防対策の考え方としては,

① まず,危険優先数の

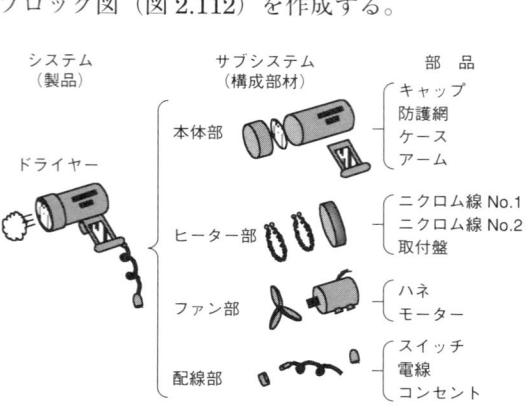

図2.111 製品構成図

高い故障モードを取り上げる。
② 故障モードの発生させる確率ランクの高い場合には，故障の発生源を除去することに重点を置いた改善がなされる必要がある。
③ 故障モードを検知し得ない確率ランクが高い場合には，検知の対策に重点を置いた改善に力を入れる必要がある。

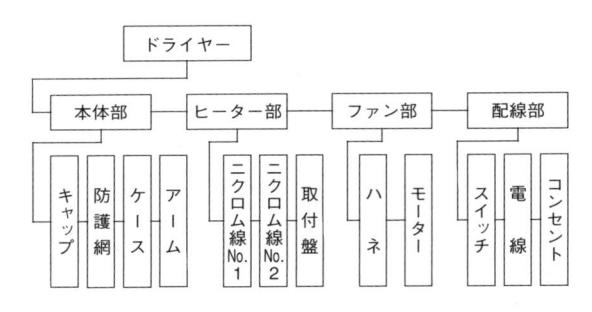

```
                    ┌─────────┐
                    │ドライヤー│
                    └────┬────┘
      ┌──────────┬──────┴──────┬──────────┐
  ┌───┴──┐   ┌───┴──┐      ┌───┴──┐   ┌───┴──┐
  │本体部│   │ヒーター部│  │ファン部│ │配線部│
  └──┬───┘   └───┬──┘      └───┬──┘   └──┬───┘
 ┌─┬─┼─┐    ┌───┼───┐      ┌──┴──┐   ┌──┼──┐
キャップ/防護網/ケース/アーム  ニクロム線No.1/ニクロム線No.2/取付盤  ハネ/モーター  スイッチ/電線/コンセント
```

図 2.112 信頼性ブロック図

表 2.38 FMEA チャート

構成部材			システムへの影響評価				評価			
システム	サブシステム	部品	故障モード	推定原因	サブシステムへの影響	システムへの影響	発生頻度	厳しさ	検知難易	危険優先
ドライヤー	本体部									
	ヒーター部	ニクロム線No.1	断線	劣化	熱くならない	温風が出ない	3	5	3	45
		ニクロム線No.2	断線	劣化	熱くならない	温風が出ない	3	5	3	45
		取付盤	破損	衝撃	がたつく	待ちづらい	1	3	1	3
	ファン部									
	配線部									

発生頻度
5：たびたび発生
3：普通に発生
1：ごくまれに発生

厳しさ
5：機能不能
3：機能低下
1：影響なし

検知の難易
5：検知不能
3：比較的可能
1：目視で検出

危険優先数：（発生頻度）×（厳しさ）×（検知難易）

◎参考図書　・『信頼性工学入門 改訂版』真壁肇編　日本規格協会
　　　　　　・『おはなし信頼性 改訂版』斉藤善三郎著　日本規格協会

手法43　FTA

☞ トップ事象に対する故障の原因を追及する手法

(1) FTAとは

FTA（Fault Tree Analysis）は絶対起こってはならない事故・トラブルをトップ事象として一番上に書き，これに影響するサブシステムや部品の故障状態をこれらの関連が明らかになるようにして，トップ事象の未然防止策を講じようとするトップダウン方式の手法である。

(2) FTAの実施手順

FTAは，事象記号（トップ事象，展開事象，基本事象，非展開事象）と論理ゲート（ANDゲートとORゲート）を用いて，図2.113のように因果関係を木構造で表現する。

・事象記号：トップ事象，展開事象，基本事象，非展開事象
・論理ゲート
　　ANDゲート：すべての下位事象が共存するときのみ上位事象が発生する
　　ORゲート：下位事象のうちいずれかが存在すれば上位事象が発生する

FTAの手順は，次のとおりである。

① 製品（システム）の故障を選定する。
② 故障の原因をサブシステム，部品まで展開する。
③ 上記で得られた故障と原因の因果関係を論理ゲートを用いて結び付けていく。
④ 解析評価する。

図2.113は，「ドライヤーの温風が出ない」をトップ事象にANDゲートとORゲートを使って，基本事象まで展開したものである。

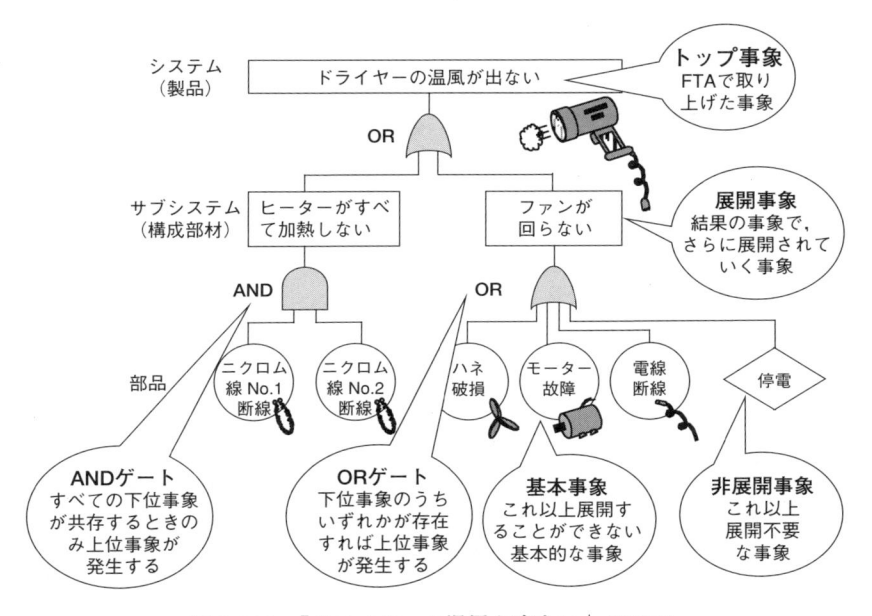

図2.113 「ドライヤーの温風が出ない」のFTA

(3) FTAの活用とその効果

1) 故障解析への活用

故障発生メカニズムの仮説をFT図により提示し，仮説の検証手順を全体的・客観的視点より展開する。

2) FMEAとFTAの併用による問題の解決

① FMEAの故障モードより，FMEA → FTA → FMEA展開して，原因を追及する。

② FTAの（中間）事象について，FTA → FMEA → FTA展開により，絞込みながら基本事象まで展開する。

◎参考図書　・『信頼性工学入門 改訂版』真壁肇編　日本規格協会
　　　　　・『おはなし信頼性 改訂版』斉藤善三郎著　日本規格協会

手法44　PDPC法

☛ 先を深く読むための手法

(1) PDPC法とは

PDPC（Process Decision Program Chart）法とは，過程決定計画図といい，事前に考えられる様々な事態を予測し，不測の事態を回避し，プロセスの進行をできるだけ望しい方向に導くための方法である。

(2) PDPC法の実施例

PDPCの種類には，不測事態の発生都度，打開策を考える「逐次展開型」と，計画時に不測事態を想定してその打開策を事前にいく通りか考え，重大事態に至ることを回避する「強制連結型」の2つがある。

図2.114は，「全階層がQC手法を習得するための受講ができる」を目的に，研修を無事開催できるよう事前に不測事態を予想し，不測事態の発生が予想されるところでは，打開策を検討して目標を達成できるよう計画書を強制連結型PDPC法で作成したものである。

1) 楽観的ルートの作成

この事例では，まず"テーマ"から"最終の結論"に至る楽観的なルート，図2.114では，中央のルートを作成する。このルートが理想的な計画ルートである。

2) 不測事態の想定

この楽観的なルート上で不測事態が予想されるところは，「目的と対象者を決める」，「社内講師を選出する」，「社内の会場を手配する」，「受講者募集」などであり，このポイントを分岐点，又はデシジョンポイントという。

3) 打開策の策定

このデシジョンポイントでは，本来の楽観ルートを外れた場合，楽観ルートへもどすために打開策を考える。

例えば，デシジョンポイント「目的と対象者を決める」のところでもし受講者が決まらない場合，図の左に行って「受講者ニーズの調査」を行い，改めて

手法44　PDPC法

研修の目的と内容の検討を行うこととしている。

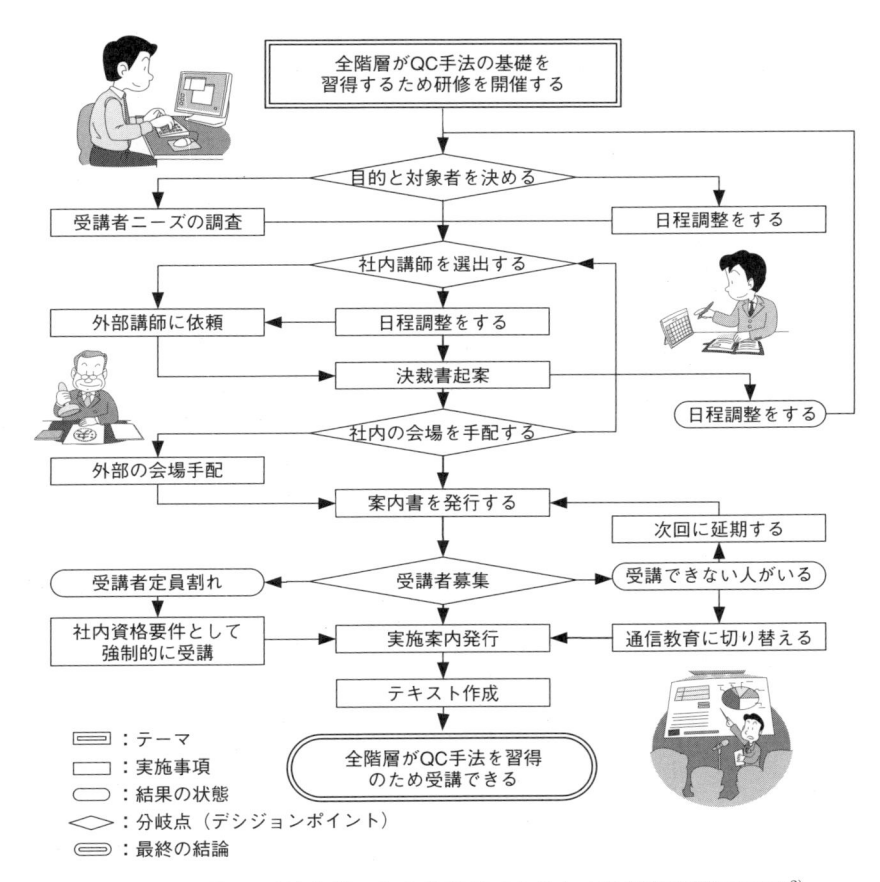

図2.114　「QC手法取得のため受講ができる」の強制連結型PDPC [2)]

◎参考図書　・『おはなし新QC七つ道具』納谷嘉信編　日本規格協会
　　　　　　・『経営課題改善実践マニュアル』猪原正守・今里健一郎編著　日本規格協会

手法 45　QNP 法
☛ 技術開発の過程で発生するネック技術を解決する手法

(1)　QNP 法とは
QNP 法とは，QFD（品質機能展開）を活用して絞り込まれたネック技術を解決するために，PDPC 法を活用して実施計画を作成しながら，問題解決を行う一連のプロセスをいい，QFD，ネック技術（Neck Engineering）表，PDPC 法を組み合わせたものである

(2)　QNP 法の具体例
新商品開発にあたっては，初期段階は顧客要求品質も明確ではなく，QFD も極めて不完全ではあるが，その中から解決すべき問題・課題（ここではネック技術をいう）を抽出し，PDPC 法を活用して解決する。

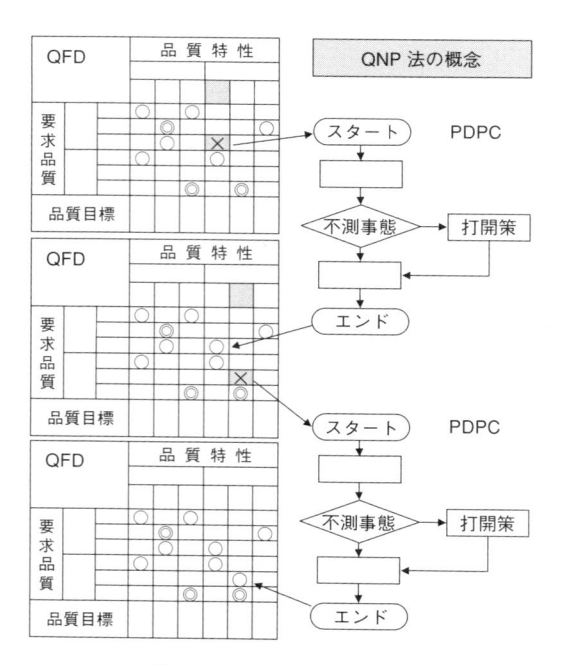

図 2.115　QNP 法の概念

手法45　QNP法

QNP法は，商品開発のみならず，技術開発にも有効である。

QNP法を活用して，「PC桁の開発」を行った例を図2.116に示す。この例では，K型マトリックスにより抽出した要技術検討項目をさらに細かく分析し，PDPC法によりあらゆる使用条件にも問題なく適合できるようネック技術の解消を図った。

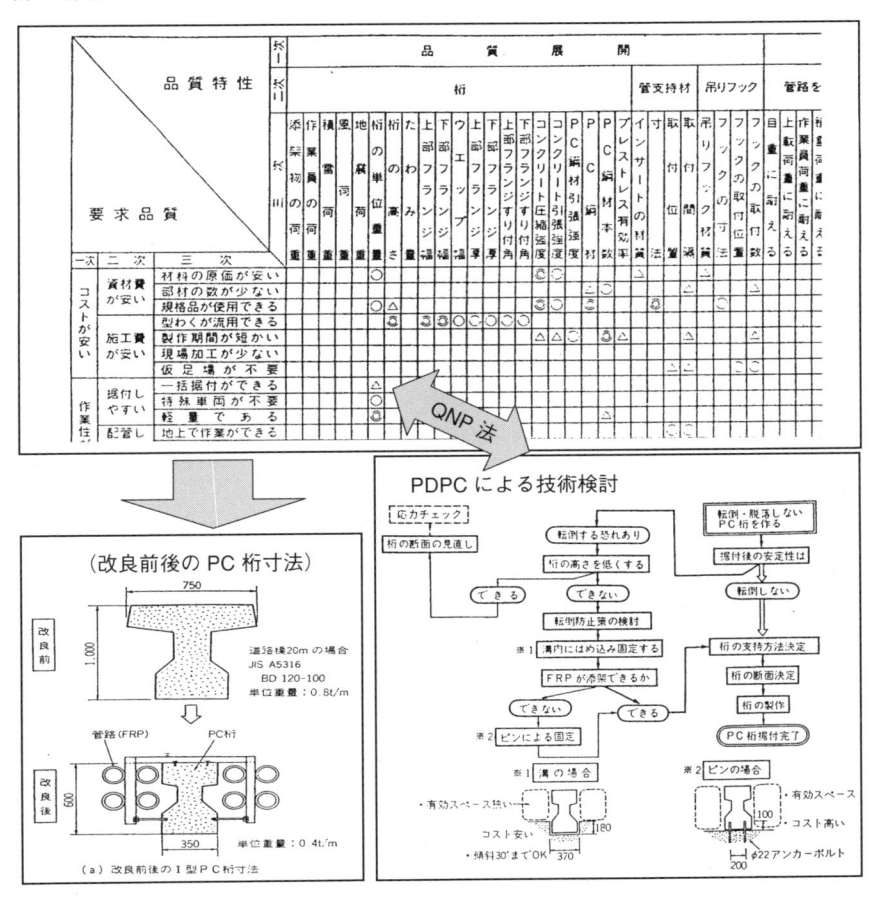

図2.116　PC桁採用による専用橋工事費の低減[2]

◎参考図書　・『新商品開発マネジメント』高橋富男・原健次著　日科技連出版社
　　　　　　・『経営課題改善実践マニュアル』猪原正守・今里健一郎編著　日本規格協会

手法 46 AHP
☛ 複数の評価項目から階層的に意思決定する手法

(1) AHPとは

AHP（Analytic Hierarchy Process：階層化意思決定法）とは，発想された多くのアイデアから目的に合致したアイデアを，効果的に「評価」して絞り込む手法である。

(2) AHPの解析手順

AHPは問題の構造を，①問題又は最終目標，②評価基準，③代替案の関係でとらえ，最終目標からみた代替案の評価を行う。この手法は，評価基準がたくさんあり，しかも互いに共通の尺度がない場合に使うと有効である。

例えば，パソコン購入の選定にAHPを使って評価してみよう。

手順1 階層図を作成する

問　題：パソコンの設定
評価基準：値段　機能　操作性　デザイン
代替案：パソコンA　パソコンB　パソコンC

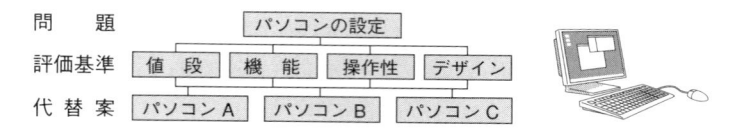

図 2.117　パソコン購入の選定の階層図

手順2 評価基準の一対比較を行う

4つの評価基準の重要度を求めるために，4つの中から2つの基準を取り上げ，その重要性について一対比較を行う。例えば，表2.39に示すように値段と機能を比較して値段が機能よりも"重要"であると評価して3とする。さらに，値段と操作性を比較して値段が操作性よりも"より重要"であると評価して5とする。この一対比較の結果をもとに，評価基準の重要度を求める。この重要度から値段を最も重要視し，次に機能を重視していることがわかる。

一対比較値は，一般に次の基準が使われる。

1：両方の項目が同じくらい重要
3：「行の項目」が「列の項目」より若干重要

5：「行の項目」が「列の項目」よりより重要
7：「行の項目」が「列の項目」よりかなり重要

表2.39 「パソコンの選定」についての一対比較と重要度

	値段	機能	操作性	デザイン	重要度
値段	1	3	5	7	0.540
機能	1/3	1	5	7	0.312
操作性	1/5	1/5	1	3	0.099
デザイン	1/7	1/7	1/3	1	0.049

固有値 = 4.228　CI（整合度）= 0.076　CR（整合比）= 0.085

◎重要度の計算（簡便法）

重要度を簡便法で計算してみる。

例えば，値段の評価点 1, 3, 5, 7 とした場合，その幾何平均を計算すると，

$$\sqrt[4]{1 \times 3 \times 5 \times 7} = 3.20$$

となる。

ここで，4つの評価項目の幾何平均を求めると

値段　$\sqrt[4]{1 \times 3 \times 5 \times 7} = 3.20$　　操作性　$\sqrt[4]{\frac{1}{5} \times \frac{1}{5} \times 1 \times 3} = 0.59$

機能　$\sqrt[4]{\frac{1}{3} \times 1 \times 5 \times 7} = 1.85$　　デザイン　$\sqrt[4]{\frac{1}{7} \times \frac{1}{7} \times \frac{1}{3} \times 1} = 0.29$

次に，この幾何平均の合計値を計算する。

3.20＋1.85＋0.59＋0.29＝5.93

さらに，各幾何平均を合計値で割ると，重要度となる。

値段　3.20/5.93＝0.540　　操作性　0.59/5.93＝0.099

機能　1.85/5.93＝0.312　　デザイン　0.29/5.93＝0.049

手順3　代替案の一対比較を行う

次に，上位要素「値段」で，パソコンAとパソコンBを比較してパソコンAがパソコンBよりも若干重要と評価して2とするように，パソコン同士の一対比較を行う。「値段」についての一対比較と重要度を計算した例を表2.40に示すが，「機能（表2.41）」，「操作性（表2.42）」，「デザイン（表2.43）」についても同様の評価と計算を行う。

表 2.40 「値段」についての一対比較と重要度

	パソコン A	パソコン B	パソコン C	重要度
パソコン A	1	2	3	0.540
パソコン B	1/2	1	2	0.297
パソコン C	1/3	1/2	1	0.163

固有値 = 3.009　CI（整合度）= 0.005　CR（整合比）= 0.008

表 2.41 「機能」についての一対比較と重要度

	パソコン A	パソコン B	パソコン C	重要度
パソコン A	1	1/5	1/2	0.106
パソコン B	5	1	7	0.744
パソコン C	2	1/7	1	0.150

固有値 = 3.119　CI（整合度）= 0.059　CR（整合比）= 0.103

表 2.42 「操作性」についての一対比較と重要度

	パソコン A	パソコン B	パソコン C	重要度
パソコン A	1	3	2	0.540
パソコン B	1/3	1	1/2	0.163
パソコン C	1/2	2	1	0.297

固有値 = 3.009　CI（整合度）= 0.005　CR（整合比）= 0.008

表 2.43 「デザイン」についての一対比較と重要度

	パソコン A	パソコン B	パソコン C	重要度
パソコン A	1	1/2	1/2	0.200
パソコン B	2	1	1	0.400
パソコン C	2	1	1	0.400

固有値 = 3.000　CI（整合度）= 0.000　CR（整合比）= 0.000

手順 4　重要度の合成を行う

パソコン A の総合重要度 = 値段からみたパソコン A の重要度×値段の重要度 + 機能からみたパソコン A の重要度×機能の重要度 + 操作性からみたパソコン A の重要度×操作性の重要度 + デザインからみたパソコン A の重要度×デザインの重要度

$$= 0.540 \times 0.540 + 0.106 \times 0.312 + 0.540 \times 0.099 + 0.200 \times 0.049 = 0.388$$

となる。表 2.40 〜 表 2.43 の重要度を整理したものを表 2.44 に示す。

この表 2.44 から，総合評価（総合重要度）はパソコン A 0.388，パソコン B 0.428，パソコン C 0.184 と評価できたことがわかる。結果を表 2.45 に示す。

表 2.44 「パソコンの選定」についての重要度の集計

	値 段 (0.540)	機 能 (0.312)	操作性 (0.099)	デザイン (0.049)
パソコン A	0.540	0.106	0.540	0.200
パソコン B	0.297	0.744	0.163	0.400
パソコン C	0.163	0.150	0.297	0.400

表 2.45 「パソコンの選定」についての総合重要度の計算

	値 段 (0.540)	機 能 (0.312)	操作性 (0.099)	デザイン (0.049)	総合重要度
パソコン A	0.540×0.540 =0.2916	0.106×0.312 =0.0331	0.540×0.099 =0.0535	0.200×0.049 =0.0098	0.388
パソコン B	0.297×0.540 =0.1604	0.744×0.312 =0.2321	0.163×0.099 =0.0161	0.400×0.049 =0.0196	0.428
パソコン C	0.163×0.540 =0.0880	0.150×0.312 =0.0468	0.297×0.099 =0.0294	0.400×0.049 =0.0196	0.184

手順 5　判断の整合性

重要度が表 2.45 のように計算できるのは，一連の一対比較が首尾一貫しているときに限られる。しかし，人間はいつも整合性がある判断をするとは限らない。完全に整合性があるときには λ_{max}（最大固有値）＝ n が成り立ち，これのずれを行列の大きさ

表 2.46 「パソコンの選定」について整合性の計算

	最大固有値 (λ_{max})	項目数 (n)	整合度 (CI)
項目間	4.228	4	0.076
値 段	3.009	3	0.005
機 能	3.119	3	0.059
操作性	3.009	3	0.005
デザイン	3.000	3	0.000

を示す $n-1$ で割った $(\lambda_{max}-n)/n-1$ を整合度（consistency index, CI）と呼ぶ。

完全に整合性があるときの CI は 0 で，整合性が 0.1 を超えた場合には，一対比較の判断を見直してみる必要がある。パソコンの選定における整合度は，表 2.46 どおりすべて 0.1 以下であり，この評価は整合性があるという。

◎参考図書　・『入門 AHP』木下栄蔵著　日科技連出版社
　　　　　　・『AHP 事例集』刀根薫他編　日科技連出版社

手法 47　PDCA-TC

☛PDCAサイクルを管理する手法

(1) PDCA-TCとは

PDCA-TC（PDCA-Tracing Chart）とは，何回もPDCAのサイクルを回しながら解決へ導く過程で活用した情報やデータを記録しておくと同時に，次の展開の方向性を見いだす手法である。

(2) PDCA-TCの具体的展開

一般に複雑な問題では，1回のPDCA（Plan, Do, Check, Act）のサイクルでは解決に至らないことが多い。何回もPDCAのサイクルを回しながら解決へ導くことになる。しかしながら，外部要因など予期しない事態の発生などもあって進め方や目標を変更することもあり，現在位置を見失うこともある。また，なぜそのような思考展開を行ったのかを記録しておかないと，開発経過報告をまとめる際に困惑することになりかねない。

そこで，活用した情報やデータを記録しておく必要がある。いかなる計画を立てたか，計画の実施とその結果，結果の解析とその確認，その結果から得られた知見にもとづいていかなる判断をしたのか，一応の結論という具合に記述していくものである。

活動記録は，PDCAのサイクルに沿っての記述となるため，PDCA-Tracing Chart（略称PDCA-TCという）として提案されている。

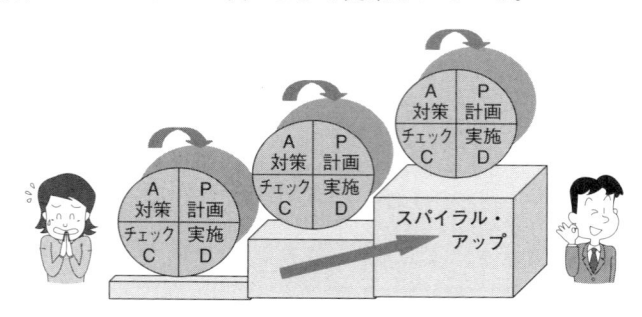

図 2.118　PDCAサイクル

(3) PDCA-TCの活用例 [12]

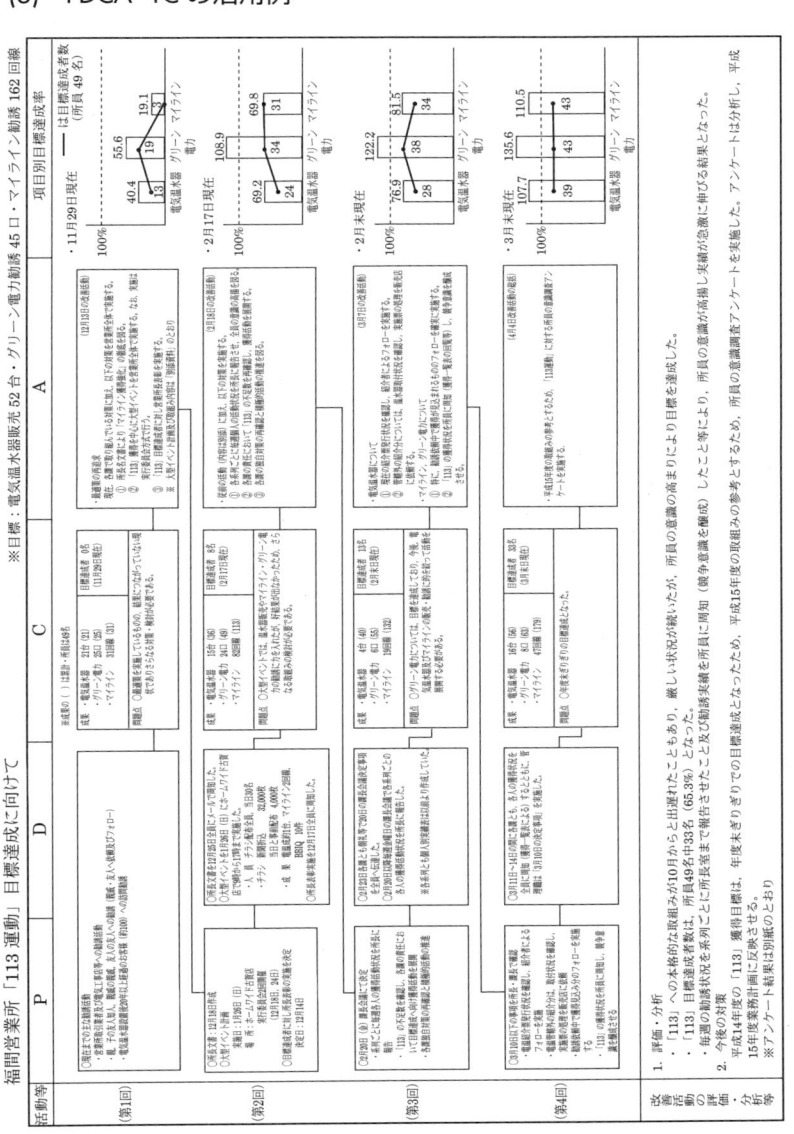

図2.119 「113運動」目標達成に向けたPDCA-TC

◎参考図書　・『新商品開発マネジメント』高橋富男・原健次著　日科技連出版社

おわりに

　本書は,「改善のどのような場面で,どのような手法が使えるのか?」という疑問に応えるものとして,7つのアプローチと47の手法を取りまとめてみました。皆様方の改善力を高めるのに少しでもお役に立てればとの思いから,本書のタイトルを「改善力を高めるツールブック」とし,改善活動に行き詰まったとき,通勤電車に乗っているとき,くつろいでいるときなどなど,いつでも気楽にながめられる本にしてみました。

　これからの皆様方の改善活動における「道しるべ」となることを期待するところです。また,本書に対するご意見などをいただけるようでしたら筆者として喜ばしい次第です。

参考文献

1) 今里健一郎：「ソリューション・ツール・アラカルト」，標準化と品質管理，2002.4, Vol.55, No.4 ～ 2004.3, Vol.57, No.3，日本規格協会
2) 猪原正守，今里健一郎編著：経営課題改善実践マニュアル―魅力的な課題達成法を目指して，日本規格協会，2003
3) クオリティフォーラム報文集，2001, 2002, 2003，日本科学技術連盟
4) 日産自動車株式会社九州工場「Z 50 サンルーフウェルト隙の撲滅」，2003
5) ドコモ・エンジニアリング関西株式会社「出荷能力の向上」，2004
6) 株式会社 NTT ドコモ関西「ドコモ離れを抑えて他社からのチャーンを獲得」，2004
7) 九州電力株式会社大牟田営業所「変えよう！！お客さまとのふれあい」，2003
8) シャープ株式会社「CS シートによるお客様ニーズの把握」
9) 「第 4600 回 QC サークル全国大会（沖縄）体験事例要旨集」，2003.12.11，日本科学技術連盟
10) シャープ株式会社「研修事例：つい行きたくなるレストラン」
11) 勝見明：「仮説」と「検証」で顧客のこころを掴む―鈴木敏文の「統計心理学」，プレジデント社，2002
12) 九州電力株式会社福間営業所「113 運動目標達成に向けて」，2003

なお，ここに挙げた以外にも，参考にさせていただいた書籍や論文などが多数あり，この場を借りてお礼申し上げる。

著者紹介

今里健一郎（いまざと　けんいちろう）

1949年12月　　兵庫県に生まれる
1972年3月　　福井大学工学部電気工学科卒業
1972年4月　　関西電力株式会社入社
1972年4月～2003年7月　　同社電路課副長
　　　　　　　　　　　　　同社市場開発部課長
　　　　　　　　　　　　　同社TQM推進グループ課長
　　　　　　　　　　　　　同社能力開発センター主席講師を経て退職
2003年7月　　ケイ・イマジン設立

現　在　　ケイ・イマジン代表
　　　　　神戸大学講師，近畿大学講師，流通科学大学講師
　　　　　財団法人日本規格協会嘱託，財団法人日本科学技術連盟嘱託

著　書　　Excelでここまでできる統計解析(共著)，2007.9，日本規格協会
　　　　　Excelで手軽にできるアンケート解析，2008.7，日本規格協会
　　　　　QC七つ道具がよ～くわかる本，2009.7，秀和システム
　　　　　仕事に役立つ七つの見える化シート，2010.1，日本規格協会
　　　　　見える化で目標を達成する本(共著)，2011.5，秀和システム
　　　　　Excelでここまでできる実験計画法(共著)，2011.9，日本規格協会

改善力を高めるツールブック
― 7つのアプローチと47の手法 ―

定価：本体2,300円（税別）

2004年11月12日　　第1版第1刷発行
2014年 6月23日　　　　第9刷発行

著　　者　　今里健一郎
発 行 者　　揖斐　敏夫
発 行 所　　一般財団法人　日本規格協会
　　　　　〒108-0073　東京都港区三田3丁目13-12　三田MTビル
　　　　　　　　　　http://www.jsa.or.jp/
　　　　　　　　　　振替　00160-2-195146
印 刷 所　　株式会社ディグ
製　　作　　有限会社カイ編集舎

権利者との
協定により
検印省略

© Kenichiro Imazato, 2004　　　　　　　　　　Printed in Japan
ISBN978-4-542-70148-9

● 当会発行図書，海外規格のお求めは，下記をご利用ください．
　　営業サービスユニット：(03)4231-8550
　　書店販売：(03)4231-8553　注文FAX：(03)4231-8665
　　JSA Web Store：http://www.webstore.jsa.or.jp/